逻辑时空丛书
LOGIC

刘培育 主编

倡 导 理 性　　恪 守 逻 辑　　正 确 思 维

逻辑的训诫

王　洪⊙著

——立法与司法的准则

北京大学出版社
PEKING UNIVERSITY PRESS

图书在版编目(CIP)数据

逻辑的训诫/王洪著. —北京:北京大学出版社,2008.11
(逻辑时空丛书)
ISBN 978 - 7 - 301 - 14337 - 7

Ⅰ.逻… Ⅱ.王… Ⅲ.逻辑 - 应用 - 法学 - 研究 Ⅳ.D90 - 051

中国版本图书馆 CIP 数据核字(2008)第 159046 号

书　　　名:逻辑的训诫——立法与司法的准则
著作责任者:王　洪　著
责 任 编 辑:舒　岚　尚　华
标 准 书 号:ISBN 978 - 7 - 301 - 14337 - 7/B · 0756
出 版 发 行:北京大学出版社
地　　　址:北京市海淀区成府路 205 号　　100871
网　　　址:http://www.pup.cn　电子邮箱:weidf02@ sina.com
电　　　话:邮购部 62752015　发行部 62750672　编辑部 62750673
　　　　　　出版部 62754962
印　刷　者:北京飞达印刷有限责任公司
经　销　者:新华书店
　　　　　　730 毫米 ×980 毫米　16 开本　14.25 印张　223 千字
　　　　　　2008 年 11 月第 1 版　2008 年 11 月第 1 次印刷
定　　　价:29.00 元

总序

发挥逻辑的社会功能
推动全社会健康有效的思维

（一）

　　2003 年 4—5 月间，首都 10 多家主流媒体纷纷在显著位置、以醒目标题报道了 10 位著名逻辑学家和语言学家发出的强烈呼吁：社会生活中逻辑混乱和语言失范现象令人担忧。

　　《人民日报》（记者苏显龙）在要闻版报道说，专家们从不同角度探讨了当前社会生活中存在的不重视逻辑、不能正确使用祖国语言的现象，并就如何提高人们的逻辑水平和语言表达能力，提出了富有建设性的意见。

　　《人民日报》（海外版）（记者刘国昌）教科文卫版头条的大字标题是：《逻辑混乱、语言失范现象亟待改变》。文章说，专家们对社会生活方方面面存在的逻辑混乱、语言失范现象表示担忧，强烈呼吁进一步净化逻辑语言环境，提高人们的

思维能力和表达水平。

《光明日报》(记者李瑞英)在理论版显著位置指出,逻辑是人类长期思维经验的总结,是正确思维与成功交际的理论与工具,它以特有的性质和功能服务于社会,对提高人的基本素质、培育人的理性和科学精神都有重要作用。专家呼吁人们要学习逻辑知识,自觉培养逻辑思维习惯,学会逻辑分析方法。

《中国教育报》(记者潘国霖)以《呼唤全社会关注逻辑、语言》的大字标题,用2/3版面刊登了专家们发言的详细摘要。编者特别在按语里提示说,专家们重申逻辑与语言的社会功能和作用,从政治、经济、文化等不同角度阐述了学习、推广逻辑科学的现实意义,对于我们做好教育教学工作具有一定的帮助。

《法制日报》(通讯员梅淑娥)以《逻辑性是立法与司法公正性的内在要求》为题强调指出,我国在立法和司法领域里发生问题的重要原因之一,是我们的某些立法司法人员没有逻辑意识,缺乏逻辑素养和逻辑思维能力。

《工人日报》(记者王金海)在"新闻观察"栏目里刊出通栏标题:《让逻辑学从"象牙塔"中走出来》。文章提要说:"我们今天正面临着某种程度的逻辑混乱、语言失范的危险,而大多数人对此还根本没有意识到。"文章说,逻辑学不是少数专家们研究的学问,它同每个人的生活和切身利益息息相关,要大力提倡逻辑学的大众化。

《北京日报》(记者戚海燕)在头版用大字标题《逻辑缺失现象令人担忧》报道了专家的意见,强调"普及逻辑知识,规范思维与语言是当务之急"。

……

专家们的呼吁是在中国逻辑与语言函授大学建校21周年之际所举办的"逻辑语言与社会生活"座谈会上发出的。我本人参加了这个座谈会,并在会上作了主题发言。从专家们的强烈呼吁和媒体的强劲报道中,我们可以感悟到:

——逻辑学作为正确思维和成功交际的理论,它是一门基础科学和工具性科学。逻辑思维与人类为伴,渗透了社会生活的方方面面,无处不在,无时不在。然而当今我国社会生活中,逻辑混乱和语言失范现象具有一定程度的严重性:不论是法律条文、经济合同、决策论证、广告说明,还是官员讲话、教师授课、传媒报道,几乎时时处处都能看到概念不明确、推理不正确、论证不科学、语言不规范的现象。这些逻辑语言方面的问题妨碍着人们的正常生活,有时甚至造成极为严重的后果。

——令人高兴的是,一批有责任感的学者已经关注和重视到社会生活中的逻辑混乱和语言失范的问题,他们发出了呼吁,进而提出了解决的办法。同样令人高兴的是,一批敏感的新闻工作者已经关注和重视到专家们的意见,及时反映了他们的心声。我再补充一点,在座谈会上,有关方面的领导同志也都发表了很好的意见,与专家们有高度的共识。我觉得,如果大家共同行动起来,一块来推动逻辑的普及工作,充分发挥逻辑的社会功能,在不久的将来,社会生活中逻辑混乱、语言失范的现象就会有所改观。

(二)

我们编撰《逻辑时空》丛书可以说是落实专家呼吁的一个具体行动。我们的出发点就是向社会普及逻辑知识,发挥逻辑的社会功能,推动全社会健康有效的思维,培育人们的理性品格和科学精神,服务于国家的经济建设和社会的和谐发展。

15 年前,我有机会阅读吕叔湘先生翻译的英国逻辑学家 L. S. 斯泰宾著《有效思维》的手稿。该书是针对 20 世纪 30 年代英国社会不讲逻辑、甚至反对讲逻辑的情况而写的。但作者没有把它写成讲授逻辑学的教科书,而是从更广阔的视野即有效思维的层面上,指明人们进行思维时所经常遇到的来自内心的和外界的种种障碍和干扰；并且强调指出，不排除这些障碍和干扰，人们就不可能进行有效的思维，就会妨碍人们做出正确的行动。该书立论紧密联系当时社会生活及人们日常思维的典型实例，分析中肯，好读好用。我觉得，该书虽然是作者在半个多世纪前针对英国社会写的，但今天的中国也很需要这本书。我还提出："中国的学者应该结合当今中国的实际写一本类似《有效思维》的书，它对中国人进行有效的思维肯定会有帮助的。"《逻辑时空》丛书的出版，也是我 15 年前上述想法的一个延伸。

《逻辑时空》丛书的基本定位是大众读物和教学参考书。

《逻辑时空》丛书的主要内容是探索和阐释人们社会生活各个领域里的逻辑问题。具体写法是：针对社会生活某个特定领域里的思维实际，突出该领域里最常见的逻辑问题，结合具体的典型的案例进行阐释，介绍相关的逻辑知识。介绍逻辑知识时不求逻辑体系完备，力求突出重点，也就是说在某特定的领域里，有什么突出的逻辑问题，我们就重点写什么。在说明逻辑知识时，为方便读者理解，必要时适当介绍相关的预备知识。

《逻辑时空》丛书也精选了近 20 年来在国内产生较大影响的几部逻辑普及读物。这几部读物都请作者做了新的修订。

（三）

《逻辑时空》丛书很快就要和广大读者见面了。此时此刻，我由衷地感谢丛书策划杨书澜女士。书澜女士是北京大学出版社资深的编辑和策划专家，有丰富的出版经验；她又在高校教过多年逻辑学，对逻辑的功能和作用有深刻的理解。2003 年 9 月 30 日，当我在电话中同书澜女士谈到社会生活中的逻辑混乱，以及人们渴望学习逻辑知识时，她说和我有同感。20 天后，我们就形成了编撰《逻辑时空》丛书的设想。她作为策划，提出了选题基本构想和写作基本要求，还帮助我物色了几位作者，并和作者保持着经常的联系。我毫不夸张地说，如果没有书澜女士的高度社会责任感和远见卓识，《逻辑时空》丛书就不可能如此顺利问世。

我由衷地感谢丛书的各位作者。他(她)们都是我国逻辑学界有成就有影响力的学者，都有很重的教学和科研任务。但他(她)们愿意为《逻辑时空》丛书撰稿，并且按计划完成了写作。我敢说，所有作者都是尽了力的。

丛书中有几本是新修订的再版著作。原版权享有者同意将它们收入本丛书出版，我向他们致以谢忱。

我希望读者能够喜欢《逻辑时空》丛书，企盼《逻辑时空》丛书在向全社会普及逻辑知识方面能发挥一点作用。我要说明的是，《逻辑时空》丛书的写作思路对于我还是一种尝试。这种尝试是否成功，要请读者去评判。我真诚地请求读者朋友能把你读《逻辑时空》丛书的感受、意见和建议告诉我们*。我在这里向你致敬了。

中国社会科学院哲学所研究员
中国逻辑与语言函授大学董事长

刘培育

2005 年 3 月

---

* 读者反馈意见请寄发：

① 北京市北三环西路 43 号中国逻辑与语言函授大学(邮编：100086)
   E-mail：liupy@ cull. edu. cn 刘培育收

② 北京海淀区成府路 205 号北京大学出版社(邮编：100871)
   E-mail：YangShuLan@ yeah. net 杨书澜收

目录

LOGIC

前言:法律的生命

　　正如德国法学家布赫瓦尔德(Buchwald)所言:法律思维有三个关键的领域,它们是法律概念和体系的建构、法律的获取、判决的证成。解决法律概念和体系的建构问题是立法的主要职责,解决法律获取与判决证成的问题就是司法的主要职责。

　　在司法过程中,法官不可避免地要解决三个问题:其一,确认事实;其二,寻找法律;其三,将案件事实置于法律规范之下即根据事实和法律做出判决。[①] 司法判决结果的获得,相应地要进行三种不同意义上的推论:事实推理、法律推理、判决推理。[②] 正如美国《联邦党人文集》所言:"司法部门既无强制、又无意志,而只有判断。"[③]在司法的过程中,法官需要基于上述相应的推论对具体案件中的问题做出决断。这些问题一些涉及对事实的判断,一些涉及对法律的判断,一些涉及基于事实和法律对案子做出裁决。比如:

　　在北京市丰台区人民法院审理的奥拓车苯污染案中,法官不可避免地要对这些问题做出决断:朱女士购买和使用的奥拓车是否存在苯污染?如果存在苯污染,朱女士购买和使用的奥拓车的苯污染是否在事实上导致她患重症再生障碍

---

① 王洪:《论制定法推理》,载《法哲学与法社会学论丛》第四期,2001年。
② 王洪:《论制定法推理》,载《法哲学与法社会学论丛》第四期,2001年。
③ 〔美〕汉密尔顿、杰伊、麦迪逊:《联邦党人文集》,商务印书馆1980年版,第391页。

性贫血而死亡？如果朱女士购买和使用的奥拓车的苯污染与她患重症再生障碍性贫血而死亡存在事实上的因果联系，那么被起诉的奥拓车生产商和销售商在什么情形下可以不对其行为负责？

正如罗纳德·德沃金所言，在美国联邦最高法院最近做出的关于堕胎、平权法案（affirmative action）、安乐死和言论自由等最富戏剧性的判决中，以下这些问题都是需要法官必须判断的问题：

"胎儿是一个拥有自己的权利和利益的人吗？如果是，这些权利中包括免于被杀害的权利吗？甚至当继续怀孕会造成母体的严重不利或者是伤害的时候还享有这项权利吗？如果不是，国家对堕胎的禁止或管制还有任何其他根据吗？"

"允许各州计算本州各大学和学院的申请人的种族比例来决定录取人数，是不是违反合众国对其公民的平等保护条款？这与根据申请人的能力倾向测验（aptitude tests）成绩或者是篮球水平来决定取舍有差别吗？"

"拒绝承认一个生命垂危的人选择自己如何去死以及何时去死的权利，难道这就不违反有关一个优秀政府所应追求的基本信念？公民是否拥有对于个人问题在精神上的独立决定权，这种权利意味着他们可以选择自己的死亡方式吗？这个权利是不是最高法院所陈述过的通过正当程序条款所保护的有序自由（ordered liberty）理念的一部分？在堕胎和安乐死之间存在什么样的联系？如果说宪法授权怀孕妇女拥有堕胎的权利——正如最高法院的判决表明的那般，这是不是允许生命垂危的病人有选择怎样死和何时死的权利？经常被引用的'谋杀（killing）'和'被动安乐死（letting die）'之间的区别在安乐死的争议中扮演了何种角色？在停止治疗的消极行为和开出致死处方的积极行为之间是不是存在道德上的中肯的（pertinent）区别？"

"为什么政府需要给言论自由提供特别的保护？顽固分子以污辱性和挑衅性的语词攻击少数种族是不是也在这个自由之内？这是不是说政府机关的候选人有权将尽可能多的财力花费在他们的竞选上？或者说捐赠人有权将尽可能多的钱财捐献给这些竞选活动？"①

---

① 〔美〕罗纳德·德沃金著：《我们的法官必须成为哲学家吗？他们能成为哲学家吗？》，傅蔚冈、周卓华译，转引自法律思想网。

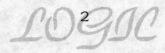

　　联合国《世界司法独立宣言》第 2 条规定：每个法官均应自由地根据其对事实的评价和对法律的理解，在不受来自任何方面或任何原因的直接或间接的限制、影响、诱导、压力、威胁或干涉等情况下，对案件秉公裁判。这就意味着，在司法过程中，法官拥有自由裁量的权力，也负有秉公裁判的义务和责任。"即使法官是自由的时候，他也仍然不是完全自由的。……他不是一位随意漫游、追逐他自己的美善理想的游侠。他应从一些经过考验并受到尊重的原则中汲取他的启示"。①

　　不论是在普通法系国家，还是在成文法系国家，任何一个法官在对事实作出判断、对法律进行解释、对案子作出判决时，都必须服从法律的指引，必须与法律原则与法律精神保持一致。正如 17 世纪英格兰首席大法官柯克所言：法官是法律之喉舌。"法院是解释、界定法律规则并把这种规则适用于社会生活之中的中心机构，是'法律的帝国'的首都，法官正是帝国的王公大臣。"②"除了法律就没有别的上司。"③还要指出的是，不论是在普通法系国家，还是在成文法系国家，任何一个法官在确认事实、解释法律、作出判决的过程中，都必须恪守逻辑的训诫。法官必须保证自己的判断具有内在融贯性或内在一致性，保证判决中的推断或推论具有内在连贯性或逻辑上的必然性。

　　逻辑的历史源远流长，在欧洲可以追溯到古希腊时代。两千多年前，古希腊思想家亚里士多德（Aristotle 公元前 384—322 年）建立了历史上第一个逻辑体系，创立了逻辑这门学科。逻辑是关于有效思维和正确思维的学问，它是在思想争论的沃土上产生的，是在思维与辩论艺术的自我反思基础之上发展而来的，是为了满足思想争论的需要发展起来的，是作为思想争论的工具——"思维术"、"证明术"与"论辩术"发展而来的。

　　正如严复所言："本学（Logic）之所以算逻辑者，比如培根言，是学为一切法之法，一切学之学；明其为体之尊，为用之广，则变逻各斯（英文、拉丁文拼法同：Logis-引言）为逻辑以名之。学者可以知其学之精深广大矣。"④

----

① 〔美〕卡多佐：《司法过程的性质》，商务印书馆 1998 年 11 月第 1 版，第 88 页。
② 〔美〕罗纳德·德沃金：《法律的帝国》，哈佛大学出版社下属贝尔纳普出版社 1986 年版，第 407 页。
③ 《马克思恩格斯全集》第 1 卷，第 178 页。
④ 严复：《穆勒名学一部首》按语，商务印书馆 1981 年版，第 2 页。

逻辑告诫人们思维或理性的一些基本法则:其一,像建筑物一样,思想也是一种构造;思想自身要具有内在一致性,这是思想得以成立以及从这些思想可以必然地得出结论的先决条件;正如金岳霖所言,"思议底限制,就是矛盾,是矛盾的就是不可思议的,……矛盾不排除,思议根本就不可能";①其二,论证的前提要成立,并且结论要从前提中必然地得出,这是论题证立或论证成立的必要条件。

人们很早就重视在法律中应用逻辑。正如西方逻辑史家黑尔蒙所言,三段论的逻辑形式早在古埃及和美索不达米亚的司法判决中就已经有所运用了。在巴比伦的《汉谟拉比法典》也是用逻辑的对立命题与省略三段论的方式来宣示法律规则的。② 从古希腊思想家亚里士多德发展起来的一套严密的逻辑理论体系对于罗马法的发展曾产生了深远的影响,加上罗马的法学家们对于各种法律概念、法律关系的阐述,终于使罗马法摆脱了其他古代法律体系不合理性、不合逻辑的轨迹,成长为一个博大精深、结构严谨的体系。这种讲究逻辑严密的传统对后世的西方各国的立法与司法影响至大。③ 历史学家唐德刚这样感叹:这些西方国家的法庭或法律是最讲逻辑的,因而律师个个都是逻辑专家,而律师在西方社会里的地位——从古希腊罗马到今日英美法——那还了得!律师们诉讼起来,管他娘天理、人情、良心,只要逻辑不差,在国法上自有'胜诉'。因而他们的逻辑也就愈发展愈细密了。"可是我们传统中国人(古印度也一样)最瞧不起所谓写'蓝格子的''绍兴师爷'和'狗头讼师'。我们'仲尼之徒'一向是注重'以德为政'的。毫无法理常识的'青天大老爷'动不动就来他个'五经断狱'。断得好的,则天理、国法、人情、良心俱在其中;断得不好的,则来他个'和尚打伞',无法(发)无天,满口革命大道理,事实上则连起码的逻辑也没有了。"④

要求法官裁判具有逻辑性(elegantia juris)是人们在心智上的强烈爱好,并且是人们对法官裁判的最基本的期待:"人们不能在这一对诉讼人之

---

① 金岳霖:《知识论》,商务印书馆1983年版,第416页。

② 转引自《中国逻辑思想论文选》,三联书店1981年版,第5页。

③ 贺卫方:《中国古代司法判决的风格与精神:以宋代判决为基本依据兼与美国比较》,载《中国社会科学》,1990年6期。

④ 唐德刚编译:《胡适之自传》,华东师范大学出版社1981年版,第244—245页注。

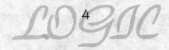

间以这种方式决定案件,而在另一个类似案件的另一对诉讼人之间又以相反的方式做出决定。如果有一组案件所涉及的要点相同,那么各方当事人就会期望有同样的决定。如果依据相互对立的原则交替决定这些案件,那么这就是一种很大的不公。如果在昨天的一个案件中,判决不利于作为被告的我;那么如果今天我是原告,我就会期待对此案的判决相同。如果不同,我胸中就会升起一种愤怒和不公的感觉;那将是对我的实质性权利和道德权利的侵犯。如果两个案件都一样,每个人就都会感受到这种感情的力量。因此,如果要想让诉讼人确信法院司法活动是公平的,那么坚持先例必须是一个规则而不是一个例外……这种感情大大地得到强化。"①司法必须"保持着法律对某种深层的和迫切的情感做出真切回应"②。

正如德国法学家考夫曼(A. Kaufmann)所言:"法律的和法学的逻辑规则不是无关紧要的,有足够的证明显示,法官的判决,由于违背了思维规律,背离了受法律而不受逻辑规则约束是不可想象的这一质朴事实,便产生可上诉性"。③ 英国哲学家罗素(B. Russell)也指出:"逻辑上的错误具有比许多人所想象更大的实践重要性;这些错误使得犯错误的人们能够在每个题目都依次轻松发表意见。"④"大概社会生活的任何领域都不会像在法的领域那样,由于违背逻辑规律,造成不正确的推理,导致虚假的结论而引起如此重大的危害。"⑤正是在这个意义上,《牛津法律指南》指出:法律研究和适用法律要大量地依靠逻辑。在法律研究的各个方面,逻辑被用来对法律制度、原理、每个独立法律体系和每个法律部门的原则进行分析和分类;分析法律术语、概念,以及其内涵和结论,它们之间的逻辑关系,……在实际适用法律中,逻辑是与确定某项法律是否可适用于某个问题、试图通过辩论说服他人、或者决定某项争执等相关联的。⑥

因此,尽管美国联邦最高法院大法官霍姆斯(Oliver W. Holmes)在《普

① 〔美〕卡多佐:《司法过程的性质》,商务印书馆1998年版,第18页。
② 〔美〕卡多佐:《司法过程的性质》,商务印书馆1998年版,第19页。
③ 〔德〕阿图尔·考夫曼等:《当代法哲学和法律理论导论》,郑永流译,法律出版社2002年版,第316页。
④ 转引自〔美〕波斯纳:《法理学问题》,苏力译,中国政法大学出版社1994年版,第70页。
⑤ 〔苏〕B. H. 库德里亚夫采夫:《定罪通论》,李益前译,中国展望出版社1989年版,第59页。
⑥ David M. Walker: The Oxford Companion to Law, Published in the United States of America by Oxford University Press, New York, 1980.

通法》开篇就说:"法律的生命不在于逻辑,而在于经验。对时代需要的感知,流行的道德和政治理论,对公共政策的直觉,不管你承认与否,甚至法官和他的同胞所共有的偏见对人们决定是否遵守规则所起的作用都远远大于三段论。法律包含了一个民族许多世纪的发展历史。它不能被当作由公理和推论组成的数学书。"①但是,这并不足以表明在法律领域里,法律由于"其生命在于经验"就可以违反逻辑或忽视逻辑,恰恰相反这表明人们的经验以及基于经验的法律,不是一成不变的公理和推论组成的数学书,它同样需要依靠逻辑的分析、概括与总结,需要接受逻辑的反思与批判,需要服从逻辑的法则,需要接受逻辑的指引。美国联邦最高法院大法官卡多佐(Benjamin N. Cardozo)说得好:"霍姆斯并没有告诉我们当经验沉默无语时应当忽视逻辑。除非有某些足够的理由(通常是某些历史、习惯、政策或正义的考虑因素),……如果没有这样一个理由,那么我就必须符合逻辑,就如同我必须不偏不倚一样,并且要以逻辑这一类东西作为基础。"②

倘若有法官借自由裁量之名义而做出违反法律的不当判决,他的判决面对上诉或申诉的法律程序就是意料中的事;同样地,假若有法官以自由裁量为由而做出违反逻辑的不当判决,他的判决也会面临相同的法律命运。"判决是一个化合物,融入了先例,……他必须将他所拥有的成分,他的哲学、他的逻辑、他的类比、他的历史、他的习惯、他的权利感以及所有其他成分加以平衡,在这里加一点,在那里减一点,他必须尽可能明智地决定哪种因素将起决定性作用。"③在法律的世界里,到处充斥着逻辑的语言。很自然地,法官在处理案件的时候,对逻辑要有相当深入的了解并且能够融会贯通地运用到自己的决断中去。如果一个法官不懂得逻辑的基本语言,不知晓或不尊重逻辑的基本法则,不会依靠逻辑的基本力量,这无论是对社会还是对法官本人来说都会是一场噩梦。

逻辑是一种法则,也是一种智慧。它需要传授,也需要实践的磨砺。虽然人人都在思考,但是,倘若人们缺乏逻辑意识、没有把握逻辑的体系与精髓并自觉地在实践中接受它的指引,在漫长的思考旅途中,就极有可能迷失方向,误入歧途,陷入逻辑混乱或逻辑错误的泥坑而不能自拔。正如

① O. W. Holmes, Jr. , The Common Law, ed. M. Howe (Boston: Little Brown, [1881] 1963), p. 1.
② 〔美〕卡多佐:《司法过程的性质》,苏力译,商务印书馆 1998 年 11 月第 1 版,第 17—18 页。
③ 〔美〕卡多佐:《司法过程的性质》,苏力译,商务印书馆 1998 年 11 月第 1 版。

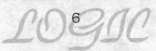

德国思想家莱布尼茨(Gottfried W. Leibniz)所说:"阿尔诺在他的《思维术》中发表了如下的意见:人们不易发生形式上的错误,而错误几乎完全是内容的问题。但我看实际上不是这回事,惠根斯先生同我的看法一致,他认为,一般数学错误(例如'悖论')就是由于人们不注意形式而产生的。"①事实正如莱布尼茨所说的这样,人们不但在数学领域发生逻辑错误,而且在法律等领域也出现逻辑错误与混乱。

正因为如此,富勒(Lon L. Fuller)说道:"教授法律知识的院校,除了对学生进行实在律令与法律程序方面的基础训练以外,还必须教导他们像法律工作者一样去考虑问题、掌握法律论证与推理的复杂艺术。"②美国联邦上诉法院波斯纳(Richard A. Posner)法官也指出:法律教育的着重点应当在于"使学生们形成从事这一职业的习惯,训练学生们批判性地运用逻辑——一种根本性的、尽管有时过火的法律分析技术。它教会学生们注意他们立论的基础;它比其他训练方式更有效地灌输了一些根本性的经验教训,诸如 …… 语言的法律含义很大程度上取决于上下文,许多法律规则必须从司法判决中引申出来,而不是在司法判决中明确表述的或者是可以直接运用的,以及在一些法律边缘问题上,法律的弹性远比外行的大众们所相信的要大得多。一个门外汉容易认为每一个法律问题在书中的什么地方都会有答案,因此,一个人所必需的只是到何处查找。"③霍姆斯因此感叹道:"律师受到的训练就是在逻辑上的训练,类推、区分和演绎的诸过程正是律师们最为熟悉的,司法判决所使用的语言主要是逻辑语言。"④假如我们的法官不能从逻辑中获得教益,这对于法官和逻辑学家来说都是一种深深的遗憾。

美国法学家庞德(R. Pound)说得好:"司法并不是每个人都能胜任的轻松活,由普通人直接来执法或直接操纵审判过程,就像由普通人直接行医或控制医疗过程、由普通人指挥军队或控制军事专门技术一样,都是不

① 转引自〔德〕肖尔兹:《简明逻辑史》,张家龙、吴可译,商务印书馆 1993 年版,第 49 页。

② 转引自〔美〕博登海默:《法理学——法哲学及其方法》,邓正来等译,华夏出版社 1987 年版,第492 页。

③ 〔美〕波斯纳:《法理学问题》,中国政法大学出版社 1994 年 7 月第 1 版,第 3—4 页。

④ Oliver W. Holmes, Jr. "The Path of the Law", in Collected Legal Papers, ed. Mark de Wolfe Howe (Cambridge, Mass. : Harvard University Press, 1910), p.181.

大可能的。"①正是在这个意义上,美国第一任总统华盛顿指出:"要选拔最胜任的人来承担解释法律和分配正义的职责,这一直是我极度关心的不变主题。"②法律的生命就维系在这些训练有素、怀有良知、拥有智慧的人的手中。这或许不完全是法律的现实,但应当是法律的未来。"把界石挪动的人是有罪的。但是那不公的法官,在他对于田地产业错判误断的时候,才是为首的移界石者。一次不公的判断比多次不平的举动为祸尤烈。因为这些不平的举动不过弄脏了水流,而不公的判断则把水源败坏了。"③不言而喻,法官要寻路而行,但未来的路向应当是清晰的:那就是恪守逻辑的训诫、汲取经验的教训、服从正义的指引,这是一条需要法官智慧的道路,也是法官唯一正确的道路。

① 〔美〕罗斯科·庞德著:《普通法的精神》,唐前宏等译,夏登峻校,法律出版社 2001 版,第 57 页。
② 引自 Warren:The Supreme Court in United States History 31(1926),转引自〔美〕拉塞尔·韦勒著:《美国法官管理制度的演进》,陈海光译,载苏泽林主编:《法官职业化建设指导与研究》2003 年第 1 辑,第110 页。
③ 〔英〕弗·培根:《培根论说文集》,水天同译,商务印书馆 1983 年 7 月第 2 版,第 193 页。

第一章 立法的准则

一、法律的明确性

思想是通过语言表达的,语言是思想的载体,是思想表达的工具。但自然语言并非完美无缺而尽如人意。自然语言是开放的,在意义上往往是不确定的。语词往往具有多义性,外延具有一定的模糊性。一个语句往往既可以做这样解释,又可以做那样解释。自然语言具有不确定性,这是自然语言的一个特征。中国先秦的许多思想家从不同角度思考了语言的不确定性问题。比如,公孙龙子的"白马非马"之辩。人们认识到思想表达具有明确性是思想交流得以进行的必要前提和先决条件。正如金岳霖所言:"若所用的名词定义不定,则无谈话的可能,无语言文字的可能,当然也无逻辑的可能。"①因此,表达思想应当注意具有明确性,这是人们思想交流的一项基本准则。

法律具有明确性应当是立法的一条基本准则。德国法社会学家韦伯就强调法治社会中的法律应当具有明确性,美国法学家富勒(Lon L. Fuller)提出的立法八大原则中,也包含有法律的明确性原则。在他们看来,法律应当"清楚明了、

---

① 金岳霖:《逻辑》,三联书店1961年版,第5—6页。

内部逻辑一致并且没有要求臣民为不可能之事"①。法治是为克服人性的弱点以及人们行为的任意性而来到世间的。法律是人们社会行为的规范,红灯停,绿灯行,令行禁止,不能两可。制定法律就要制定如此明确无误的规则,切不可像那句不加标点符号的名言:"下雨天留客天留我不留",由人任意标点。在刑法领域中实行罪刑法定主义原则,法律是司法判决的唯一依据,就更是要求法律得到明确的表达。刑法对有罪与无罪、此罪与彼罪的规定应当泾渭分明,不能含混,不能模糊,有罪就是有罪,无罪就是无罪。正如富勒所言:"从法律用一般性规则来约束和裁断人们的行为这一前提出发,任何刑事法律都应该足够明确,以便服务于这样的双重目的:一方面向公民们提出足够的警告,使他们知道被禁止的行为的性质;另一方面为依法审判提供足够的指引。"②如果法律规定模棱两可或含糊不清,人们就不可能确定地预见自己行为的法律后果。因此,"法无禁止即自由"这样的法律原则,需要严谨的立法语言去体现。法律语言应当以严谨著称,立法语言尤其如此。

法律语言是不自足的,它以自然语言为载体,建立在自然语言的基础之上,依赖于自然语言,离不开自然语言。大多数法律语言,在法律语境中并未特别加以解释和界定,因而不为法律所独有,还需要运用自然语言界定和解释其意义。即使只在法律语境中才有意义的法律语言,如"法人"、"诉讼代理"等,最终也离不开运用自然语言界定和解释其含义。这样一来,自然语言的不确定性自然就会传递到法律语言之中,使法律概念的含混或模糊成为可能。如在北京发生的伤害动物园动物的案件中,有些法学家说动物园的动物不是"野生动物",因为它们并不处于"野生状态",而是处于人工饲养的状态,因此伤害动物园中的动物并没有违反《刑法》保护野生动物的规定。我国《刑法》中要保护的是"野生动物",这里的"野生"是指野生状态呢,还是指具有野性的动物?法律规定语焉不详。如果是指野生状态,显然动物园里的动物不是处于野生状态。但是如果动物园的门口挂上一块"野生动物园"的牌子,《刑法》是否就可以对其进行保护了呢?如果野生指的是野性,不论圈养还是放养,具有野性的动物就不是家养动

---

① 〔美〕富勒:《法律的道德性》,商务印书馆 2005 年 11 月第 1 版,第 44 页。
② 〔美〕富勒:《法律的道德性》,商务印书馆 2005 年 11 月第 1 版,第 121 页。

物,而是野生动物。因此,为了达到法律自身的明确性或确定性,就要根据法律表达的需要和语境的变化,在可能的基础之上,对语词指涉的对象或应用范围及意义合理地加以明确的限定或界定。"澄清或消除含混、模糊或无意义的思想"①,清除啰嗦冗长、繁琐无用、杂乱无序的语言垃圾,使法律尽可能地得到"清楚明确的表述"。

在北京市一次价格检查中②,北京市8家大商场和一家餐饮店因存在价格欺诈被北京市物价局公开曝光并处以罚款。被认为是价格欺诈的主要行为之一,是在"降价销售"过程中,将与事实上的原价不符的价格标为原价,即"虚构原价"。在北京市物价局对几家大商场作出处罚决定后,被处罚的北京贵友大厦、复兴商业城和北京金伦大厦相继提出了行政复议申请。他们认为,市物价局在检查中把"原价"片面解释为"本次价格的上一次价格",而商家一贯执行的是"商品上市后的第一次价格"即为"原价",因此市物价局认定"虚构原价"不能成立。双方的争议焦点不在于是否存在相关的事实,而在于这样的事实是否构成"虚构原价"。双方争论的就是"原价"到底是指"本次价格的上一次价格",还是指"商品上市后的第一次价格"。北京市物价局所依据的国家计委发布的《禁止价格欺诈行为规定》,没有对"原价"进一步作出明确的解释或规定,没有解释"原价"到底是哪一种意义上的价格。因此,在这里"原价"的含义是不明确的,在这样的规定中人们没有得到足够的引导。

2006年5月底,为了稳定我国城市房价,建设部等九部委联合制定了《关于调整住房供应结构稳定住房价格的意见》的15条细则,其中规定城市新建住房"套型建筑面积90平方米以下住房(含经济适用住房)面积所占比重,必须达到70%以上"。但是,"套型建筑面积"的含义是什么?套型建筑面积90平方米以下住房(含经济适用住房)面积和哪个之比所占比重必须达到70%以上?建设部等九部委15条细则没有对这两个概念进一步进行解释和说明。人们不清楚"套型建筑面积"这个新概念和"所占比重"这个含混概念的确切含义,这两个概念成了人们心中的两个谜团。2006年6月13日,建设部房地产业司司长沈建忠指出,90平方米的套型

---

① 《金岳霖学术论文选》,中国社会科学出版社1990年版,第46页。
② 参见《北京青年报》2002年3月1日报道。

建筑面积约等于 100 到 105 平方米的建筑面积,70% 的比例是一个地区的总量概念。沈建忠的说法见报当天,建设部通过媒体予以澄清,建设部的这次澄清连业内人士都弄不明白,建设部还是没有解开这个谜团。2006 年 7 月,在历经两个多月的争议后,一直悬而未决的谜团才得以解开,建设部终于明确了 90 平方米和 70% 这两个概念的含义。建设部签发《关于落实新建住房结构比例要求的若干意见》,该《意见》将 90 平方米套型建筑面积明确为单套住房的建筑面积,而 70% 比例要求适用于各城市年度新审批、新开工的商品住房总面积。

建设部等九部委的 15 条细则给人们的教训是深刻的:含混不清的政策该怎样执行呢?面对这样的规定执行者该何去何从呢?虽然建设部最终澄清了 15 条细则中的这两个概念的含混之处,但是,政策本身的含混不清使九部委 15 条细则的执行拖延了两个多月,而西安、大连、深圳等地当时已按建设部等九部委的《关于调整住房供应结构稳定住房价格的意见》制定了细则,明确规定“70%”按项目计算而不是按照总量计算,因此,在建设部的迟到的“补丁”问世之后,这些地方又不得不制定新的大大小小的“补丁”对自己的细则进行更改。①

“套型建筑面积 90 平方米”和“所占比重 70% 以上”这两个概念都与建设部有着直接的联系。人们不禁要问:在建设方面最为专业的建设部,在制定政策的时候为何表现得如此的不专业——留下了如此之大的困惑和争议呢?是因为自然语言过于含混不清以至于人们不能清清楚楚地表述规定?还是立法者制定政策时不愿意把他的规定表述得清清楚楚呢?这恐怕是立法者们才能回答的问题了。在某些时候,获得清晰性的最佳办法便是在法律中注入常识性的判断标准,这些标准是在立法之外的普通生活中生长起来的。毕竟,这是我们在用普通语言本身来表达立法意图的时候免不了会做的事情。更重要的是,不要把原本可以说清楚的事情,却不说清楚或不愿意说清楚,或者把简单的概念复杂化、模糊化,使之变得含混不清。

1991 年 8 月份,武汉市青山区工商局的检查人员发现,本区市场上一些正规酱油厂生产的产品销售量明显下降。他们意识到可能有大量伪劣

---

① 陈军华:《90 平米谜团解开:建设部给出的是一块什么补丁?》,中国新闻网 2006 年 7 月 13 日。

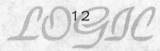

假冒酱油在冲击市场。工商管理人员在洪山区和平乡大周村查到了一条地下黑酱油加工厂。制售假酱油的是黄陂县的农民瞿爱仙。她用酱色素勾兑自来水,然后放点盐,尝一尝咸淡,有一点咸味,颜色再变成黑黑的酱色,就是酱油了。瞿爱仙生产的酱油全部为伪劣产品。从 1990 年至 1995 年的 5 年间,瞿爱仙至少制售假冒酱油 300 吨以上。根据她本人的交待,她非法所得销售额 20 万元。①

全国人大常委会《关于惩治生产、销售伪劣商品犯罪的决定》和武汉市的有关条例都规定,制假者违法所得数额在 2 万元以上的,由司法机关追究其刑事责任。青山区工商局于 1995 年 5 月将此案移交青山区人民检察院。在自然语言中,"违法所得"的含义可以是"违法销售额",也可以是"违法获利额"。全国人大常委会在《关于惩治生产、销售伪劣商品犯罪的决定》中规定了制假者违法所得的数额及其相应的刑罚,却没有对"违法所得"的含义进一步作出解释和说明,在这里"违法所得"这个概念是不明确的,有不确定的一面。因此,最高人民检察院在全国检察长会议上制定了一个征求意见稿,把假冒伪劣商品的"违法所得数额"解释为"违法销售额"。青山区人民检察院据此立案侦查,认定瞿爱仙非法制假的销售额是 18.2 万元。按照全国人大常委会《关于惩治生产、销售伪劣商品犯罪的决定》,对她的处刑应在 2 年以上、7 年以下有期徒刑这个范围之内。青山区人民检察院将这个案件起诉到青山区人民法院。

青山区人民法院此时收到了最高人民法院关于打假中如何认定违法所得数额的批复。最高人民法院作出解释,这一数额指的是生产销售伪劣产品的获利额而不是销售额。显然,两者数量上相差甚远。按照审判纪律,青山区人民法院只能执行最高人民法院的司法解释和决定,而不能执行工商机关的或者检察机关的决定。青山区人民法院将这一案件退回检察院补充侦查。

青山区人民检察院知道,要计算瞿爱仙制假的获利额,必须要确认她制假的成本是多少。但瞿爱仙有几年的销售时间,由于她进货、经销原料没有发票,没有一本成本账,且几年来市场经济的发展,物价也在波动,她的成本有多少,应该从哪些方面来核算她的成本,这就成了一个问题。青

---

① 参见《焦点访谈》法制卷(上),中国政法大学出版社 1999 年版,第 457—464 页。

山区人民检察院发现难以准确地确定瞿爱仙制假的成本有多大,利润有多大,只能根据当时调查到的一些情况,综合其他一些因素,来断定她的利润在 2 万元以上。最后,青山区人民检察院只认定她制假的获利额在 2 万元左右。根据全国人大常委会《关于惩治生产、销售伪劣商品犯罪的决定》,制假者非法所得数额在 2 万元以下的,虽构成犯罪,但属于情节轻微。据此,青山区人民检察院宣布对瞿爱仙免予起诉。一个在五年中让青山区 40 万居民人均喝了一瓶半伪劣酱油的制假者,当司法部门对她绳之以法、予以严惩的时候,按照全国人大常委会的刑事决定和最高人民法院的司法解释,对这样一个人却只能从轻发落,不得不让她重获自由,这一案件在武汉市引起了很大反响。

如果人们这样来总结经验教训恐怕是失当的:"我们的有些法律和法规还不太完善,还有一些漏洞,这个案子的案犯就是钻了法律上的空子。"①这是因为法律总会有不太完善之处,总会有一些漏洞,案犯也不可能不钻法律上的空子,这些都是客观存在的且不可能改变的现实。因此,问题的关键不在于法律是否还不太完善,抑或法律是否还有一些漏洞,案犯是否钻了法律上的空子?而在于法律的这个漏洞或不完善之处是如何产生的?是否可以避免?全国人大常委会的《关于惩治生产、销售伪劣商品犯罪的决定》和最高人民法院相应的司法解释是否适当?最高立法机关和最高人民法院是否做到了它应当做到而且能够做到的事情?我国罪刑法定原则必然要求"违法所得"这个关键性的犯罪概念在立法上要有明确的规定,但是,全国人大常委会的《关于惩治生产、销售伪劣商品犯罪的决定》对"违法所得"——这个能够明确规定也应当明确规定的概念——却没有明确作出规定,导致最高人民法院和最高人民检察院对此有不同的解释,导致司法机关适用法律的困难和混乱。

在瞿爱仙制假案件中,应当说武汉市青山区的工商局、人民检察院和人民法院都是严格按照现行的法律规定来办案的,却对造假者无可奈何。这与其说是因为不能确定瞿爱仙制假的获利额,让瞿爱仙钻了法律上的空子,还不如说是由于根本就不可能确定制假的获利额,是立法不当为瞿爱仙开辟了一条生路。"违法获利额"在司法中是难以确定的,瞿爱仙制假案

---

① 《焦点访谈》法制卷(上),中国政法大学出版社 1999 年版,第 463 页。

件也正好说明了这一点；此外，有些假冒伪劣商品的成本比较低，利润也相对比较低，但它和广大人民群众的生活密切相关，对人民生命健康危害极大，依据上述司法解释规定，对这些商品的制售者的惩处就显得过轻；因此，最高人民法院把"违法所得"解释为"违法获利额"也是失当的。随着我国近些年立法工作的蓬勃发展，我国法律在立法技术方面也有了较大的提高，其中一个表现就是立法语言的日趋严谨。然而，从上述的案例我们不难看出，立法与司法部门对立法语言的严谨性依然认识不足，人们有时有意或无意地忽略了这一点。

如果法律自身不明确或不确定，法官就可能得不到足够的指引，就可能导致法官法律解释和法律适用的困难，法官对法律就可能做出完全不同的解释和适用，对同样的案件可能做出完全不同的判决，从而导致法律适用的混乱。这样一来，就难以实现法律所追求的最基本的正义："同样的情形同样对待、不同的情况区别对待。"就难以实现人们对司法公正的期待："人们不能在这一对诉讼人之间以这种方式决定案件，而在另一个类似案件的另一对诉讼人之间又以相反的方式做出决定，如果有一组案件所涉及的要点相同，那么各方当事人就会期望有同样的决定。"①

爱因斯坦曾经说过：世界上没有什么比立了法却不能执行更能让政府和法律威信扫地的（Nothing is more destructive of respect for the government and the law of the land than passing laws which cannot be enforced）。我国刑法第 140 条已对上述规定加以修改，用"违法销售额"取代了"违法所得"。不让司法机关为这难解之谜去寻找答案。"法院面对着一部它们不能通过执行槽槽懂懂的立法者意图来加以适用的法律。英国人终于在 1954 年找到了对付这一困境的唯一办法：直截了当地废除这一发生问题的条文。"②

希特勒上台以后，于 1935 年 6 月颁布了一个《对根本法的补充条款》。其中规定："凡进行依法应受惩罚或按刑法一般意义及按人民健全判断应受惩罚之行为者，应予惩罚。如刑法各款均不能直接用于所进行之行为，则根据按其一般意义最接近的法律予以惩罚。"这个条款中的"刑法一般意义"、"人民健全判断"等概念的含义，在法律上没有得到任何的解释和规

---

① 〔美〕卡多佐:《司法过程的性质》，商务印书馆 1998 年 11 月第 1 版，第 18 页。
② 〔美〕富勒:《法律的道德性》，郑戈译，商务印书馆 2005 年版，第 105 页。

定,是不明确的、不确定的、可以作任意解释的。德国法西斯的刑法规定违反了立法的明确性原则,废除了罪刑法定主义的原则,采用了无限类推的制度。这样一来,它就可以"合法地"践踏法律,随心所欲地出入人罪。希特勒的《对根本法的补充条款》是何谓专制独断的"恶法"的最好注解和现实教材。

孟德斯鸠早就指出:"在法律已经把各种观念很明确地加以规定之后,就不应当再回头使用含糊笼统的措辞。路易十四的刑事法令,在精确地列举了和国王有直接关系的讼案之后,又加上这一句'以及一切向来都由国王的法庭审理的讼案'。人们刚刚走出专制独断的境地,可是又被这句话推回去了。"①因此,不得用含糊或宽泛的语言表述法律,要求法律必须得到"清楚表述",要防止产生"源自于法律本身的损害"。在刑事法律领域中,如果法律规定自身不明确或不确定,法官的自由裁量权就缺乏必要的限制,司法刑罚权就缺乏明确的界限,就为法官任意解释和适用法律、滥用自由裁量权、甚至肆无忌惮地"合法地践踏法律"开辟了道路,司法刑罚权的滥用就不可能得到法律的阻止。这样一来,就不可能实现"法律之治"或"规则之治",就从根本上放弃了罪刑法定主义原则。因此,不明确的或不确定的法律就是一种"恶法"(Legis Corruptio)。② 正是在这个意义上说:"法律作为以正义价值为自身价值内核的规则,必然以确定性作为自身追求的目标和表现形式"。③ 正如阿尔诺所说:"实现法治就是实现法律的确定性。"

正是在这个意义上,美国法学家富勒(Lon L. Fuller)认为:"清晰性要求是合法性的一项最基本的要素。"④他认为:"创造和维系一套法律规则体系的努力至少会在八种情况下流产;或者说,就这项事业而言,有八条通向灾难的独特道路。第(1)种也是最明显的一种情况就是完全未能确立任何规则,以至于每一项问题都不得不以就事论事的方式来得到处理。……(4)不能用便于理解的方式来表达规则;……这八个方向中任何一个方向的全面失败都不仅仅会导致一套糟糕的法律体系;它所导致的是一种不能

---

① 孟德斯鸠:《论法的精神》下卷,商务印书馆,第297页。
② 〔德〕考夫曼等:《当代法哲学和法律理论导论》,郑永流译,法律出版社2002年版,第71—72页。
③ 沈敏荣:《法律的不确定性——反垄断法规则分析》,法律出版社2001年版,第86页。
④ 〔美〕富勒:《法律的道德性》,商务印书馆2005年11月第1版,第75页。

被恰当地称为一套法律体系的东西,除非我们是在匹克威克式的意义上来使用'法律体系'这个词,就好像说一份无效的合同仍然可以称得上是某种合同一样。"①"十分明显的是,含糊和语无伦次的法律会使合法成为任何人都无法企及的目标,或者至少是任何人在不对法律进行未经授权修正的情况下都无法企及的目标,而这种修正本身便损害了合法性。从污浊之泉中喷出的水流有时可以被净化,但这样做的成本是使之成为它本来不是的东西。"②

立法的明确性准则是正当而必要的,但是,在立法领域里却还没有得到应有的尊重与遵守,违背这项准则以及随之而来的后果是不应当出现的,也是人们不愿意看到的但它却时有发生。当然,如果法律规则都是如此难于捉摸,法治就无法维系了。好在大多数法律规则在大多数情况下都是明确的,但是,一些法律规则的模棱两可严重损害了法律的权威性和公正性。哈耶克在《通往奴役之路》中说道:"我们可以写一部法治衰落的历史……因为这些含糊的表达越来越多地被引入到立法和司法当中,也因为法律与司法的随意性和不确定性不断增强,以及由此导致的人们对法律和司法的不尊重。"③因此,应当提高立法质量,法官再有能耐,也不过是起一种解释作用。他们的解释作用一定要根据特定的文字,在特定的语境中才能发挥出来。"任何仅仅依靠法院作为防止不法司法(lawless administration of the law)的唯一屏障的制度都有着严重的缺陷。"

18世纪以来,以"遵循先例"为基本原则,英美普通法系经数百年发展,像珊瑚的生长一般,逐步形成浩如烟海的判例,但整个法律体系缺乏明确的法律概念和逻辑性而显得杂乱无章,晦涩难懂。以边沁为先锋,历经奥斯丁、霍兰德、萨尔蒙德、凯尔森、格雷以及霍菲尔德等人,这些分析法学的代表人物不满含混歧义的法律概念带来的混乱,批评普通法系法律概念、术语歧义丛生的现象,并为消除这些混乱及其带来的理解上的阻碍,对普通法进行了梳理工作。"分析法学的目的之一就是对所有法律推理中应用的基本概念获得准确的、深入的理解。因此,如果想深入和准确地思考并以最大合理程度的准确性和明确性来表达我们的思想,就必须对权利、

---

① 〔美〕富勒:《法律的道德性》,郑戈译,商务印书馆2005年版,第46—47页。
② 〔美〕富勒:《法律的道德性》,郑戈译,商务印书馆2005年版,第76页。
③ 〔美〕富勒:《法律的道德性》,郑戈译,商务印书馆2005年版,第77页。

义务以及其他法律关系的概念进行严格的考察、区别和分类。"这些努力为美国法律重述开辟了道路。

20 世纪初,美国法学家霍菲尔德(Wesley H. Hohfeld)和考克雷克(Albert Kocourek)等人运用逻辑分析方法,不但精炼和详尽界定法律概念,消除法律概念的不明确性,使法律概念明确化,而且寻找复杂的法律概念和关系的不同组合,寻找法律概念的"最小公分母",企图使立法具有无可置疑的明晰性和确定性。现代分析法学从维特根斯坦等人的工作中得到激励,他们详尽地分析实在法律制度、基本概念和观念,严密地分析司法程序和法律方法,对法律语言进行逻辑分析,从逻辑上澄清法律概念和法律思想,以增进语义理解力和表达力,是可取的也是必要的。霍姆斯也多次强调要对普通法进行改革,改革的目的就是对那些分散的判例进行分门别类,进行归纳和整理,从中抽象出可以为后世的法官提供指导的原则。他坚持认为概念的使用应该是抽象的、一般的。他猛烈抨击了法规汇编和教科书里流行的以"实践"为主题的分类方法,比如"铁路和电报",或者像"海运和证券"。这种分类方法在他看来既可笑,又不能解决问题。他认为,私法应该以抽象的合同和侵权行为来划分。格雷说:"霍姆斯学术生涯第一篇重要文章——《法典和法律的编排》——讨论的就是在所有的法律制度中系统使用'哲学的'(即抽象的)法律范畴的必要性。"他还说:霍姆斯不认为一般性的法律原则没有意义或者不重要;事实上,他是他那个时代的最伟大的法律概念化的提倡者。霍姆斯指出:"法学家的工作就是要让人们了解法律的内容;也就是从内部进行研究,或者说从最高的属到最低的种,逻辑地整理和分类,以满足实践的需要。"①

1923 年 2 月在华盛顿成立的美国法学会,致力于克服法律的不确定性,在一些经过特别挑选的合同、侵权、冲突法和代理等领域对法律进行科学而明确地重述。首先,是对概括性法律原则的全面陈述;其次,是对法律原则的引用、阐述和说明,包括对法律目前状况的完整说明以及对权威论述的全面引证,它将分析和讨论提出的所有法律问题,论证对法律原则进行的陈述。卡多佐法官充分肯定法律重述的意义:我毫不怀疑,计划中的

---

① O. W. Holmes, Jr., The Common Law, ed. M. Howe (Boston: Little Brown, [1881] 1963), p.219.

法律重述将显示一种强大的力量,从先例的荒漠找出确定性与有序性。中世纪有一句格言:"没有亚瑟书(Azo' books),不要进法院。"最终,法学会的这些出版物将不断为人们提起。一遇到法律问题,人们首先就想到查阅它们,通常也仅仅查阅它们而非其他东西。①

二、法律的一致性

古希腊思想家亚里士多德在《形而上学》中提出了逻辑的基本规律——矛盾律:对于同一事物的两个互相矛盾的命题(或判断)不可能同时都是真的,两个互相对立的命题(或判断)也是如此。"积极地说,逻辑就是'必然';消极地说,它是取消矛盾。"②"它是思想的剪刀,……它排除与它的标准相反的思想"。③ 那些自相矛盾的思想都会"由于触到逻辑这块礁石而沉没"。④ "自相矛盾的命题是一种不能肯定的命题,而与自相矛盾的命题发生矛盾关系的命题是一种不能否定的命题"。因此,不得作出自相矛盾的判断,不得同时肯定互相矛盾的命题,这是人们最确知的、理性上最有根据的、最普遍的逻辑法则,是人们理解任何事物时所必需遵守的基本公理。

古希腊思想家苏格拉底早就告诫人们:你要表达就必须尊重逻辑法则。无矛盾性或一致性法则就是立法的一项基本准则。富勒(Lon L. Fuller)提出的立法八大原则中就包含了法律的内在一致性原则:法律应当"清楚明了、内部逻辑一致、并且没有要求臣民为不可能之事。"立法可以持有不同的价值理念,可以制定出不同的法律规范,但是,立法不得自相矛盾,法律应当是一个前后一致的、首尾一贯的、内部相容的、整体协调或融贯的规范体系。包含以下三层意思:

首先,法律原则之间或规则之间应当是融贯的、相容的、协调的;

其次,法律规则与原则之间应当是连贯的、相容的、一致的;即法律规定与法律意图、法律目的及法律价值取向之间应当具有内在一致性,法律

① 〔美〕卡多佐:《法律的成长 法律科学的悖论》,中国法制出版社2002年版,第11页。
② 《金岳霖学术论文选》,中国社会科学出版社1990年版,第516—517页。
③ 金岳霖:《逻辑》,三联书店1961年版,第259页。
④ 《金岳霖学术论文选》,中国社会科学出版社1990年版,第442页。

规定一旦实施以后所产生的结果与立法意图、立法目的与立法价值取向之间具有内在一致性,法律规定应当倾向于实现法律的意图、达到法律目的、贯彻立法的价值取向。"一项行为或抑制可被认为倾向于达到某种期待的目的或后果,在这种情况下它就是'目的上合理的'。"①一项行为或抑制可被认为倾向于贯彻立法的价值取向,在这种情况下它就是"价值上合理的"。"未达到其目标的规则不可能永久地证明其存在是合理的。"②

根据"反应平衡"的逻辑思考,考察结果与立法意图、立法目的与立法价值取向之间是否保持一致,用结果来检验规则,这是一种追问法律规则或规定是否具有合理性的重要方法。③ 在立法时,"由于在绝大多数情况下,要实现所追求的每一目标都会'消耗'或者都能'耗损'这种意义上的某些东西,所以,有责任感的人在行动时,必须根据伴随实现这一目标的行为而来的结果对该目标进行权衡和慎重考虑"④。"任何提出规范性命题者,必须当假设其置身于当事人之处境时,也能够接受由其提出的命题预设为前提(满足每个人利益)的规则所造成的后果。简言之:任何人都必须能够认同由他预设为前提或做出主张而针对所有人的规则之后果。"⑤

第三,法律体系之间应当是协调的、相容的、和谐的。

倘若法律互相抵牾、冲突或矛盾,人们就会无所适从。在黑勒(J. Heller)的黑色幽默小说《第二十二条军规》中,主人公指望完成第 27 空军司令部规定的飞行任务就可以回国。但是,在完成飞行任务就可以回国的前面,横着一道不可逾越的障碍:

"你只要飞 40 次就行了。""这么说我可以回国了,我已飞了 48 次。"

"不行,你不可以回国。""为什么?"

"因为有第二十二条军规嘛,第二十二条军规还规定,无论何时,你都得执行司令官命令你所做的事。""可是第 27 空军司令部说,我飞完 40 次就可以回国。"

---

① 〔英〕麦考密克等:《制度法论》(代译序),周叶谦译,中国政法大学出版社 1994 年版,第 229 页。
② 卡多佐:《司法过程的性质》,苏力译,商务印书馆 1998 年版,第 39 页。
③ 这种方法其实就是归谬法的运用:从某个假定导出了不可接受的结果,这个假定就是不可接受的。
④ 〔德〕马克斯·韦伯著:《社会科学方法论》,杨富斌译,华夏出版社 1999 年版,第 150 页。
⑤ 〔德〕罗伯特·阿列克西:《法律论证理论》,舒国滢译,中国法制出版社 2002 年版,第 252—253 页。

"可是他们并没有说一定得回国,而军规却说,你一定得服从命令。圈套就在这里嘛,即使上校违反了第27空军司令部的命令,在你飞满规定的次数后还叫你飞行,你还是得去飞嘛,要不然,你就犯下违抗上校命令的罪行,这样一来,第27空军司令部当真要向你问罪呢。"

主人公根据第27空军司令部"完成规定的飞行任务就可以回国"的规定指望完成飞行任务就回国的愿望,因为有同样是第27空军司令部的第二十二条军规"无论何时你都得执行司令官命令你所做的事"而落空。在《第二十二条军规》中,因为有第二十二条军规规定的"无论何时你都得执行司令官命令你所做的事"的义务,所以,第27空军司令部授予主人公"完成规定的飞行任务就可以回国"的权利,从一开始就已经被第27空军司令部自己剥夺了,这个权利实际上是一个法律赋予又被法律剥夺的权利。

正是在这个意义上,富勒认为,"法律不应当自相矛盾"是法律的内在道德的诸原则中最基本的原则之一。我们再来考察一部自相矛盾的法规——这一次是一项真正的判决中所涉及的一部法规。

在美利坚合众国诉卡迪夫(United States v. Cardiff)一案中,一家食品加工公司的总裁因为拒不允许一位联邦视察员进入他的工厂去考察他是否遵守了《联邦食品、药物和化妆品法案》而被定罪。

美国《联邦食品、药物和化妆品法案》中的第704节规定了一位视察员进入一家工厂的条件,这些条件中的一项是他首先要获得业主的许可。而该法案的第331节则规定工厂所有者"拒不允许第704节所授权的进入和视察"的行为是一种犯罪。这样看来,这部法案似乎是在告诉人们:视察员有权进入工厂,但业主也有权通过不允许进入而将他拒之门外。该法案的第704节规定与第331节规定之间是相互抵触、冲突的。

如果将该法案的意思解释为:如果工厂所有权人在表示同意视察员进入之后又拒绝让其进入,这位所有权人便违反了法律。这样就把他的责任建立在他的自愿行为之上,因而不算是反常;一个人不一定必须做出某项承诺,不过一旦他做出了这项承诺,他就可能因此而承担起一项责任。这种解释可以消除该法案第704节规定与第331节规定之间的冲突或矛盾。美国联邦最高法院考虑了这种解释,但却拒绝采纳之。最高法院认为:

这种解释的问题不在于它不符合逻辑,而在于它不能吻合于任何可理解的立法目的。如果国会希望确保视察员在业主的反对下仍然能够进入工厂,这是可以理解的。但如果说国会希望将视察员的权利限定在这样一种不可能出现的情况下——一位古怪的业主先是表示允许,然后又关上大门,则是很难理解的。为了使这部法案显得不是不可理喻,我们可以将这项要求解释为:视察员之所以需要先获得允许,是基于涉及方便的时间和日期的通常礼貌,但相关条文的语言却又不支持这种解释。

最高法院由此裁定:这两项条文之间的冲突导致了一种非常含混的局面,以至于无法针对这种犯罪的性质发出充分的警告,法院因此撤销有罪判决。[①]

这足以表明这样一个教训:倘若立法部门对法规之间相互抵触现象不在意,就会对法制造成很严重的伤害,而且这种损害很难通过简单的规则得到消解。[②] 正如美国法官沃恩(Vaughan. C. J.)所言:人们不可能服从前后矛盾(的规则)或依其行事。法律是人们的社会行为规范,一个法律命令必须能够为它所指向的对象所服从。一部人们不可能服从或无法依循的法律是无效的,并且不算是法律。[③] 富勒感叹道:"一部要求人们做不可能之事的法律是如此的荒诞不经,以至于人们倾向于认为:没有任何神志健全的立法者、甚至包括最邪恶的独裁者会出于某种理由制定这样一部法律。不幸的是,生活的现实推翻了这种假设。这样一种法律可能会借助于它自身的荒谬性来服务于利尔伯恩所称的'不受法律约束的无限权力'(lawless unlimited power);它的蛮不讲理的无意义性可以令臣民们知道:没有什么事情是不可能向他们要求的;他们应当随时准备好奔往任何方向。"[④] 自相矛盾的法律是对法律的损害,是对法律的摧毁,是一种"恶法"(Legis Corruptio)。

法律是法官作出判决的唯一依据。倘若法律作出了互相抵触、冲突、矛盾的规定,就会导致法律适用的困难与混乱。

---

① 转引自〔美〕富勒:《法律的道德性》,郑戈译,商务印书馆2005年版,第80—81页。
② 〔美〕富勒:《法律的道德性》,郑戈译,商务印书馆2005年版,第82页。
③ 〔美〕富勒:《法律的道德性》,郑戈译,商务印书馆2005年版,第40页。
④ 〔美〕富勒:《法律的道德性》,郑戈译,商务印书馆2005年版,第83—84页。

　　我国《合同法》一方面在委托合同第 402、403 条①规定中引进了英美法本人身份不公开的代理制度,另一方面在行纪合同第 421 条②规定中又引进了大陆法系行纪合同制度。在英美法系,当某人以自己的名义,为他人的利益进行法律行为时,这被称之为"不公开本人身份的代理",即仍然属于代理的范畴之内。英美法系的"不公开本人身份的代理"是"两个合同、两方当事人"的法律结构,即尽管代理人是以自己的名义与第三人进行法律行为,但是合同的相对性原则几乎不被考虑,本人可以通过"介入权"直接起诉第三人,第三人也可以通过"选择权"直接起诉本人。在大陆法系,当某人以自己的名义,为他人的利益进行法律行为时,这不被认为是代理,而被称之为行纪。大陆法系的"行纪"是"两个合同、三方当事人"的法律结构,即坚持合同的相对性原理,行纪人以自己的名义与第三人进行法律行为,行纪人对第三人享有权利、承担义务,除非基于权利移转,原则上背后的本人与第三人无任何法律关系。英美法系的"不公开本人身份的代理"制度和大陆法系的"行纪"制度是两种不同的、不一致的法律制度,这两种制度将某些相同的行为视为不同的法律关系、规定了不同的法律责任和法律后果。这样一来,一旦产生纠纷,我国法官可能会无所适从,他会发现对以自己的名义、为他人的利益所进行的民事法律行为,既可以适用委托合同第 402、403 条的规定,也可以适用行纪合同第 421 条有关的规定,但其法律适用的结果却是完全不同的。

　　1988 年,某货运代理公司受某省进出口公司委托,为其办理从荷兰进口的 400 吨已内酸胺在上海港报关代运。合同约定,收货人为某贸易联营

---

　　① 第 402 条规定:"受托人以自己的名义,在委托人的授权范围内与第三人订立的合同,第三人在订立合同时知道受托人与委托人之间的代理关系的,该合同直接约束委托人和第三人,但有确切证据证明该合同只约束受托人和第三人的除外。"

　　第 403 条规定:"受托人以自己的名义与第三人订立合同时,第三人不知道受托人与委托人之间的代理关系的,受托人因第三人的原因对委托人不履行义务,受托人应当向委托人披露第三人,委托人因此可以行使受托人对第三人的权利,但第三人与受托人订立合同时如果知道该委托人就不会订立合同的除外。受托人因委托人的原因对第三人不履行义务,受托人应当向第三人披露委托人,第三人因此可以选择受托人或者委托人作为相对人主张权利,但第三人不得变更选定的相对人。委托人行使受托人对第三人的权利的,第三人可以向委托人主张其对受托人的抗辩。第三人选定委托人作为其相对人的,委托人可以向第三人主张其对受托人的抗辩以及受托人对第三人的抗辩。"

　　② 第 421 条规定:"行纪人与第三人订立合同的,行纪人对该合同直接享有权利、承担义务。第三人不履行义务致使委托人受到损害的,行纪人应当承担损害赔偿责任,但行纪人与委托人另有约定的除外。"从这一条规定可以看出,我国行纪合同仍然固守了传统大陆法的"两个合同、三方当事人"的结构。

公司。同年9月27日船舶抵达上海港。货运代理办妥报关手续,并通知贸易公司到上海港提货。贸易公司来人办妥提货手续,将其中的100吨卖给某省水产供销公司,并委托货运代理代运至某港,收货人为水产供销公司某中转站。货运代理公司接受委托后,向上海港务局有关部门申请计划,该部门委托某航运营业部派船装运。不幸船在驶离上海港20海里处发生火灾,损失近108万元人民币。事故发生后,保险公司进行了赔付,并取得代位求偿权,随后向货运代理提出索赔。货运代理认为,在该批货物转运过程中,作为"代理人",仅负责办理报关代运工作,且无任何过失,不应承担经济赔偿责任。保险公司则认为货运代理以自己的名义与委托方签订合同,自应承担责任,遂将货运代理作为被告向某海事法院起诉。[①]

货运代理以自己的名义与委托人签订合同,他在法律上究竟处于什么样的地位?按照大陆法的理论,此时的货运代理应属承揽运送人,在我国承揽运送合同尚属非典型合同,因为没有直接适用的法规,所以应"类推适用关于其类似之有名契约之规定",而承揽运送人又属广义行纪人之一种,所以应适用有关行纪合同的规定。按照英美法的理论,此时的运输代理人则又应适用委托合同第402、403条的规定。

在我国"货运代理人一直以自己的名义与第三人签约并对所签订的合同负责,这在我国对外贸易运输中已形成一种商业惯例,货主基于对货运代理人的信任将货物交其代运,承运人基于其良好信誉而愿意通融行事。可以说,互不了解的货主和承运人,正是基于货运代理人这个枢纽才能有机地结合在一起,从而顺利地完成货物运输工作。而货运代理人之所以能够取得货主和承运人的信任,除其精通业务外,最根本的是其以自己的名义签订合同并承担责任而且有偿付能力。如果我国引进本人身份不公开代理制度,货运代理人以不负任何责任的代理人出现,会造成承运人与货主之间的脱节,给我国对外贸易运输造成极为重大的影响。"[②]但是,将货运代理认定为承揽运送人,承揽运送人的责任大小、责任免除、抗辩理由以及承揽运送人在什么情况下转化为承运人,又无法在行纪合同中找到相应具

---

① 孟于群、陈震英编著:《国际货运代理法律及案例评析》,对外经济贸易大学出版社2000年版,第248页。

② 方国庆:《试论我国货运代理人的法律地位》,载《远洋运输》1991年第1、2期。转引自方新军:对我国合同法第402、403条的评说——关于两大法系代理理论差异的再思考 法律思想网。

体的条款。本案经过一年多的诉讼,面对矛盾的、相互打架的法律,法院始终难以确定货运代理的法律地位,最终原被告双方只得于庭外和解。

我国《物权法(草案)》①一方面在第 2 条规定"本法调整平等主体之间因物的归属和利用而产生的财产关系",另一方面又在第 49 条②和第 68 条③等规定了征收、征用法律制度。显然,《物权法(草案)》第 49、68 条规定的征收、征用制度与《物权法(草案)》第 2 条的规定是互相抵触、冲突、矛盾的。

按照古罗马以来的法律传统,法律有公法和私法之分。私法是指调整平等的民事主体之间的法律规范,公法是指规范国家和人民之间关系的法律,只要适用法律一方的主体是公权力主体,这个法律就是公法。《物权法(草案)》第 49、68 条规定的征收、征用关系是国家和个人之间的一种强制性的买卖关系,不是基于平等自愿的协商而是在"胁迫"的基础上发生的,不属于意思表示真实的民事法律关系④,不属于平等主体之间因物的归属和利用而产生的财产关系。正如格老秀斯在其不朽名著《战争与和平法》中指出:"国王能够通过征用权……从国民处取得财产。"通过征用的方式取得财产,第一,必须满足公共福利(公共福祉);第二,必须对损失者予以补偿,如果可能,(补偿应该)从公共基金中获得。正因为如此,有些国家将征用称为"强制获得"、"强制取得"、"绝对权力"。因而,《物权法(草案)》第 49、68 条规定的征收、征用关系就不在《物权法(草案)》第 2 条规定的调整范围之内。因此,上述规定是互相抵触的。还应当指出的是,对于征用补偿来说,尽管对政府的征用权力进行规定或限制是非常紧要的,但是,《物权法》是传统私法中最为基本的法律,是"调整平等主体之间因物的归属和利用而产生的财产关系"的法律,因此,在《物权法》的框架中不应当规定

---

① 2005 年我国开始制定物权法以法律的手段解决公权力对私有财产的侵害问题。

② 第 49 条规定:"为了公共利益的需要,县级以上人民政府依照法律规定的权限和程序,可以征收、征用单位、个人的不动产或者动产,但应当按照国家规定给予补偿;没有国家规定的,应当给予合理补偿。"

③ 第 68 条规定:"国家保护私人的所有权。禁止以拆迁、征收等名义非法改变私人财产的权属关系。拆迁、征收私人的不动产,应当按照国家规定给予补偿;没有国家规定的,应当给予合理补偿,并保证被拆迁人、被征收人得到妥善安置。"

④ 《民法通则》第 58 条第 3 项规定,"下列民事行为无效:一方以欺诈、胁迫的手段或者乘人之危,使对方在违背真实意思的情况下所为的。"意思表示真实是民事法律行为成立的一个基本前提,因此,将征收、征用称为"民事行为"或"民事法律关系"是勉为其难的。

财产征用补偿制度,《物权法》不可能承担这样的使命。

一部好的法律总是严密的、严谨的。不但具有内在一致性或无矛盾性,而且与上位法律体系之间具有一致性、相容性、协调性。因此,人们既要求我国物权法自身具有内在一致性,还要求物权法与宪法和其他法律之间具有相容性或协调性。

2005 年 7 月我国《物权法(草案)》在媒体公布并征求修改意见,法学家们的意见出现了尖锐的对立。以北京大学法学院巩献田教授为代表的一些学者对《物权法(草案)》从多方面提出了尖锐批评①,其核心内容就是批评《物权法(草案)》贯彻平等保护原则违反了依据宪法的社会主义公共财产神圣不可侵犯等条款确立的社会主义公有财产特别保护原则,因而《物权法(草案)》是违反宪法的。

这些学者认为②:我国《宪法》第 6 条规定公有制是"社会主义经济制度的基础",要求"坚持公有制为主体";第 7 条规定国有经济是"国民经济中的主导力量","国家保障国有经济的巩固和发展";第 12 条规定"社会主义的公共财产神圣不可侵犯。国家保护社会主义的公共财产。禁止任何组织或者个人用任何手段侵占或者破坏国家的和集体的财产"。我国 1982 年修宪时,宪法修改委员会明确指出了不同所有制的财产在宪法上地位不同。对于宪法第 7 条、第 12 条的规定,宪法修改委员会当时的解释是:国有经济"是保证劳动群众集体所有制经济沿着社会主义方向前进,保证个体经济为社会主义服务,保证整个国民经济的发展符合于劳动人民的整体利益和长远利益的决定性条件";"不同经济形式的地位和作用不同"。2004 年修宪前,对于私有财产只有其中列举的若干种生活资料受宪法保护,2004 年通过的宪法修正案确认了"公民的合法的私有财产不受侵犯","国家依照法律规定保护公民的私有财产权和继承权"(《宪法》第 13 条)。2004 年保护私有财产权的宪法修正案改善了私有财产的宪法处境,但没有足够根据说 2004 年通过的宪法修正案改变了不同主体财产的相对宪法地位。宪法地位不同就是宪法上不平等,而宪法地位不平等就不能说

---

① 写给全国人大常委会并公布在网络上的公开信:北京大学公法网,http://www.publiclaw.cn/article/Details。

② 转引自童之伟:《物权法(草案)》该如何通过宪法之门——评一封公开信引起的违宪与合宪之争 法律思想网。

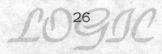

享有平等宪法保护。因此,我国现行宪法对不同主体的财产权从而物权的保护应理解为区别保护,不应理解为平等保护。这里所谓区别保护,也称差别保护、优先保护,指的是在各种主体的财产权中,对国有财产给予特殊保护。在宪法眼中财产权从而物权是区别保护不是平等保护。因此,《物权法(草案)》确立的平等保护原则与《宪法》有关条款确立的区别保护原则是冲突的、抵触的。

梁慧星教授领导的《物权法》研究课题组 1999 年定稿的《物权法(草案建议稿)》第 4 条确立了对各种物权权利给予平等保护的原则。梁慧星指出:"本条对于一切民事主体的物权权利给予平等保护,作为基本的立法目的,是为了在财产法的领域里彻底否定旧的经济体制的影响,并真正建立符合市场经济要求的财产法的基本规则。"①他认为:"以前的物权权利制度建立了国家物权权利优先的原则,基于这一原则,过去的物权权利制度对其他主体的物权权利作了相当大的限制,甚至是歧视性的规定;因此必须按照市场经济的精神,对中国物权权利制度进行更新,根据社会主义市场经济的财产关系的自身规律,建立完全适应形势发展需求的新的物权权利制度。"②

在梁慧星看来,旧的经济体制的物权权利制度是建立在"国家物权权利优先"的原则即区别保护原则而不是平等保护原则之上的,过去的物权权利制度对其他主体的物权权利作了相当大的限制,甚至是歧视性的规定。显然,梁慧星并没有否认而是承认《物权法(草案建议稿)》确立的平等保护原则与"国家物权权利优先"的原则是冲突的、抵触的。这一点与批评者们的看法完全是一致的。与批评者们看法不同的是,他主张新的物权权利制度就是要实现对各种物权权利的平等保护,"在财产法的领域里彻底否定旧的经济体制的影响,并真正建立符合市场经济要求的财产法的基本规则"。正如童之伟教授所说:在某种意义上可以说,这个建议稿所要"彻底否定"的"旧的经济体制"的基础性内容,确实是存在于当时和现时正在实施的宪法之中。

应当指出的是,这个建议稿要确立的平等保护的原则其实在宪法之中

---

① 梁慧星:《中国物权法草案建议稿》,社会科学文献出版社 2000 年版,第 96 页。
② 梁慧星:《中国物权法草案建议稿》,社会科学文献出版社 2000 年版,第 97 页。

也是可以找到依据的。梁慧星确立平等保护原则的理由是"社会主义市场经济的财产关系的自身规律和要求",而市场经济要求恰恰也是我国宪法所肯定了的。因而,梁慧星完全可以说平等保护原则并不违反宪法。

2005 年 7 月向全社会公布征求意见的《物权法(草案)》,在贯彻平等保护原则这点上与梁慧星主导的草案建议稿是一致的。《物权法(草案)》公布后,参与该草案起草的王利明教授发表了《试论物权法的平等保护原则》一文,文中指明"物权法草案坚持了平等保护原则",并论述了在物权法中坚持平等保护原则的 5 条理由:平等保护原则是我国基本经济制度的准确反映;物权法只有确立平等保护原则,才能够维护社会主义市场经济制度、保障 20 多年来的改革开放成果;平等保护原则有利于强化对财产的平等保护,促进社会财富的增长;平等保护原则也体现了现代法治的基本精神,也有助于建设社会主义的法治文明;平等保护原则也为司法实践中法官正确处理各类纠纷提供了基本的法律依据。王利明的这些理由与梁慧星的理由基本上是一致的。与梁慧星不同的是,他不认为宪法以前规定过但现在是应当更新的——对公有财产实行的特殊保护原则。王利明在文中对依据宪法的公有财产神圣不可侵犯条款坚持社会主义的公有财产特别保护的观点给予了批驳。他说①:

"此种观点认为,宪法规定,'公共财产神圣不可侵犯',这就意味着对公有财产实行特殊保护……所以物权法应当对公有财产实行特殊保护。我认为这完全是对宪法的误解。我国《宪法》和《民法通则》都已经明确规定了公有财产神圣不可侵犯的原则,但宪法也规定了合法的个人财产受法律保护。"

王利明在援引了宪法第 11 条的规定后说道:

"强调保护公有财产与私有财产是并举的,绝对不能割裂二者之间的密切联系而对宪法的规定断章取义……实行平等保护是完全符合宪法的。"

但是,童之伟指出:王教授在这里只是提出了一个论点、论断,没有证据,也没有论证,特殊保护论者不可能心服。

---

① 王利明:《试论物权法的平等保护原则》,http://www.civillaw.com.cn/weizhang/default.asp? id=24963。

应当指出的是,根据我国现时正在实施的宪法,区别保护和平等保护这两个冲突的原则其实都有一定的宪法依据又都与另外的相关宪法条文相抵触或相矛盾。我国宪法第6条、第7条、第12条规定了公有制是我国经济制度的基础、国有经济的主导地位、公有财产神圣不可侵犯,对不同主体的财产赋予了不同的宪法地位。依照这个方面的宪法条文和精神,不同主体的财产宪法地位不同,自然应当实行区别保护,即对国有财产要实行特殊保护,实行平等保护就有违宪嫌疑。另一方面,中国已基本进入了市场经济社会,宪法又肯定了我国实行市场经济,市场经济当然会有一些基本的法则要遵循,其中一个重要的法则就是平等。按这个方面的宪法条文和有关规律的要求,对不同主体的财产应当实行平等保护而不是区别保护,实行区别保护就不符合宪法肯定的市场经济的发展需要。这就是在《物权法(草案)》争议中暴露出来的一个需要研究和解决的重大宪法问题——如何理解和解决我国宪法规定的社会主义基本经济制度与市场经济原则的内在协调性或一致性问题。

正因为如此,2005年10月27日,在全国人大常委会第18次会议上,吴邦国委员长在说到要体现对国家、集体和私有财产平等保护的原则的同时,提出了还要深入研究的三大问题,其中包括物权法如何准确地反映基本经济制度,体现宪法关于国家对不同经济成分的政策性规定,以及如何切实保护国有资产。[①]

我国司法解释是法官具体适用法律的规范性文件,因此,司法解释与法律规定之间应当具有融贯性、一致性、协调性,司法解释不得与法律规定、法律意图、法律目的、法律价值取向相抵触、相矛盾、相冲突。

2003年1月23日,中华人民共和国最高人民法院发布了最高人民法院审判委员会第1262次会议通过的《关于行为人不明知是不满十四周岁的幼女双方自愿发生性关系是否构成强奸罪问题的批复》。批复指出:

行为人明知是不满十四周岁的幼女而与其发生性关系,不论幼女是否自愿,均应依照刑法第236条第2款的规定:以强奸罪定罪处罚;行为人确实不知对方是不满十四周岁的幼女,双方自愿发生性关系,未造成严重后

---

① 《物权法草案有三个问题仍要深入研究》,http://www.chinanews.ocm.cn//news/2005/2005-10-27。

果,情节显著轻微的,不认为是犯罪。①

最高人民法院研究室负责人指出:我国刑法第 236 条第 2 款规定:"奸淫不满十四周岁的幼女的,以强奸论,从重处罚。"此前,只要行为人和不满十四周岁的幼女发生性关系,就一律以强奸罪从重处罚。这一规定体现了对这类主观性强、社会影响恶劣的犯罪行为给予从重处罚的原则,但是,刑法的这一规定缺乏"是否明知不满十四周岁"的主观要件,这种"客观归罪"的做法,不符合刑法刑罚适用主客观相一致的原则。新的司法解释体现了刑罚适用主客观相一致的原则,同时还体现了"区别对待"的刑事政策,这个批复能够使刑法的相关规定在审判实践中得到更加准确、有力的贯彻执行。该负责人同时强调:要有足够的证据证明"确实不知",对于批复中的"明知",应解释为"知道或应当知道"②。

苏力教授对最高人民法院的这个批复提出了尖锐的批评。他首先指出最高人民法院的这个批复与我国刑法第 236 条第 2 款规定是相抵牾、相冲突的③:

在我国刑法第 236 条第 2 款规定中,"奸淫"无论是从上下文、从明示排斥默示的解释原则以及相关的法学著作的通常解释来看,其意思都是排除了"强迫"或"违背妇女意志"这一构成强奸罪的必要条件。"以强奸论"更明确了这一点,换言之,"以……论"这种说法说的就是按照强奸论罪和处罚,尽管它本身未必是本来意义上的强奸,用学术的话来说,这是一种"法定强奸"。但最高人民法院批复中的解释,设定了"是否明知不满十四周岁"的主观要件,其一把严格责任的法定强奸擅自改变为某种程度的过错责任;其二是把"自愿"这一同法定年龄相联系的立法推定擅自改变为一个司法上的事实判断;其三最高人民法院的批复中还留下了一个伏笔——"未造成严重后果,情节显著轻微的",这也是有问题的。因为,在这方面是否有严重后果不是法官确定的责任,这一后果已经为立法者在立法时作为一个立法事实确定下来了,而且立法机关这个判断也是有一定根据的,至少有国内外部分研究表明,同幼女发生性关系,哪怕是自愿的,也可能产生长远的心理和生理影响。最高人民法院的这个批复违反

---

① 最高人民法院:法释[2003]4 号。
② 转引自苏力:《一个不公正的司法解释》(附最新资料),法律思想网。
③ 转引自苏力:《一个不公正的司法解释》(附最新资料),法律思想网。

了我国刑法第 236 条第 2 款规定,通过把规则改变为标准,扩大了司法的裁量权。

其次,苏力指出最高人民法院的这个批复与立法目的、立法意图或立法公共政策是背道而驰的:

保护幼女和少女是任何一个有起码良知的负责任的父母的愿望之一,因此也是当今世界任何国家的基本公共政策之一。我国宪法关于保护儿童的规定以及根据宪法精神制定的《未成年人保护法》也同样体现了这一公共政策。中华人民共和国《刑法》第 236 条第 2 款规定:"奸淫不满十四周岁的幼女的,以强奸论,从重处罚",以及刑法的 358 至 360 条规定中有关幼女的一些规定都大致可以视为这一公共政策在刑法中的具体体现。犯罪说到底是一种社会鉴于应保护利益对一些行为的判断,并且这个社会有权力在必要时要求行为人履行一种很高的甚至严格的责任,包括运用刑事惩罚,以便实现这一判断。而所谓法定强奸就是这样的一个例子。事实上,许多国家的刑法中事实上都有这种刑法上的严格责任,甚至比这更为严格的责任要求。例如防卫过当,或者某些带来严重后果的错误行为,例如渎职罪,例如重大事故罪,无论他们自己主观意图如何,精神状态如何,只要特殊的行为人的作为或不作为未达到相关法律或其他相关规定的责任要求就必须承担刑事责任,只要是立法者认为这相对说来更为有效保护了其力求保护的社会利益。注意,这里的有效并不是或主要不是执法上的更为省事,更为迅疾;而是如同波斯纳所言,"对严格责任之犯罪,诸如法定强奸,予以惩罚会有所收益;这种惩罚之威胁会促使潜在违法者更好绕开受到保护的那一类人,因此也就更安全地保护了这类人"。在法定强奸案中,国家正是通过提高了对潜在违法者对于这些社会认为应当受特殊保护群体的特别责任要求,提升了他这类活动的价格,因此把保护这类人的责任部分地分配给那些可能同 14 岁以下的幼女发生哪怕是幼女主动要求的性关系的人身上。最高人民法院的这个批复违背了保护 14 岁以下少女这一相对弱势群体的基本公共政策。使立法在实质上向处于强势地位的行为人倾斜,违背了保护 14 周岁以下幼女这个弱势群体的本意。

最后,苏力指出最高人民法院的这个批复与立法目标与立法价值取向是相悖的、不相符合、不一致的。他运用以结果检验规则的"反应平衡"方法,考察这个批复可能导致的后果,并指出这个批复可能产生的结果由于是违反立法目标与立法价值取向的,因而是不能接受的。由此他指出导致这种结果发生的最高人民法院的这个批复是不能接受的。

这个批复可能的后果是什么?而对这种后果的考察,还必须考虑到中国目前社会的现状,考虑到其中可能隐含的重大社会问题。如果是有当下的直接或间接的财物或金钱交换涉入的,这些男性很可能是一些有钱或有势的人,例如国企或私企老板、外商、富有的国外或境外游客,还可能有腐败的政府官员。如果没有直接的或变相的金钱或财物交换的,这些男性则更可能是一些著名的球星、影星、歌星或其他的有社会影响的男子。事实上,只有这样一些人才有可能事实上可能在确实不知对方是不满 14 周岁的幼女,双方"自愿"发生性关系,并且大都可能是在一种色情或变相的色情服务的环境下发生。从实践上看,这一解释事实上有可能带来不可预知的社会后果,有利于某些特殊群体的犯罪非法行为。尽管最高法院政策研究室的负责人强调了"要有足够的证据证明确实不知",这一限定可能目前对这一解释的后果有所限制,但也没有改变这一现实,留下了一个很大的缺口,且不说这里的证据是由被告一方提供的,因此证据的获得就一定会与可支配的资金以及律师的能力(这两者有关联关系的)有很大关系。更重要的是,"疑罪从无"原则已经准备在下一站接力了!前一类人由于有钱有势,实际上更有能力雇佣好的、更多的律师为之辩护,也更可能有效地利用司法程序的保护。于是,我们可以判断,而一定能够看到,这一看似一般性的法则的实际使用结果是有强大的选择性的。而这样的法律的适用效果至少是违反宪法和其他法律规定的法律面前人人平等的原则的。可以看出这一司法解释一旦付诸实践的严重后果。它事实上将选择性地将这个社会最为唾弃且最无法容忍的一种同幼女的性关系豁免了。而这种豁免客观上主要是因为这些男性的在这个社会中具有的特殊的权势,他们可以各种方式更容易诱使少女"自愿",而且他们也更可能"确实不知"少女的年龄。但只要他有意不了解具体某位幼女的年龄,只要没有人可以拿出超出一个人说有一个人说没有的证据,那么这些邪恶的男子就会屡屡得逞。而其他与幼女发生自愿性关系的人则由于其他原因无法豁免。特别应当注意到的是,在这里少男幼女之间的相对说来更为纯洁的双方自愿的性冲动,则由于他们肯定了解对方年龄,在这样的解释中,反倒有很大可能受到强奸罪的惩罚。

这一解释也为某些特定类型刑事辩护律师提供了一个新的富矿,律师可以在"确实不知"或"确知"以及修改后的"自愿"等法律概念之证明或反驳上大做文章。不仅如此,这条规则的变动,也还可能为某些检察官选择性地在更早阶段不提起指控,为某些法官选择性地作出无罪判决创造了某些根据;因此有可能成为一个滥用检察和审判中不可避免的裁量权,乃至腐败的一些新的可能。

世界上绝大多数国家都规定了只要是同法定意思表示年龄以下的非其配偶的女性(或男性)发生性关系,即构成法定强奸,但实践上都注意到或规定了,仅凭受害人一人的言词不得定罪。在这里所谓受害人的自愿与否其实没有法律意义。1950年美国佐治亚州的一个判例就明确指出法定强奸"在适用于女性实际同意或默许下的性交行为,之所以认定其为强奸就是因为该女性未到法定的意思表示年龄";并且这些话如今仍然是该州2002年法典的组成部分(官方注释)。事实上,在一个判例中,法院声明:意思表示的法定年龄是为了"……违背年轻女孩之意志的方式保护年轻女孩"(to protect young girls against themselves)。而法定年龄的界定是由立法者断然确定的界定一个人可以同意同另一个人自愿发生性关系的法律时间。在美国即使案件涉及的父母和孩子都反对提起诉讼,国家也仍然可以提起法定强奸的指控,起诉与这个孩子是否同意无关。从英美国家的法律史上看,支持有关法定强奸之法律有两个基本理由。第一个理由是需要给予年轻女孩严格的保护。第二个理由是被告犯法定强奸的犯罪意图可以从他有意干这些道德上或法律上不当的行为中推断出来。更进一步看,法定强奸之罪的历史要表明,从古代开始,法律就对于那些被认为是年龄太小而不能理解自己行为的女性予以特别的保护。

这个司法解释与最高人民法院近年来的追求的公平与效率两个目标都是不吻合的。这个看上去纯技术的司法解释一旦使用起来其实隐含了一种极端的社会不公正,不仅是违背了法治所允诺的法律面前人人平等,事实上更可能借助这一解释创造了一种法律上的不平等。如果真正作为法律坚持下去,很容易激发社会矛盾;如果迫于社会矛盾,对不同的人选择性适用这一解释,则可能破坏法治,失去法律的可预期性。网上已有少数网友几乎完全是凭直觉指出了这一司法解释的潜在问题。网友质疑说"人们不禁要问,这是在为什么人立法";"明眼人一看就知道,这个司法解释对犯罪有利,对不满 14 周岁的幼女有害,对整个社会有弊无利。……这一司法解释却在替犯罪开脱。"

苏力教授不无感慨道:这至少是一个严重损害最高人民法院自身公正合法形象的司法解释;同时,这一解释也是对最高人民法院大法官们的智力和法律知识的一种羞辱。①

难怪利尔伯恩(Lilburne)在《为英国人民与生俱来的权利而辩》中不禁要问:"我们博学的律师们最好能够为我们解答这样一些接踵而来的疑问……当我们的全体国民(Commonwealth)选择议会制度的时候,他们是否赋予了议会一种超然于法律之上的无限权力、允许议会在正式废除自己先前制定的法律和规章之前随意作出与这些法律和规章相矛盾的举动?"②

一个好的法律体系总是在逻辑上具有自身的内在一致性或协调性,并因此具有严密性或严谨性。著名法学家谢怀栻先生就曾慨叹德国民法典的总则编的逻辑体系之严谨:首先是整个民法有没有"总则",即从人法与物法两部分里能否抽象出共同的规则来。在潘德克顿看来,回答是肯定的。总则编就是在这个理论的基础上形成的。从理论上谈这是能成立的。因为在人法(或称身份法)和物法(或称为财产法)两部分里确实存在着共同的问题,从而应当有共同的规则。这样,在人法和物法之上,设一个总则编,规定人的能力,法律行为等,是可能也是应该的……正因如此,德国民法典的总则编才那么吸引人,那么引人赞叹,特别使重视逻辑体系的人为之倾心。民法里有各种行为,如合同、遗嘱、结婚等等,"法律行为"这一概念,把许多种行为概括在一起,从而使整个民法成为一体。德国民法典的总则编正是以法律行为这一概念为核心建立起来的协调一致的体系。

金岳霖指出:"违背自然律的事不会发生,违背思想律的思议虽错,然而不会因此就不发生。"③因此,通过对法律的逻辑分析与批判,"彻底澄清或消除含混、模糊或无意义的思想",④追求法律的内在一致性,以遏制人们

---

① 苏力:《一个不公正的司法解释》(附最新资料),法律思想网。
② 转引自〔美〕富勒:《法律的道德性》,郑戈译,商务印书馆 2005 年版,第 40 页。
③ 金岳霖:《知识论》,商务印书馆 1983 年版,第 412 页。思议原则或思议规律即道德律、自然律、逻辑律(思想律)。
④ 《金岳霖学术论文选》,中国社会科学出版社 1990 年版,第 46 页。

激情的泛滥与价值的疯狂,使人们对直觉与本能保持应有的警惕,对任何
思想或理论保持应有的清醒和冷静。维护法律的严肃性、权威性和公正
性,这应当是立法的使命。

三、法律的完备性

人们期望立法要充分考虑一切可能性,并在立法中完全地表达出来。
然而,在制定法律时,由于人们预见力和表达力的有限性,人们不可能预见
和穷尽所有的可能和变化,也不可能完全地表达所有的可能和变化。法律
只能是既定的、当时所能预见到和所能表达的社会现实的有限产物,而且,
法律规范一旦规定便具有相对的稳定性。因此,实在法不可能对今天的社
会行为及其现象作出完全的预见和规范,实在法因其有限性和稳定性而有
"缺乏"或存在"漏洞",不能涵盖和穷尽复杂的、无限的、运动与变化着的
社会行为及其现象,不能与复杂的、无限的、运动和变化着的社会存在以及
社会意识完全吻合,不能回答和不能涵盖某些具体案件。这些是不可避免
的事情。但是,正如霍姆斯所言:法学家的工作就是要让人们了解法律的
内容;也就是从内部进行研究,或者说从最高的属到最低的种,逻辑地整理
和分类,以满足实践的需要。他多次强调对那些分散的判例进行分门别
类,进行归纳和整理,从中逻辑地抽象出可以为后世的法官提供指导的原
则。这就意味着法律有可能而且也应当具有相对的完备性或完全性,这种
相对的完备性不是指法律的社会完备性和历史完备性,而是指法律的内在
完备性或逻辑完备性。倘若是法律应当作出规定而且是法律能够作出规
定的,法律作出了规定,法律就具有内在的完备性;否则,法律就没有满足
内在的完备性。

法治社会就是要实现法治,就是要实现"法律之治"或"规则之治"。
要实现"法律之治"或"规则之治",就不可避免地要求法律体系具有内在
的完备性。法治的内在要求与不可或缺的条件就是法律体系具有内在完
备性。

早在 1764 年,意大利思想家贝卡里亚在其著作《论犯罪与刑罚》中就
提出了无罪推定原则:在法官判决之前,一个人是不能被称为罪犯的。大
陆法系和英美法系国家在其后大都在刑事诉讼中确立了"无罪推定"原则

和"疑罪从无"的原则。在很长一段时期里,我国在刑事诉讼中确定被告人的法律地位时,既不实行"有罪推定"原则,也不实行"无罪推定"原则,而是坚持"以事实为根据,以法律为准绳"的"事实求是"的法律原则。即一旦发现证据不足、不能认定被告人有罪时,既不实行"有罪推定"——不认定被告人有罪,也不实行"无罪推定"——不认定被告人无罪。

我国"以事实为根据,以法律为准绳"的法律原则的价值取向是双重的:决不冤枉一个好人,也决不放过一个坏人。① 倘若有一些证据但仅凭这些证据又不足以认定某人有罪时,如果认定该人有罪而作出有罪判决,就有可能冤枉了一个好人,没有做到保障无罪的人不受刑事追究;如果认定该人无罪而作出无罪判决,就有可能放过了一个坏人,没有做到惩罚犯罪分子。也许人们期望这两个价值取向都要得以实现,或者说放弃任何一个价值取向,其结果都是人们所不能接受的,人们才既不实行"有罪推定"原则,也不实行"无罪推定"原则,而实行"以事实为根据,以法律为准绳"的法律原则。

应当指出的是,在"无罪推定"与"有罪推定"以及"疑罪从无"与"疑罪从有"问题上,"决不冤枉一个好人"与"决不放过一个坏人"这两个价值取向是不可能同时得以实现的;而且,在刑事诉讼中,对被告人最终又必须要作出有罪或无罪的判决,因此,对证据不足、不能认定其有罪的被告人最终也必须要作出有罪或无罪的判决。这就必然要求刑事诉讼法必须在"无罪推定"和"有罪推定"之间作出抉择,在"疑罪从无"和"疑罪从有"之间作出抉择,在"决不冤枉一个好人"与"决不放过一个坏人"这两个价值取向之间作出抉择。这是我国刑事诉讼法的内在完备性的必然要求。直到 1996年 3 月 17 日,经根据第 8 届全国人民代表大会第四次会议《关于修改〈中华人民共和国刑事诉讼法〉的决定》修改,我国《刑事诉讼法》才终于确立了无罪推定原则即"未经人民法院依法判决,对任何人都不得确定有罪"②,并且确立了"疑罪从无"原则即"证据不足,不能认定被告人有罪的,应当作出证据不足、指控的犯罪不能成立的无罪判决"③。使我国刑事诉讼

① 我国刑事诉讼法第 2 条规定:中华人民共和国刑事诉讼法的任务,是保证准确、及时地查明犯罪事实,正确应用法律,惩罚犯罪分子,保障无罪的人不受刑事追究……。
② 我国刑事诉讼法第 12 条。
③ 我国刑事诉讼法第 162 条第 3 款。

法体系在这个重要问题上具有内在的完备性。

一个法治社会需要有严谨的法律体系,而一个严谨的法律体系就应当具有内在的完备性。立法上的分类或划分应当是逻辑完备的,而且在对某一问题进行规定时,对该问题的前提性或先决性问题以及后续性问题应当作出相应规定。倘若法律规定内在不完备,就有可能导致法律适用的混乱,导致法治目标的落空。

全国人民代表大会根据我国《宪法》第31条制定了香港特别行政区的《基本法》。《基本法》既是全国性法律,又是香港特别行政区的"宪法"。《基本法》的解释问题涉及香港的司法独立与香港地区的高度自治的问题,因此,这是《基本法》必须解决的一个重要问题。

我国内地法律解释体制是立法解释、行政解释、司法解释并存,而以全国人大常委会的立法解释的效力为最高。根据全国人大常委会1983年《关于加强法律解释工作的决议》的规定,凡关于法律条文本身需要进一步明确界限或作补充规定的,由全国人大常委会进行解释或用法令加以规定;凡属于法院审判工作或检察院检察工作中具体应用法律、法令的问题,分别由最高人民法院和最高人民检察院进行解释,两院解释如有原则分歧,报请全国人大常委会解释或裁定;不属于审判和检察工作中的其他法律、法令如何具体应用的问题,由国务院及主管部门进行解释。

香港法律解释体制采用的是普通法模式,司法解释居于很高的地位。法院在审理案件时有权对案件所涉及的法律进行解释,立法机构如发现司法机关对于某一法律条文的解释有误,可以通过立法程序对有关法律进行修改,或制定新的法律,但不能直接就该法律条文作出解释;而行政机关对法条的理解与法院产生不一致时,也以司法解释为准。但是,1997年7月1日前,香港是英国殖民地,根据普通法,英国国会拥有最高权力为香港立法而香港法院不能质疑这项权力,香港法院不能质疑英国国会通过的法例是否违宪,即是否违反英国的不成文宪法与香港作为殖民地的宪法文件《英皇制诰》。

香港特别行政区《基本法》第158条结合这两种解释体制规定了该法的解释权分配原则:

（1）本法的解释权属于全国人民代表大会常务委员会。

（2）全国人民代表大会常务委员会授权香港特别行政区法院在审理

案件时对本法关于香港特别行政区自治范围内的条款自行解释。

（3）香港特别行政区法院在审理案件时对本法的其他条款也可解释。但如香港特别行政区法院在审理案件时需要对本法关于中央人民政府管理的事务或中央和香港特别行政区关系的条款进行解释，而该条款的解释又影响到案件的判决，在对该案件作出不可上诉的终局判决之前，应由香港特别行政区终审法院请全国人民代表大会常务委员会对有关条款作出解释。如全国人民代表大会常务委员会作出解释，香港特别行政区法院在引用该条款时，应以全国人民代表大会常务委员会的解释为准。但在此之前作出的判决不受影响。

（4）全国人民代表大会常务委员会在对本法进行解释前，征询其所属的香港特别行政区基本法委员会的意见。

根据《基本法》第 158 条规定，对"关于香港特别行政区自治范围内的条款"香港特别行政区法院有权自行解释，对"关于中央人民政府管理的事务或中央和香港特别行政区关系的条款"，则在作出不可上诉的终局判决之前香港终审法院要提请全国人民代表大会常务委员会解释。但是，《基本法》对以下前提性或先决性问题以及后续性问题并未作出相应的规定：

其一，《基本法》的哪些条款属于"关于香港特别行政区自治范围内的条款"？哪些条款属于"关于中央人民政府管理的事务或中央和香港特别行政区关系的条款"（即"范围之外的条款"）？

其二，谁有权决定哪些条款属于"关于香港特别行政区自治范围内的条款"或"自行解释的条款"？哪些条款属于"关于中央人民政府管理的事务或中央和香港特别行政区关系的条款"（即"范围之外的条款"）或"需要提请解释的条款"？

其三，一旦全国人大常委会和香港特别行政区法院各自对《基本法》条文理解不同而发生争议该如何解决？倘若全国人大常委会认为香港特别行政区法院"错误解释"或"越权解释"《基本法》条文时，全国人大常委会又应当以什么程序来补正？

由于《基本法》第 158 条对上述问题并未完全作出规定，香港法院自然要自己完成对《基本法》有关条款的解释工作，香港终审法院在"居留权"案件中也正是这样做的。

在香港特区终审法院审理的 1998 年第 14 号至 16 号上诉案——"居

留权"案件中,四名涉讼申请人均声称自己是香港特别行政区永久性居民并享有居留权。而港府入境事务处处长以香港特别行政区临时立法会1997年7月1日《移民条例》第2号(修正)、7月10日《移民条例》第3号(修正)以及内地公安部门相关规定为理由,拒绝承认其中一名申请人享有永久性居民身份与居留权,并认为另外三名申请人尽管是永久性居民,但须在内地履行必要手续方可享有居留权。

终审法院把在本上诉案中所争议之问题归纳为两个方面:

(1)终审法院在审理这些案件时是否有司法管辖权解释《基本法》的有关条款,或是否必须根据《基本法》第158条请全国人民代表大会常务委员会对有关条款作出解释("提交人大解释问题")。

(2)临时立法会制定《人民入境(修订)(第2号)条例》和临时立法会制定《入境(修订)(第3号)条例》部分条文或条文中的部分内容是否违反《基本法》。

香港特别行政区终审法院于1999年1月29日作出了终审判决①。香港终审法院指出:

首先,香港特别行政区法院拥有宪法性司法管辖权。即香港法院有权审核特区立法机关所制定的法例或行政机关之行为是否符合《基本法》,倘若发现有抵触《基本法》的情况出现,则法院有权裁定有关法例或行为无效。而且,特区法院具有司法管辖权去审核全国人民代表大会或其常务委员会的立法行为是否符合《基本法》,以及倘若发现其抵触《基本法》时,特区法院有权去宣布此等行为无效。

根据《基本法》第19(1)条和第80条,香港特区享有独立的司法权和终审权,而特区各级法院是特区的司法机关,行使特区的审判权。在行使《基本法》所赋予的司法权时,特区的法院有责任执行及解释《基本法》。香港法院有权审核特区立法机关所制定的法例或行政机关之行为是否符合《基本法》,倘若发现有抵触《基本法》的情况出现,则法院有权裁定有关法例或行为无效。法院行使这方面的司法管辖权乃责无旁贷,没有酌情余地。虽然这点未受质疑,但我等应藉此机会毫不含糊地予以阐明。行使这方面的司法管辖权时,法院是按《基本法》执行宪法上的职务,以宪法制衡

---

① 香港特别行政区终审法院:终院民事上诉1998年第14—16号FACV000014Y/1998。

政府的行政及立法机构,确保它们依《基本法》行事。

一直引起争议的问题是,特区法院是否具有司法管辖权去审核全国人民代表大会或其常务委员会的立法行为(以下简称为"行为")是否符合《基本法》,以及倘若发现其抵触《基本法》时,特区法院是否具有司法管辖权去宣布此等行为无效。依我等之见,特区法院确实有此司法管辖权,而且有责任在发现有抵触时,宣布此等行为无效。关于这点,我等应藉此机会毫不含糊地予以阐明。

特区法院审核上述二者之行为是否符合《基本法》的司法管辖权是源自主权国,因为全国人民代表大会是根据《中国宪法》第31条而制定特区的《基本法》的。《基本法》既是全国性法律,又是特区的宪法。与其他宪法一样,任何抵触《基本法》的法律均属无效并须作废。根据《基本法》,特区法院在《基本法》赋予特区高度自治的原则下享有独立的司法权。当涉及是否有抵触《基本法》及法律是否有效的问题出现时,这些问题均由特区法院裁定。因此,全国人民代表大会或其常务委员会的行为是否抵触《基本法》这问题由特区法院裁定,但当然特区法院所作的决定亦必须受《基本法》的条款限制。鉴于制定《基本法》是为了按照《联合声明》所宣示和具体说明的内容,落实维持香港五十年不变的中国对香港的基本方针政策,上述论点便更具说服力。《基本法》第159(4)条订明《基本法》的任何修改均不得抵触既定的基本方针政策。为了行使司法管辖权去执行及解释《基本法》,法院必须具有上述的司法管辖权去审核全国人民代表大会及其常务委员会的行为,以确保这些行为符合《基本法》。香港特别行政区诉马维騉一案是涉及普通法在新制度下的继续存在以及临时立法会的合法性问题。上诉法庭(由高等法院首席法官陈兆恺、上诉法庭副庭长黎守律及马天敏组成)接纳政府的陈词,裁定由于全国人民代表大会的行为是主权行为,因此特区法院并不拥有司法管辖权去质疑这些行为的合法性。上诉法庭并裁定特区法院的司法管辖权只局限于审核是否存在主权国或其代表的行为(而非行为的合法性)。我等认为上诉法庭就特区法院的司法管辖权所作出的这项结论是错误的,上文所述的立场才是正确的。

上诉法庭基于《基本法》第19(2)条作出其结论。第19(2)条规定:"香港特别行政区法院除继续保持香港原有法律制度和原则对法院审判权所作的限制外,对香港特别行政区所有的案件均有审判权。"政府在该案所陈述的论据为 1997 年 7 月 1 日前,香港法院也不能质疑英国国会通过的法例是否违宪,即是否违反英国的不成文宪法或香港作为殖民地的宪法文件《英皇制诰》。因此,这是《基本法》第 19(2)条所设想的"原有法律制度和原则"对香港法院审判权所作的一种限制。所以政府辩称在 1997 年 7 月 1 日后,这限制同样适用于全国人民代表大会的行为。上诉法庭接纳了政府的论据。

把旧制度与此相提并论是对问题有所误解。1997 年 7 月 1 日前,香港是英国殖民地。根据普通法,英国国会拥有最高权力为香港立法而香港法院不能质疑这项权力。基于已申述的理由,在新制度下,情况截然不同。《基本法》第 19(2)条规定"原有法律制度和原则"对宪法赋予法院的司法管辖权有所限制。但这条款不能把在旧制度下纯粹与英国国会法例有关的限制引进新的制度内。

我等应指出代表入境处处长的资深大律师马先生在本法院聆讯本案时已不再坚持政府较早前在香港特别行政区诉马维騉一案所持的立场。他实际上同意特区法院拥有我等所述之司法管辖权去审核全国人民代表大会及其常务委员会的行为是否符合《基本法》,并且同意该案在这方面的判决与我等所阐述之立场有抵触之处,实属错误。

我等亦应指出高院首席法官陈兆恺在本案就临时立法会问题作出判决时表示,他在香港特别行政区诉马维騉一案就特区法院司法管辖权所发表的意见只是针对该案的情况而言,不可理解为全国人民代表大会通过的法律及其行为凌驾《基本法》;他又表示他在该案把特区法院与殖民地时代法院相提并论可能不大恰当,并谓可能在某些适当的案件中,特区法院有司法管辖权去审核影响特区的全国人民代表大会的行为及其通过的法律。

对法院的司法管辖权所作出的任何限制必须以《基本法》为依据。如上文所述,《基本法》第 19(2)条提及继续保持香港原有法律制度和原则对法院审判权所作的限制。第 19(3)条便提供了一个例子。第 19(3)条规定:"香港特别行政区法院对国防、外交等国家行为无管辖权。"《基本法》第 158 条亦规限终审法院不得在该条款所指的情况下,对《基本法》"关于中央人民政府管理的事务或中央和香港特别行政区关系"的条款进行解释,且终审法院有责任请全国人民代表大会常务委员会对有关条款作出解释。

其次,对香港终审法院来说,当符合以下两项条件时,便有责任将有关条款提交"人大常委会"解释:第一,当有关的《基本法》条款(a)关乎中央人民政府管理的事务,或(b)关乎中央和特区的关系,即为"范围之外的条款"。以下简称此条件为"类别条件"。第二,当终审法院在审理案件时,有需要解释这些条款(即"范围之外的条款"),而这些条款的解释将会影响案件的判决。以下简称此条件为"有需要条件"。但是,唯独终审法院才可决定某条款是否已符合上述两项条件,也只有终审法院,而非全国人民代表大会,才可决定该条款是否已符合"类别条件",即是否属于"范围之外的条款";如果该条款符合"类别条件",也只可由终审法院决定有关案件是否符合"有需要条件"。

《基本法》第158(1)条规定《基本法》的解释权,属于全国人民代表大会常务委员会。第158(2)条规定"人大常委会""授权"特区法院"在审理案件时对本法关于香港特别行政区自治范围内的条款自行解释"。显而易见,这包含了宪法上的授权。我等认为,"自行"二字强调了特区的高度自治及其法院的独立性。但特区法院的司法管辖权并非局限于解释这类条款。因为,第158(3)条规定特区法院在审理案件时对《基本法》的"其他条款也可解释"。然而对终审法院来说,这项司法管辖权存在一种规限。如果特区法院:"在审理案件时需要对本法关于中央人民政府管理的事务或中央和香港特别行政区关系的条款进行解释,而该条款的解释又影响到案件的判决,在对该案件作出不可上诉的终局判决前,应由香港特别行政区终审法院请全国人民代表大会常务委员会对有关条款作出解释。"由于只有终审法院才能对案件作出不可上诉的终局判决,所以这条款规限了终审法院的司法管辖权。当符合上述指定的条件时,终审法院便有责任请"人大常委会"解释有关的条款。第158(3)条接着规定当"人大常委会"对该等条款作出解释,"香港特别行政区法院在引用该条款时,应以'人大常委会'的解释为准。但在此以前作出的判决不受影响"。

根据《基本法》第158条,特区法院有以下的解释权:(a)属特区自治范围内的条款,及(b)《基本法》的其他条款。在这些其他条款内,有两种属范围之外的类别,即涉及(i)中央人民政府管理的事务,或涉及(ii)中央和香港特别行政区关系的条款。我等将(i)或(ii)条款简称为"范围之外的条款"。根据第158条,终审法院以下的各级法院,均有权解释(a)及

（b）项内的条款，包括"范围之外的条款"。终审法院有权解释（a）项内的条款，及（b）项内的其他条款，但不包括"范围之外的条款"。因此，终审法院以下的各级法院，有权解释所有的《基本法》条款，不受任何限制。唯一受限制的是终审法院的司法管辖权。第 158（2）条的措辞强调特区的各级法院均有权"自行"解释在特区自治范围内的《基本法》条款。以终审法院来说，当符合以下两项条件时，便有责任将有关条款提交"人大常委会"解释：第一，当有关的《基本法》条款（a）关乎中央人民政府管理的事务，或（b）关乎中央和特区的关系，即为"范围之外的条款"。以下简称此条件为"类别条件"。第二，当终审法院在审理案件时，有需要解释这些条款（即"范围之外的条款"），而这些条款的解释将会影响案件的判决。以下简称此条件为"有需要条件"。我等认为在审理案件时，唯独终审法院才可决定某条款是否已符合上述两项条件；也只有终审法院，而非全国人民代表大会，才可决定该条款是否已符合"类别条件"，即是否属于"范围之外的条款"。代表申请人的大律师及代表入境处处长的大律师也接纳这个论点。如果该条款不符合"类别条件"，事情就会告一段落。就算本法院需要解释该有关条款，而该项解释又会影响案件的判决，该条款也会因为不属于"范围之外的条款"而不能符合"有需要条件"。如果该条款符合"类别条件"，也只可由终审法院决定有关案件是否符合"有需要条件"。如果终审法院认为该"范围之外的条款"已符合上述两项条件，便必须请"人大常委会"解释有关之条款。我等强调提交"人大常委会"解释的是某些特定的"范围之外的条款"而非一般性的解释。第三，《基本法》第 158 条规定只在解释"范围之外的条款"时，才须提交"人大常委会"。当多条条款（包括"范围之外的条款"）与解决案中涉及的一般性解释问题有关时，第 158 条并没有规定法院须请"人大常委会"作一般性的解释。因此，在考虑该条款是否符合"类别条件"时，应考虑实质上法院审理案件时最主要需要解释的是哪条条款？如果答案是一条"范围之外的条款"，本法院必须将之提交"人大常委会"。如果最主要需要解释的并非"范围之外的条款"，便不须提交。在这种情况下，即使一条"范围之外的条款"可以争辩地说成与"非范围之外的条款"的解释有关，甚至规限了"非范围之外的条款"时，法院仍毋须将问题提交"人大常委会"。法院在采用上述原则来审理此案时，实质上最主要需要解释的是第 24 条，即关于永久性居民的居留权及该项权利内容的规定,而申请人上诉要求行使的权利,正是源自这条款。《基本法》第24条是本案必须解释的主要条款,属特区自治范围之内。在这情形下,本法院觉得毋须把这条款提交"人大常委会"解释,尽管第22(4)条是否与解释第24条有关是一个可争论的问题。

再次,入境处处长请求法院裁定"第3号条例"是符合宪法的,原因是《基本法》第24条受第22(4)条规限。入境处处长的论点是由于申请人是第22(4)条所述的来自中国其他地区的人士,一定要先得到内地当局批准才可进入特区,而这规定也成为居权证计划的宪法基础,即申请人必须获得以单程证形式签发的出境批准,才可享有居留权。代表入境处处长的资深大律师马先生指出第22(4)条是在《基本法》的第二章内,而第二章的标题是"中央和香港特别行政区的关系"。他认为第22(4)条是"范围之外的条款",原因是这条款符合《基本法》第158条所述两种"范围之外的类别"。他认为出境批准是关乎中央人民政府管理的事务,而人民由内地进入特区则关乎中央和香港特区的关系。根据入境处处长的论点,本法院在审理本案时,必须解释第22(4)条。所以,他认为这条款符合了"类别条件"及"有需要条件"。资深大律师马先生清楚指出入境处处长并非要求法院根据《基本法》第158条,将这条款提交"人大常委会"解释,但他一定要作出这些陈词,令本法院能够考虑应否将该条款提交"人大常委会"。

我等觉得代表入境处处长的资深大律师马先生作出这些陈词是恰当的,因为这是关乎法院在宪法上的司法管辖权。虽然资深大律师马先生同时依赖该两种"范围之外的类别",但以目前处理的问题来说,我等会纯粹基于第22(4)条涉及中央政府与特区的关系而假设第22(4)条为一项"范围之外的条款"。我等面对的问题关键在于法院在考虑该条款是否符合"类别条件"时,应该采用何种考虑原则。

资深大律师马先生认为当(a)法院在解释X条款时(以本案来说,即《基本法》第24条),而该条款属关于特区自治范围内的条款,因而并非"范围之外的条款",但法院发觉(b)属关于范围之外的Y条款(以本案来说,即第22(4)条)是否与解释X条款有关是一个可争论的问题,则在这情况下,法院应根据第158条,将这条款提交"人大常委会"。我等现在要考虑的是应否根据第158条将该条款提交"人大常委会"。

现阶段本法院需要处理的是,有关论点是否一个可争论的问题,而非就解释的问题作出决定。如果该条款须要提交"人大常委会",便会由"人大常委会"处理;如果不须提交的话,便会由本法院处理。如果本法院在现阶段决定这论点是不可争论的话,提交的问题便告一段落。如果法院决定这论点是可争论的话,便会进一步考虑是否符合"类别条件"及"有需要条件"。就本案来说,一项"范围之外的条款"(第 22(4)条)是否与解释一项"非范围之外的条款"(第 24 条)有关是一个可争论的问题。

《基本法》第 158 条其中一个重要的目的是"人大常委会"授权香港法院,包括终审法院,"自行解释"《基本法》中属"范围之外的条款"以外的各章节,特别是关于属特区自治范围内的条款。这是特区高度自治的必不可少的部分。从上述的观点出发,让我等讨论应采用何种考虑原则。X 条款(这里指第 24 条)是关于特区自治范围内的条款,在作出解释时,必须考虑其背景,这自然包括《基本法》的其他条款,而这些条款可能在某几方面与解释 X 条款有关。例如这些条款可能透过增减修订等形式来规限 X 条款,或润饰 X 条款的意思,又或提供指针来解释 X 条款。根据资深大律师马先生的论点,当一项"范围之外的条款"(这里指第 22(4)条)如上述般与 X 条款有关,便须提交"人大常委会"。提交的主题不是要求解释 X 条款,因它并非"范围之外的条款";马先生的论点似是:提交的主题是请"人大常委会"解释该"范围之外的条款",而该项解释只限于涉及 X 条款的解释。这样的提交,会收回了本法院对解释《基本法》中关于属特区自治范围内的条款(X 条款)的司法管辖权。我等认为这样做会严重削弱特区的自治,而且是不对的。

我等认为,在考虑该条款是否符合"类别条件"时,应采用代表申请人的资深大律师张先生提出的考虑原则。实质上法院审理案件时最主要需要解释的是哪条条款?如果答案是一条"范围之外的条款",本法院必须将之提交"人大常委会"。如果最主要需要解释的并非"范围之外的条款",便不须提交。在这种情况下,即使一条"范围之外的条款"可以争辩地说成与"非范围之外的条款"的解释有关,甚至规限了"非范围之外的条款"时,法院仍毋须将问题提交"人大常委会"。这考虑原则落实了《基本法》第 158 条的两项主要目的,就是赋予"人大常委会"有权解释《基本法》,尤其是"范围之外的条款",并同时授权特区法院解释"非范围之外的条款",特别是属自治范围内的条款,特区法院更可"自行"解释。我等觉得相当重要的是:《基本法》第 158 条规定只在解释"范围之外的条款"时,才须提交"人大常委会"。当多条条款(包括"范围之外的条款")与解决案中涉及的一般性解释问题有关时,第 158 条并没有规定法院须请"人大常委会"作一般性的解释。法院在采用这考虑原则来审理此案时,实质上最主要需要解释的是第 24 条,即关于永久性居民的居留权及该项权利内容的规定,而申请人上诉要求行使的权利,正是源自这条款。《基本法》第 24 条是本案必须解释的主要条款,属特区自治范围之内。在这情形下,本法院觉得毋须把这条款提交"人大常委会"解释,尽管第 22(4)条是否与解释第 24 条有关是一个可争论的问题。

最后香港特别行政区终审法院判令:临时立法会制定《人民入境(修订)(第 2 号)条例》和临时立法会制定《入境(修订)(第 3 号)条例》部分条文或条文中的部分内容乃属无效,应从该条例或规例中删除,并宣告 4 名申请人乃属《基本法》第 24(2)条第三类别的香港特别行政区永久性居民,申请人自 1997 年 7 月 1 日开始便拥有这身份;故此,申请人享有居留权。

在"居留权"案件判决作出后,港府署理行政长官陈方安生和行政长官董建华随即先后表示判决"彰显了本港的法治精神和维护人权,亦显示我们的司法制度是独立的","政府当然是尊重终审法院的裁决",及"如此解释《基本法》对香港并非坏事"①。

1999 年 2 月 6 日,新华通讯社发表消息,转述了我国内地法律专家对香港特别行政区终审法院"居留权"案判决的批评意见:"该判决中有关特区法院可审查并宣布全国人大及其常委会的立法行为无效的内容,违反基本法的规定,是对全国人大及其常委会的地位、对'一国两制'的严重挑战。"②

我国内地法律专家批评了终审法院法官对基本法的理解或解释。专家们指出终审法院法官没有理解《基本法》第 19 条的立法原意包含有"议会至上"的原则或限制,在此基础之上批评了终审法院宣称的具有宪法性司法管辖权的观点。内地法律专家指出:

《基本法》第 19 条第 2 款规定香港法院在审判案件时,还要继续保持

---

① 香港特别行政区政府资讯中心:《署理行政长官就法院判决的声明》,1999 年 1 月 30 日。

② 《就香港特别行政区终审法院的有关判决内地法律界人士发表意见》,《人民日报》,1999 年 2 月 8 日,第 4 版。

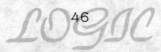

香港原有的制度和原则对审判权所作的限制,其中就包括了"议会至上"原则的限制。香港终审法院的法官们认为对司法审查权的限制只能来自《基本法》以列举的方式明确规定,认为《基本法》第19条所指的"香港原有法律制度和原则对法院审判权的限制",就是指同条第3款所称的"对国防、外交行为无管辖权"和基本法的其他条文所作的限制,除了法律规定之外,法院的司法审查权就不受限制。这是受"剩余权力"理念的影响。

终审法院的法官们没有理解第19条第2款的立法原意是概括性规定,香港原有的法律原则有许多并没有成文法依据,也不可能在一个条文中全部列举,所以才有此规定。"议会至上"原则作为香港司法审查制度的基石,它对法院审判权的限制只要不与国家主权相抵触,理所当然地会被保留下来。诚然,香港已非昔日英国的"属地"而成为中国的特别行政区了。他的宪法地位与殖民地时代的确是根本不同了。根据基本法的规定,香港特别行政区"实行高度自治,享有行政管理权、立法权、独立的司法权和终审权"(《基本法》第2条)。为了保持香港繁荣稳定,国家的基本方针是:香港原有的制度,包括法律制度和司法制度等在内,尽量保持不变。《基本法》第81条规定:"原在香港的司法体制,除因设立香港特别行政区终审法院而产生变化外,予以保留。"《基本法》第19条还规定:"香港特别行政区法院除继续保持香港原有法律制度和原则对法院审判权所作的限制外,对香港特别行政区所有案件均有审判权。"过去在英国统治时期,诸如对于控告质疑英国议会通过有关香港事务的法律是否违宪的案件,香港法院不可以判定英国议会所制定有关香港事务的法律是否与香港的英皇制诰和皇室训令相抵触。按照《基本法》第19条的精神,过去这种对于香港法院的审判权所作的限制应继续保持,不能改变。所以,对于怀疑全国人大及其常委会为香港特区制定的任何法律、政策和通过的决定是否同基本法相违背,香港特区法院是不能予以判定的。

专家们在这里与终审法院法官争论的是《基本法》第19条第2款的立法原意是否包含"议会至上"原则的限制,这就涉及对基本法条文的解释问题,自然要涉及《基本法》第158条的法律解释的规定。专家们的观点或许是符合《基本法》第19条立法原意的,但是,专家们批评的终审法院法官没有理解基本法条文立法原意的问题,并不是《基本法》第158条所要解决的问题。《基本法》第158条对此并没有加以规定,它要规制的是终审法院法官对有关条文的解释权限问题。即授权香港特别行政区法院在审理案件时对本法关于香港特别行政区自治范围内的条款自行解释，对符合"类别条件"和"有需要条件"的条款香港特别行政区法院无权自行解释。因此，更值得争论的问题是，香港终审法院对《基本法》第19条是否具有"自行解释"的权力。

应当指出的是，根据《基本法》的规定，《基本法》第19条并不是"关于香港特别行政区自治范围内的条款"，因此，根据《基本法》第158条规定，香港终审法院对《基本法》第19条就没有自行解释的权力。香港终审法院法官在判决中就是通过对基本法第19条的"越权解释"来争取基本法第158条没有授权的解释权——"宪法性司法管辖权"。专家们的上述批评忽略了这一点，专家们没有质疑香港终审法院法官是否有权力"自行解释"《基本法》第19条，反而与其争论条文的所谓"立法原意"。这实际上是承认了香港终审法院法官有权"自行解释"《基本法》第19条，只是认为香港法官没有理解基本法第19条的立法原意而已。这就没有击中香港终审法院法官判决的要害，谈不上推翻了香港终审法院的判决主张。人们不但批评终审法院对《基本法》第19条的解释，而且还质疑终审法院对基本法其他条文的解释。正因为如此，香港特别行政区终审法院1999年2月26日回应道①：

本法院于1999年1月29日就这些上诉案作出裁决。入境处处长于1999年2月24日提交动议通知书要求本法院澄清判词中有关全国人民代表大会（全国人大）及人大常务委员会（人大常委会）的部分。动议通知书所提出的理由是该部分关乎一个重大的宪法性问题，并具有广泛及公众的重要性。此项申请是要求本法院采取一个特殊的步骤。法庭作出任何判决后，其判词可受到公众及法律界的评论。在适当情况下，法庭可在其后的案件中应要求对该判词加以考虑。不过，目前所面对的是一个特殊情况。本法院的判词，就动议通知书所提及的部分，曾被各界人士作出不同的解释，引起了很大的争议。经过考虑上述情况及法庭适当行使司法权时所受的限制，我等愿意采取特殊步骤，根据本法院的固有司法管辖权，作出以下声明。

---

① 香港特别行政区终审法院：FACV000014AY/1998。

特区法院的司法管辖权来自《基本法》。《基本法》第158(1)条说明《基本法》的解释权属于人大常委会。法院在审理案件时,所行使解释《基本法》的权力来自人大常委会根据第158(2)及158(3)条的授权。我等在1999年1月29日的判词中说过:法院执行和解释《基本法》的权力来自《基本法》并受《基本法》的条文(包括上述条文)所约束。我等在1999年1月29日的判词中,并没有质疑人大常委会根据第158条所具有解释《基本法》的权力,及如果人大常委会对《基本法》作出解释时,特区法院必须要以此为依归。我等接受这个解释权是不能质疑的。我等在判词中,也没有质疑全国人大及人大常委会依据《基本法》的条文和《基本法》所规定的程序行使任何权力。我等亦接受这个权力是不能质疑的。

香港特别行政区终审法院的判决声明,再次强调其司法管辖权和《基本法》解释权的法律根据,没有改变而是坚持了自己的判决主张——终审法院没有质疑也不能质疑人大常委会根据第158条所具有的解释《基本法》的权力,也没有质疑和不能质疑全国人大及人大常委会依据《基本法》的条文和《基本法》所规定的程序行使任何权力。终审法院要质疑也有权质疑的是全国人大及人大常委会是否依据《基本法》的条文和《基本法》所规定的程序来行使任何权力。这就回到了《基本法》第158条对此有何规定以及应当有什么规定的问题上来。因此,问题的关键不在于香港终审法院法官是否作出了"错误解释"或"越权解释",法官"错误解释"与"越权解释"并不是什么新奇而值得大惊小怪的事情,而在于一旦终审法院"错误解释"或者无权解释但拒绝提请解释而自行"越权解释",全国人大常委会应当以什么程序来行使权力进行补正与纠正?《基本法》第158条对此却没有作出明确规定。

香港立法会在35票赞成、2票反对、19位民主党派议员离席抗议的情况下,通过支持政府要求人大常委会释法。特区政府通过国务院请求全国人大常委会依照《宪法》(全国大母法)行使权力,解释《基本法》(特区小母法)推翻终审法院的判决。1999年5月20日,香港特别行政区行政长官董建华依据《基本法》第43条和第48条第(二)项所赋予的职权,向国务院提交了《关于提请中央人民政府协助解决实施〈中华人民共和国香港特别行政区基本法〉有关条款所遇问题的报告》。国务院随之向全国人大常委会提出《关于提请解释〈中华人民共和国香港特别行政区基本法〉第22条第

4 款和第 24 条第 2 款第（三）项的议案》。

鉴于香港特区终审法院作出的判决，对《香港特别行政区基本法》有关涉及中央管理的事务和中央与香港特别行政区的关系条款的解释，在判决前未依照该法第 158 条第 3 款的规定请全国人大常委会作出解释，而终审法院的解释又不符合立法原意，全国人大常委会最后根据《中华人民共和国宪法》第 67 条第（四）项关于全国人大常委会解释法律的规定和《基本法》第 158 条第 1 款关于"本法的解释权属于全国人民代表大会常务委员会"的规定于 1999 年 6 月 26 日作出决定，对《香港特别行政区基本法》第 22 条第 4 款和第 24 条第 2 款第（三）项的规定作出立法解释，主要内容是：

关于《基本法》第 22 条第 4 款所称的"中国其他地区的人"应当包括"香港永久性居民在内地所生的中国籍子女。"

关于《基本法》第 24 条第 2 款第（三）项"第（一）、（二）项所列香港永久性居民在香港以外所生的中国籍子女"的规定，是指无论本人是在香港特别行政区成立以前或以后出生，在其出生时，其父母双方或一方须是符合《基本法》第 24 条第 2 款第（一）项或第（二）项规定条件的人。

全国人大常委会对《基本法》第 22 条第 4 款和第 24 条第 2 款第（三）项作出解释后，特区法院在审理有关案件引用《基本法》中该项条款时，应以全国人大常委会的解释为准。全国人大常委会的解释不影响香港特别行政区终审法院 1999 年 1 月 29 日对有关诉讼当事人所获得的香港特别行政区居留权。

香港特区政府通过国务院请求全国人大常委会依照《宪法》行使解释权力，解释《基本法》推翻终审法院的判决，在香港法律界掀起一阵波澜，一些学者、律师、政论家认为全国人大常委会的法律解释没有遵循《基本法》所规定的程序，使终审法院的终审地位不可避免地受到了侵害，甚至进一步影响了香港的"司法独立"，是对香港司法独立的干预。他们认为：

在审理案件时，只有终审法院，而非全国人民代表大会，才可决定某条款是否已符合"类别条件"和"有需要条件"。在本案中，《基本法》第 24 条是本案必须解释的主要条款，即关于永久性居民的居留权及该项权利内容的规定，申请人上诉要求行使的权利，正是源自这条款，但此条款属特区自治范围之内。因此，在这种情形下，法院可自行解释无须把这条款提交"人大常委会"解释，尽管第 22(4) 条是否与解释第 24 条有关是一个可争论的问题。而全国人大常委会的此次对《基本法》第22条第4款和第24条第2款第(三)项的释法行为,是对已经授权香港特别行政区法院在审理案件时对关于香港特别行政区自治范围内的条款自行解释的干预。

这样一来,香港特别行政区法院和全国人大常委会对有关条文的理解就有分歧而发生争议,如终审法院认为《基本法》第24条是香港特区自治范围内的事务,而全国人大常委会后来的解释却表明了它认为这个条文中对"永久性居民"的界定涉及中央和地方的关系。由于《基本法》第158条对此没有明确规定相应的争议解决机制与程序,因此,人们就很难说香港特区政府通过国务院请求全国人大常委会的此次释法行为是遵守了抑或是违背了法定程序。

值得指出的是,《基本法》第158条实际上预设或假定了,香港特别行政区法院和全国人大常委会都了解"自治范围内的条款"和"范围之外的条款"的含义,并且对这些概念有相同的理解,在这两种条款的区分或界定上没有任何分歧。然而,"居留权"案件出现的一系列问题表明这个预设或假定是不成立的,人们在这些基本问题上是有分歧的。既然在《基本法》中为了维护"一国两制"的原则已经明确规定香港法院虽然享有终审权但与终审权有密切联系的法律解释权不是最终而是受限制的,那么问题的关键就不在于讨论香港法院的《基本法》的解释权是否应当受到限制,而在于在《基本法》中应当如何明确地、完备地规定香港法院的解释权应当受到哪些限制,以及规定两种解释制度下的法律解释冲突的解决机制与办法。如何建立既维护全国人大常委会的最终解释权、又维护《基本法》赋予特区高度自治原则下享有独立的司法权的基本法解释制度,这些问题恐怕是《基本法》应当深入研究的问题了。

事先的完备立法比事后的司法补正作用更为深远与重大,这是香港《基本法》在"居留权"案件中留给人们的启示。立法不当要得到纠正,也应当得到纠正。这就需要把法律制定当作一门思想的建筑学来对待,对法律概念、法律规范、法律体系内在的关系与结构,应当进行细致的探讨与界定,进行逻辑的分析与判断,进行逻辑的组织与建筑,将宏大的框架与具体的规定加以妥帖的结合。

第二章　司法的尺度

一、法官的准则

美国最高法院大法官杰克逊曾经说:我们说了算并不是因为我们正确,我们正确是因为我们说了算。但是,杰克逊还应当接着说,我们只能在我们能够说了算的事情上说了算,我们在无权说了算的事情上说了不算。法官说了算的权限不是绝对的,而是有限制的,在成文法系国家更是如此。

首先,法官有权对具体案件作出裁决,但是,裁决必须接受法律的规制,不能背离法律的指引。

在判例法系国家,允许公开法官个别意见,这是遵循先例原则中的一个重要方面。"法官意见"或"附带意见"是判例法国家法官在裁判时所发表的一些附带的意见,不会影响案件的最后判决。在英国的判决中,判决理由创建先例,具有约束力;附带意见对法院未来判决没有约束力,但它有说服力。在美国,以联邦最高法院为例,法官意见类型有:全体一致意见、多数人意见、复数意见、附和意见、反对意见。在非全体一致意见的场合,存在着法官的附带意见即个别意见,附带意见可能是反对意见,也可能是支持判决的意见。判例法国家的"法官意见"、"附带意见"以及我国法官所写的"法官后语",不应该是裁判者突破法律的范围与限制,对具体案件进行法律之外的社会道德或社会公共政策的评判,更不能是法官个人好恶的感叹与呐喊。法官必须在法律的框架之中,陈述理由作出裁决,陈述"法官意见"、"附带意见"或"法官后语",不得让法律框架之外的理由进入司法判决、"法官意见"、"附带意见"与"法官后语"之中。

其次,法官的职能是在个案中具体适用法律,而不是在判案过程中创立一般法律原则。① 不论是在以普通法为基础的法律制度,还是在以制定法为基础的法律制度中,任何一个法官有权针对个案作出具体判决,但不得在个案中创立一般性的、普遍性的法律规范。而且,在以制定法为法律渊源的成文法国家中,法官的判决只对本案具有拘束力,对其他或其后的案件并不具有拘束力。

再次,现代社会的法律制度通常不倾向给予司法机关以广泛的权力去更改法律。在适用法律的过程中,我国法官有权解释法律的内容,但不得对法律的效力进行评判与决断,不得对立法进行实质性的破坏与重大的司法修改。正如温斯坦莱所言:"无论是谁,要是他擅自解释法律或模糊法律的含义,使法律变得为人们难于理解,甚至给法律加入另外一层意义,他就把自己置于议会之上,置于法律和全国人民之上。因此,担任法官的人的职责就是审理要他审判的案件。"②

法律漏洞是于制定法本身及立法时不可避免的,法律漏洞可分别由立法机关及法官予以填补。立法补充就是立法机关通过法律制定、立法解释及最高人民法院、最高人民检察院通过司法解释对法律漏洞加以填补,这种填补具有普遍及广泛的效力;而司法补充就是法官在适用法律过程中通过司法推论弥补法律规定在具体运用时所产生的漏洞。法官的司法补充是一个解释、重构、填补、创制法律的过程,但法官的司法补充权能是有限制的:第一,后补性;很自然地,法官的补充往往滞后于立法解释及司法解释,否则也没补充的需要;第二,针对个案性;司法补充并不形成普遍的规则,只对个别案件有效,对以后的案件并没有约束力;第三,补救性;司法补充的大前提不能对法律作实质破坏,只对漏洞作有限修补。法官只能在法律的框架中解读和适用法律,法官不得对法律的效力进行评判与决断,不

① 《法国民法典》第 5 条规定:禁止法官在判案过程中创立一般法律原则。
② 〔英〕温斯坦莱:《温斯坦莱文选》,任国栋译,商务出版社 1982 年版,第 150—152 页。

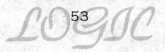

得对立法进行实质性的破坏和重大的司法修改。

法治的一般要求是法官应当学会克制与谨慎,奉行所谓"俭省司法"的原则,采取消极的策略,坚持"能不做就不做"的惯例,"政治问题法律不管不判",将法律与其他政治程序隔离开来,以便坚守司法的疆界。①

2003 年 1 月 25 日,河南省洛阳市中级人民法院开庭审理了伊川县种子公司委托汝阳县种子公司代为繁殖"农大 108"玉米杂交种子的纠纷。②2001 年 5 月 22 日,伊川县种子公司(简称伊川公司)委托汝阳县种子公司(简称汝阳公司)代为繁殖"农大 108"玉米杂交种子并约定全部收购,汝阳公司繁殖了种子但伊川公司未按约定收购——这是本案中原、被告都认可的基本事实。但是,在确认赔偿数额时,遭遇了法律的冲突问题,《中华人民共和国种子法》与《河南省农作物种子管理条例》规定了不同的计算标准,到底应该依据市场确定价还是按政府指导价来计算赔偿数额,双方在法庭上提出了不同的看法。

原告汝阳公司主张适用《中华人民共和国种子法》,以"市场价"计算赔偿数额。汝阳公司指出,依据《中华人民共和国种子法》(以下简称《种子法》)的立法精神,种子价格应由市场决定,汝阳公司按市场利润 3.4—3.9 元计算出的损失为 70 万元。

被告伊川公司则要求适用《河南省农作物种子管理条例》,以"政府指导价"计算赔偿数额。伊川公司认为,《河南省农作物种子管理条例》(以下简称《河南种子条例》)36 条明确规定"种子的收购和销售必须严格执行省内统一价格,不得随意提价"。这样算出即使伊川公司履行合同,汝阳公司的可得利益最多也就是 2.5 万元。

根据河南种子条例第 36 条规定的"政府指导价"与根据《中华人民共和国种子法》的"市场价"计算的赔偿数额相差了几十万元。河南省洛阳市中级人民法院对此案做出了判决。承办该案的女法官李慧娟在判决书

---

① 但是也有人认为:在中国,由于司法的正义的渊源在法律之外,法官必须采取相反的策略,模糊程序的界限,才可保证司法的效能。故"重实体、轻程序"不但是政治文化和心理传统,也是法律得以顺利运作,分配正义,法院法官得以维持民众信心,争取最低限度的独立的现实手段。法治的当务之急,便是把那些不可能在司法制度内提出或解决的纠纷,以法律的语言特别是程序的比喻重构复述了,使之大体符合本本上的规定、分类与想象,包括填补立法的"漏洞"。唯有这样,才能维护整个体制的尊严,不致造成太大的震荡,使法律在生活中常例的失败,变成一个个孤立的"例外"而不及其余,断绝联想。

② 以下有关河南种子案的案件情况均引自"中国法院网",2006-01-05。

中指出:"《种子法》实施后,玉米种子的价格已由市场调节,《河南省农作物种子管理条例》作为法律阶位较低的地方性法规,其与《种子法》相冲突的条(原文如此)自然无效……"[1]法院采纳了原告汝阳公司的观点,参照当年"农大108"玉米种子在两地的批发价格,在扣除成本及代繁费后,确定为计算汝阳公司预期可得利益的单位价格,据此判伊川公司赔偿汝阳公司经济损失597001元。[2]

2003年7月15日,洛阳市人大常委会向河南省人大常委会就该案种子经营价格问题发出一份请示,2003年10月13日,河南省人大常委会法制室发文明确答复,《河南种子条例》第36条关于种子经营价格的规定与《种子法》没有抵触,继续适用。同时,该答复指出:"(2003)洛民初字第26号民事判决书中宣告地方性法规有关内容无效,这种行为的实质是对省人大常委会通过的地方性法规的违法审查,违背了我国的人民代表大会制度,侵犯了权力机关的职权,是严重违法行为。"[3]并责成洛阳市人大常委会"依法行使监督权,纠正洛阳市中级人民法院的违法行为,对直接负责人员和主管领导依法作出处理……"[4]2003年10月18日,河南省人大常委会办公厅下发了《关于洛阳市中级人民法院在民事审判中违法宣告省人大常委会通过的地方性法规有关内容无效问题的通报》,要求河南省高院对洛阳市中院的"严重违法行为做出认真、严肃的处理,对直接责任人和主管领导依法做出处理"。在河南省人大和省高级人民法院的直接要求下,洛阳中院决定撤销判决书签发人民事庭赵广云的副庭长职务和李慧娟的审判长职务,免去李慧娟的助理审判员。[5]

在种子价格问题上,《河南省农作物种子管理条例》与《中华人民共和国种子法》的规定确实是抵触的、冲突的。正如农业部种植业管理司负责种子管理的隋司长接受媒体采访时所说:《种子法》出台的精神就是市场化,现在种子没有政府指导价,都由市场定价,各地有关和《种子法》冲突的规章的条款都应修改、废止。但在我国法律制度中,法院没有宪法性司法

---

[1] 河南省洛阳市中级人民法院(2003)洛民初字第26号民事判决书。
[2] 判决后双方均不服,上诉至河南省高级人民法院。
[3] 豫人常法(2003)18号。
[4] 豫人常法(2003)18号。
[5] 田毅、王颖:一个法官的命运与"法条抵触之辩",新浪网2003年11月18日。

管辖权,也没有地方性法规审查权。法院无权审查地方人大及其常委会通过的地方性法规是否与全国人大及其常委会通过的法律相抵触或相冲突,法院也无权决定或宣告那些与全国人大及其常委会通过的法律相抵触的地方性法规是无效的。正如洛阳市中院常务副院长王伯勋所说:我国目前没有宪法法院,不可直接进行审查。只有按程序一级级上报请示,最后由全国人大常委会办公会议审查。① 从这个意义上说,李慧娟在判决书中认定或宣告地方性法规自然无效是一种越权行为。正如洛阳市人大常委会内务司法委员会一位负责人所说:你法官怎么有这个权力呢! 你的职责只是依法审判。

李慧娟法官在作出这个判决之前可能没有想过自己的一纸判决会产生什么样的后果,她在之后的采访中也没有认识到自己的行为到底具有什么样的意味:"在本案中,如果《立法法》尚未颁布,我承办个案时依法理认为《河南种子条例》第 36 条无效,那是绝对的越权行为,事实上,情况是我仅仅把《立法法》之条文照搬到判决书中而已,即对法律明文规定的无效予以确认。"② 她认为自己这种行为不是在"宣告地方性法规某条款无效",没有进行"审查",只是对"法律明文规定的无效予以确认"③。

李慧娟法官在判决中并不是在对"法律明文规定的无效予以确认",因为,法律并没有直接规定"《河南种子条例》第 36 条是无效的",而是李慧娟法官在根据《中华人民共和国立法法》第 64 条规定,审查地方性法规《河南种子条例》第 36 条是否与《中华人民共和国种子法》相抵触或相冲突,并在判决中宣告与全国人大及其常委会通过的法律相抵触或相冲突的地方性法规《河南种子条例》第 36 条无效。《中华人民共和国立法法》第 64 条

① 一位资深法官认为:该审理不需就法律适用问题逐级报请,更无须中止诉讼,等待全国人大常委会之裁决。如果按照河南省高院通报的说法,上位法与下位法冲突时法院即得中止诉讼报请全国人大常委会裁决,那么《立法法》64 条等规定又有何意义? 如果对法律已明确规定之内容再作裁决,司法的效率将何在? 中国政法大学江平教授也质疑道:地方人大制定的法规、包括国务院行政法规如果违法了怎么办? 按照我们现在的法律,只有全国人大才能够撤销国务院行政法规和地方人大法规。但是全国人大从来都没有撤销过。另外,全国人大也没有专门规定具体操作,撤销程序也不明确。——田毅、王颖:一个法官的命运与"法条抵触之辩",新浪网 2003 年 11 月 18 日。

② 《李慧娟法官有话要说》,载《民主与法制》2004 年第一期。

③ 中国政法大学江平教授指出,在本案中,法官在判决中只是说地方人大制定的法规其中的一条"自然无效",这是法官自己的一个内心判断,法官有权在法律的范围内进行自由心证,并非以法院的名义判决无效。——田毅、王颖:一个法官的命运与"法条抵触之辩",新浪网 2003 年 11 月 18 日。

确实规定了,在国家制定的法律或者行政法规生效后,地方性法规同法律或者行政法规相抵触的规定无效,制定机关应当及时予以修改或者废止。但是,立法法在这里并没有规定这种审查抵触与宣告无效的权力可以由法院来行使。

李慧娟的这项判决在我国现行法律制度下确实是一项越权行为,但从她在其后为自己的辩解中,人们可以清晰地看到她又不是像马歇尔大法官那样是真正要为法院争取一项宪法性司法管辖权。这就是她的悲剧之所在:作为一个法官,她误读了立法法的规定;作为一个法官,她却不明白自己判决的意味;作为一个法官,她并不完全知晓法官的基本准则。正如却伯教授所言:法院是受社会约束的,但反过来司法活动也积极地改变甚至塑造社会。因此,法官必须清楚地意识到自己和社会"交织于一个复杂的意义网络",意识到判决不只是一种被动的观察,也是主动塑造社会的行为。唯有如此,司法过程才能获得其应有的责任感。但是,也唯有像马歇尔大法官那样的人,才能担当得起这样的历史责任与使命。

最后,任何法官都拥有裁决以及自由裁量即根据情势所需酌情做出决定的权力,但是,法官也负有秉公裁判的义务和责任。正如联合国《世界司法独立宣言》第2条规定所说:每个法官均应自由地根据其对事实的评价和对法律的理解,在不受来自任何方面或任何原因的直接或间接的限制、影响、诱导、压力、威胁或干涉等情况下,对案件秉公裁判。各国法律通过诸多制度设计,要求司法必须符合公平正义的原则,要求法官对具体案件作出公正裁判,进而实现司法公正。我国最高人民法院《法官职业道德基本准则》为法官立下的第一条戒律就是:法官在履行职责时,应当切实做到实体公正和程序公正,并通过自己在法庭内外的言行体现出公正,避免公众对司法公正产生合理的怀疑①。这就意味着,为保障司法公正,无论是在法庭上,还是在法庭之外,法官在社会公众面前应当扮演一个相对超脱、不偏不倚、居中裁判的裁判者角色。

在法庭之上,为了避免公众对司法公正产生合理的怀疑,"法官不应介入争论"、"法官不得与当事人辩论"早已成为司法的一种基本理念。开庭时法官不得与当事人打嘴仗,更不得动辄训斥当事人。法官的使命应当是

---

① 中华人民共和国法官职业道德基本准则(2001年10月18日最高人民法院发布)第1条。

耐心地听证与客观地审证,理性而又缜密地判断与论证,不偏不倚地对个案进行裁判。正如曾任大法官的英国著名学者培根所说:听证时的耐心和庄重是司法工作的基本功,而一个说话太多的法官就好比是一只胡敲乱响的铜钹。

在法庭之外,法官也不宜滥发议论。"法官发表文章或者接受媒体采访时,应当保持谨慎的态度,不得针对具体案件和当事人进行不适当的评论,避免因言语不当使公众对司法公正产生合理的怀疑。"①虽然这条规定禁止的是法官"针对具体案件和当事人进行不适当的评论",从字面上看,并不禁止法官发表"适当"的言论,但是,为"避免公众对司法公正产生合理怀疑",法官不宜在任何公共媒介上针对自己承办的案件发表任何意见。

在美国微软公司垄断案中,美国联邦上诉法院推翻了地区法官杰克逊做出的将微软公司分拆的判决,将微软公司垄断案发回重审,并命令由另外一名法官代替杰克逊担任此案的主审法官。联邦上诉法院指出,由于杰克逊法官同外界进行了法律不允许的接触,同媒体进行秘密谈话,在法庭之外公开对微软公司做出了许多攻击性的评论,因此,他给人们带来一种对微软公司持有偏见的印象,因此,我们决定撤换他以进行补救。杰克逊法官的行为妨碍了司法公正,因此,杰克逊法官的判决就应当予以撤销。美国联邦上诉法院并未就案件对判决实质内容进行审查,他们的判决理由就是杰克逊法官庭外的攻击性评论以及他同外界进行的法律不允许的接触,使公众对司法公正产生了合理的怀疑。

在判决作出以后,法官不应当在公开的媒体上为自己的判决辩护,不得对社会公众的批评进行任何反批评,更不得动用司法职权压制社会公众对自己判决的批评。法官在法庭内外的所有言行都必须体现出公正,必须避免公众对司法公正产生合理的怀疑。法官说服社会公众的最佳方式也是唯一正确的方式,就是作出一份怀有司法良知、拥有司法智慧的高质量的判决。正如何兵指出:法官在公开的媒体上为自己的判决摇旗呐喊,其实质上就是为胜诉方进行辩护,就是卷入了原告方与被告方之间的争论,就是使自己从一个居中裁判的裁判者沦落为胜诉方的代理人。这样的角色变换是公众所不愿看到的,这些唇枪舌剑的辩论将难以避免公众对司法

---

① 《中华人民共和国法官职业道德基本准则》(2001 年 10 月 18 日最高人民法院发布)第 45 条。

公正产生合理的怀疑。倘若法官的这些辩论理由已在判决中公开,法官还有必要再喋喋不休吗?如果法官的这些辩论理由未在判决中陈述,那么,法官的这些辩论理由为什么不在判词中写清楚讲明白呢?维护法官尊严的是法官的判决,而决不是法官的呐喊。

何兵曾在一篇文章中对四川泸州遗产案的判决①进行了批评,文章刊出后不久,主审法官在同一报刊上发表了一篇反驳文章,质问:"谁在为二奶呐喊?"文章在为判决进行一番辩护之后指出:"让法律的利剑折射出婚姻的圣洁光芒。到那时,我看谁还'热心'为'第三者'摇旗呐喊?"②对此,何兵说得好:法官职务的性质决定了,法官只能以审判行为本身为自己进行辩白,法官不能卷入公开论战——即使他们是正确的。人们谨希望法官记住这样的金科玉律:对自己作出的判决,沉默永远是一种正确的选择!

正如英国近代史上最为出色的法官丹宁勋爵在一份判词所言③:我要说,我们决不把这种审判权(按指蔑视法庭的审判权)作为维护我们自己尊严的一种手段。尊严必须建立在更牢固的基础之上。我们决不用它来压迫那些说我们坏话的人。我们不害怕批评,也不怨恨批评,因为关系到成败的是一件更重要的东西,这就是言论自由本身。在国会内外,在报纸上或广播里,就公众利益发表公正的甚至是直率的评论是每一个人的权利。人们可以如实地评论法院在司法过程中所做的一切。不管他们的目的是否在于上诉,他们都可以说我们做错了事,我们的判决是错误的。我们所要求的只是那些批评我们的人应当记住,就我们职务的性质来说,我们不能对批评作出答复。我们不能卷入公开的论战,更不用说卷入政治性论战了。我们必须让我们的行为本身进行辩白。

律师应当"善辩",法官则应当"慎言",这是二者不同的角色定位。如果法官自己产生了角色错位,以在法庭上能与律师和当事人争论、在法庭之外能与社会公众论战为荣,那就大错特错了。法官需要"慎言",对一个法官而言,有意义的沉默不语远比喋喋不休更为重要。慎言是法官受人尊

---

① 张学英诉蒋伦芳遗赠纠纷案:四川省泸州市纳溪区人民法院(2001)纳溪民初字第 561 号判决书。

② 转引自何兵:《法官不能为自己的判决摇旗呐喊》,法律思想网。

③ 转引自何兵:《法官不能为自己的判决摇旗呐喊》,法律思想网。

敬的美德与智慧,更是法官应当遵守的职业操守。①

二、法官的义务:公开判决理由

正如罗尔斯所言:"正义这个概念在任何想要存在下去的法律制度中都必须起很大的作用。因为人们如果感到法律是正义的,他们总是愿意服从。"②因此,凯尔森说道,自古以来,什么是正义这一问题是永远存在的,为了正义问题,不知有多少人流了宝贵的鲜血和痛苦的眼泪。法官是社会冲突的权威裁决者,是社会弊病的专业治疗者,是社会正义的最终维护者。如果说法院是社会正义的最后一道防线,那么法官就是这道防线的守门人。③ 人们期待法律承载正义,而且期待通过司法实现正义。

孟德斯鸠说过,一切有权力的人都容易滥用权力。柏拉图也曾说,假若给圣人和小人同样的无制约的力量,就会发现,他们都会跟着利益走。④法官并不因为拥有裁判的权力就必然是正义的使者。罗伯斯庇尔说得好,再没有人比法官更需要仔细监督了,因为权势的自豪感是最容易触发人们弱点的东西。⑤ 司法殿堂的圣洁容不得些许玷污,任何污迹都必须彻底而迅速地予以涤清。因此,联合国《世界司法独立宣言》第2条规定了,每个法官均应自由地根据其对事实的评价和对法律的理解,在不受来自任何方面或任何原因的直接或间接的限制、影响、诱导、压力、威胁或干涉等情况下,对案件秉公裁判。

公正是法院的生命,而公开是公正的前提与灵魂。正如边沁所言:没有公开就没有正义,公开是正义的灵魂。"秘密使人腐化,在司法亦然,任何事务经不起讨论及公开的均非妥当。"⑥因此,在英国就有了这样古老的法律格言:"正义不但要伸张,而且必须眼见着被伸张",就有了英国上议院

---

① 2007年9月12日,最高人民法院院长肖扬指出,法官应当慎言,未经批准,人民法院的法官和其他工作人员一律不应擅自接受记者采访,或在新闻媒体上对重大敏感问题发表议论。

② 〔美〕约翰·罗尔斯:《正义论》,何怀宏等译,中国社会科学出版社1988年版,第83页。

③ 宋英辉、郭成伟主编:《当代司法体制研究》,中国政法大学出版社2002年11月版,第2页。

④ 转引自〔美〕爱德华·考文:《美国宪法的"高级法"背景》,强世功译,三联书店1996年版,第8页。

⑤ 罗伯斯庇尔(M. Robespierre),法国著名律师,法国大革命时期雅各宾派领袖。

⑥ Lord'Acton and His Circle, Abbot Casquet(ed) 1906, p.166.

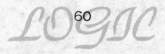

休尼特大法官的大声疾呼:公正的实现本身是不够的,公正必须是公开的,在毫无疑问地被人们能够看见的情况下实现。

"公开原则"就是要求法官公开其作出决定的真正理由。法官不但要陈述采纳当事人的主张的理由和根据,还要公开不采纳当事人的主张的理由与依据;不但要公开判决的事实理由与根据,还要公开判决的法律理由与依据;不但要将法庭的举证、质证、认证以及由证据推演出事实的过程全面呈现出来,还要将法官理解法律、解释法律以及由解读法律推导出法律理由的过程全面呈现出来。法官不但要公开判决,而且要公开其判决理由,就是要让法官通过自己在法庭内外的言行体现出公正,避免公众对司法公正产生合理的怀疑;就是要从法律制度上监督与制约司法权力、抵御司法专制、遏制司法腐败、实现司法公正,使国家权力行使公开化、合理化和正当化;就是要"让当事人赢得清清楚楚,输得明明白白",让当事人的诉讼权利得到确实的保障;就是要使公众对司法的知情权与监督权得以最终的实现。

在英美法系国家,历来有要求公开判决并说明判决理由的传统。英国、美国以判例汇编的形式定期出版判决书。美国联邦最高法院的所有判决要发表和出版,重要判决还刊登在《纽约时报》等全国性大报上。美国联邦上诉法院以及联邦地方法院的判决书也同样要公布,这些判决书分别刊载在《美国最高法院判例汇编》、《美国联邦上诉法院判例汇编》、《美国联邦地方法院判例汇编》上。

在大陆法系国家,16 世纪以后也逐步确立了公开判决并要求说明判决理由的原则。意大利从 16 世纪起确立了这一原则,法国于 1790 年确立了这一作法,并于 1879 年把它作为一项普遍的原则与义务强迫法官接受。荷兰、德国等也先后确立了这一原则,《荷兰宪法》第 121 条和《德国刑事诉讼法》第 267 条、《德国民事程序法》第 313 条第 1 款明文规定了,法官负有义务论证他们的裁判。[①] 德国联邦宪法法院在 1973 年的一项决议(法律续造的决议)中规定:所有法院判决都必须建立在理性论证的基础之上。[②] 这一约束表明法官的判决不能是随意的,而是要公开理由来支持的。

---

① Feteris, Fundamentals of Legal Argumentation, p. 1.

② 《联邦宪法法院判例》(BverfG) E34,269(287)。转引自〔德〕罗伯特·阿列克西:《法律论证理论》,舒国滢译,中国法制出版社 2002 年版。

我国最高人民法院在《法官职业道德基本准则》中为法官立下的第一条戒律就是：法官在履行职责时，应当切实做到实体公正和程序公正，并通过自己在法庭内外的言行体现出公正，避免公众对司法公正产生合理的怀疑。要避免公众对司法公正产生合理怀疑的先决条件就是，法官在判决中必须公开其判决的理由。因此，在判决中公开其判决的理由也是我国法官必须遵守的基本准则。[①]

1990 年 8 月 9 日，中国公民白葆善因患心脏病，花费 17500 元人民币购买了美国美顿力公司（Medtronic Inc.）的 8423 型心脏起搏器和系列号为 XQ0008947V 的 4057 型电极导线，在北京中国人民解放军总医院由著名心脏外科专家朱仲林教授成功地进行了安装手术。11 月 28 日清晨，白葆善突然感到心区疼痛、胸闷、眩晕、出虚汗，几小时后送解放军总医院检查，拍片证实，起搏器金属导线已在右心室中完全断裂。1991 年 1 月 12 日，白葆善再次接受手术，植入了第二根导线，已断裂的导线无法取出，仍留在他的右心室至静脉血管中，随时会形成一根钢针刺穿心脏或盘旋堵塞在心脏内，使白葆善身体和精神受到极大的损害。[②]

1991 年 11 月 26 日，北京市北方律师事务所白洁律师受白葆善的委托，向北京市海淀区人民法院起诉。白洁律师向法庭提供了如下事实和意见：

（一）在该产品的英文说明书中，叙述了导线断裂、心脏穿孔的可能性，然而，该产品在中国销售时只有一份宣传资料而根本没有中文说明书。这一事实只能说明美顿力公司有意向中国消费者隐瞒产品的缺陷。

（二）美顿力公司没有能拿出美国联邦食品及药品管理局（FDA）对 4057 产品的批准书，美顿力公司向法院提供的文件，只是一个 FDA 的复审结果："但是复审结果并不意味着 FDA 认可（APPROVE）该设备。因此，贵公司不可以用 FDA 认可来推销或以任何方式表示该设备或其标签内容。"这一事实表明美顿力公司销入中国的心脏起搏器没有经美国有关部门的

---

① 《最高人民法院关于民事诉讼证据的若干规定》第 64 条规定："审判人员应当依照法定程序，全面、客观地审核证据，依据法律的规定，遵循法官职业道德，运用逻辑推理和日常生活经验，对证据有无证明力和证明力大小独立进行判断，并公开判断的理由和结果。"第 79 条再次强调："人民法院应当在裁判文书中阐明证据是否采纳的理由。"

② 《法苑》，1996 年第 4 期，第 58 页。

质量认可。

（三）美顿力公司的心脏起搏器在中国销售，实际上也没有通过中国的商检机构的检验。

（四）起搏器金属导线在右心室中完全断裂，形成一根钢针，随时会刺穿心脏或盘旋堵塞在心脏内，对原告的身体造成危害，并使原告处于极度恐惧的精神状态，对原告的精神造成损害。

（五）原告是中国公民，被告是外国公司，原告在中国起诉，中国法院就有了管辖权，这就是国家的主权和司法主权。我国的民法、民事诉讼法规定了可以适用外国的法律，也就是说要选择对受害人最为有利的法律。中国法院有权根据本国的法律冲突规范确定应适用哪国的法律，这正是主权意志的体现，据此本案应适用美国的实体法，赔偿原告 2987628.14美元。①

（六）中国市场是美顿力公司世界市场的一部分，它在中国的销售价格和取得的利润和在美国及世界上其他地方是一致的。美顿力公司在中国以同样的价格销售产品并取得同样的利润，并没有因为中国生活水平低而作相应的降价，因此它就应该承担相同的法律责任。

北京市海淀区人民法院经过 3 年零 7 个月的审理，于 1995 年 10 月 6 日作出判决。判决书指出：被告对"该产品由于受到当前科学技术的限制，并未达到尽善尽美的程度，对技术不足可能导致的后果应承担事实上的风险责任。"原告"在使用过程中，没有违反使用原则，起搏器导线断裂非原告造成"。"被告愿意补偿原告人民币 8 万元，本院准许。""案件受理费 6785元人民币，由原告和被告各负担 50%。"

遗憾的是，海淀区人民法院没有采纳原告律师的意见也没有说明不予采纳的理由，这还是一份没有说明法律理由的判决。梁慧星先生对此评论道："这是一个不当的判决。判决书没有使用法律。任何判决书都要使用法律，根据什么法律、什么条文判决如下，这是判决书最主要的。以事实为

---

① 美国布伦达·图尔夫人做隆乳手术，数年后硅胶渗入胸部导致肉牙瘤。因生产厂家明知硅胶会对人体造成损害，但未对医生和用户提出警告，负有产品责任。美国亚拉巴马州法院判决生产厂家赔偿217.5 万美元，其中惩罚性赔偿 200 万美元。白洁律师通过与美国律师联系调查，已经查到美国法院审理的与心脏起搏器侵权行为有关的案例，其中有 10 余个案件判美顿力公司败诉，赔偿额有的达 200 万美元。

根据,以法律为准绳,那法律准绳在什么地方呢,这张判决书上没有。"[①]一个"不讲理"或"不够讲理"的判决书是缺乏公信力的,是很难让当事人信服的,这也是当前上诉、申诉不断的原因之一。

1999年10月,刘涌因"云雾山"烟销售情况不好,指使一个叫程健的人去市场查看并"收拾"经销同类香烟的业户。10月15日,宋健飞、程健、吴静明、董铁岩、李凯等人先后"窜"至沈阳市和平区南市农贸大厅,程健派一个叫做徐景岩的人领董铁岩上楼指认了经营"云雾山"烟的业主王永学。嗣后,在农贸大厅二楼,李凯、宋健飞等人对王永学进行殴打,致王永学因遭受钝性外力作用,造成右肺门破裂,右心房破裂,急性失血性休克合并心包堵塞而死亡[②]。2002年4月17日,辽宁省铁岭市中级法院一审认定刘涌犯故意伤害罪[③],判处死刑,与所犯其他各罪并罚,决定执行死刑。

2003年8月11日,辽宁省高级人民法院对刘涌案作出终审判决。终审判决认定刘涌犯有组织、领导黑社会性质组织罪、故意伤害罪、故意毁坏财物罪、非法经营罪、行贿罪、非法持有枪支罪、妨碍公务罪等多项罪名。但辽宁省高级法院终审判决撤销原一审判决中对刘涌故意伤害罪的量刑部分及对附带民事诉讼原告人匡艳的民事赔偿部分,认定刘涌犯故意伤害罪,判处死刑,缓期两年执行。

辽宁省高级法院终审判决指出:一审判决认定被告人刘涌的主要犯罪事实和证据未发生变化,应予以确认。对刘涌及其辩护人提出的公安机关在对刘涌和同案被告人讯问时存在刑讯逼供的辩解及辩护意见,经查,不能从根本上排除公安机关在侦查过程中存在刑讯逼供。被告人刘涌及其行为分别构成组织、领导黑社会性质组织罪,刘涌系黑社会性质组织的首要分子,应当按照其所组织、领导的黑社会性质组织所犯的全部罪行处罚。其所犯故意伤害罪,论罪应当判处死刑,但鉴于其犯罪的事实、性质、情节

---

① 转引自《法苑》,1996年第4期,第59页。白葆善不服一审判决,向北京市第一中级人民法院提起上诉。

② "铁市检刑诉(2001)第54号"起诉书。

③ 刑法第二章第三节第26条:对组织、领导犯罪集团的首要分子,按照集团所犯的全部罪行处罚。对于第3款规定以外的主犯,应当按照其所参与的或者组织、指挥的全部犯罪处罚。

第五章第97条:本法所称首要分子,是指在犯罪集团或者聚众犯罪中起组织、策划、指挥作用的犯罪分子。

和对社会的危害程度以及本案的具体情况,对其判处死刑,缓期两年。①

在法治社会里,公众对于判决理由的获知,是其知情权的重要体现,也是审判公开的必然要求。一份不公开判决理由的判决书就意味着秘密司法。在辽宁省高级人民法院终审判决书中,法院"鉴于其(刘涌)犯罪的事实、犯罪的性质、情节和对于社会的危害程度以及本案的具体情况",将刘涌从死刑立即执行改判为死刑缓期执行,但终审判决对"本案的具体情况"语焉不详,对从轻改判的法律理由也缄默不语,没有真正公开改判的事实理由,也没有陈述改判的法律理由。此举自然引发了人们对这份判决书的强烈质疑,人们有权也有理由对刘涌案的终审判决提出质疑:"本案的具体情况"是什么抑或本案从轻改判的事实理由是什么? 本案从轻改判的法律理由又是什么? 本案从轻改判的理由到底是什么? 本案为什么可以从轻改判? 刘涌到底应该被判死刑立即执行还是死缓,这是一个法律问题,普通公众很难也无权就此作出什么决定,但是,刘涌为什么被从轻发落,尤其是为什么在终审中被改判,却是每一个公众都有权利发问的。这不是"舆论审判",也不是干预司法独立,而是维护公众的知情权,是对司法审判必要的监督。也许辽宁省高级人民法院对刘涌案件的改判完全是有事实根据的,也完全是符合法律精神的,但是,在判决中不公开其判决的理由,法官就没有履行他应当承担的义务,就没有通过自己在法庭内外的言行体现出公正,避免公众对司法公正产生合理的怀疑。

最高人民法院院长肖扬首席大法官于 2003 年 8 月 17 日指示最高人民法院立案庭、刑事审判第一庭和审监庭,认真研究并依照法律规定指令组成合议庭调卷审查。最高法院于 2003 年 10 月 8 日作出再审决定,以原二审判决对刘涌的判决不当为由依照审判监督程序提审本案。2003 年 12 月 18 日,最高人民法院在辽宁锦州市中级人民法院再审刘涌案,最高人民法院再审判决指出②:

刘涌系组织、领导黑社会性质组织的首要分子,应对该组织的全部罪行承担责任。其直接或者指使、授意他人持刀、持枪实施故意伤害犯罪,致 1 人死亡,5 人重伤并造成 4 人严重残疾,8 人轻伤,手段特别残忍,情节特

---

① 辽宁省高级人民法院(2002)辽刑一终字第 152 号刑事附带民事判决书。

② 最高人民法院再审刘涌案刑事判决书。

别恶劣,罪行极其严重,社会危害极大,且不具有法定或者酌定从轻处罚情节,依法应当判处死刑,立即执行。其所犯其他罪行,亦应依法惩处,数罪并罚。原一审判决认定的事实清楚,证据确实、充分,定罪准确,量刑适当。原二审判决定罪准确,但认定"不能从根本上排除公安机关在侦查过程中存在刑讯逼供情况",与再审庭审质证查明的事实不符;原二审判决"鉴于其犯罪的事实、性质、情节和对于社会的危害程度以及本案的具体情况",对刘涌所犯故意伤害罪的量刑予以改判的理由不能成立,应予纠正。

最高人民法院再审判决撤销辽宁省高级人民法院(2002)辽刑一终字第152号刑事附带民事判决中对再审被告人刘涌故意伤害罪的量刑及决定执行的刑罚部分。再审被告人刘涌犯故意伤害罪,判处死刑,剥夺政治权利终身。①

弗兰西斯·培根在"论司法"文中说过:一次不公的判断比多次不平的举动为祸尤烈。因为这些不平的举动不过弄脏了水流,而不公的判断则把水源败坏了。人们期待司法公正要得到实现而且应当以人们能看得见的方式得到实现,人们希望法官采取对话交流与论证说理的方式作出司法判决,期待法官对诉讼双方的主张和意见给予必要的回应,期待法官不但应当公开其判决而且应当说明其判决理由展示出其判决的形成过程,使司法判决更为坦诚、更为理性、更具有说服力。

一个好的法官是司法理性最好的代名词。② 让所有出庭的人都感受到客观和公正,在这样的观念要求与制度背景下,会极大地控制与减少司法不良行为,司法权威与尊严会相应地得到极大提高。正如博登海默所言:法官的责任是当运用法律到个别场合时,根据对法律的诚挚理解来适用法律。司法良知表达了法官对当事人诉求的认知、理解和评价,法律制度所获得的尊严和威望,在很大程度上取决于该制度的工作人员的认识程度以及他们对其服务的社会的责任感的性质与强度。

要求法官不仅要公开其判决还要公开其判决理由,真正实现司法判决是"司法公正的最终载体",已成为我国司法改革的重要课题之一。如果连

---

① 最高人民法院再审刘涌案刑事判决书。
② 美国一系列宪法案件包括"五角大楼案"、"纽约时报诉沙利文案"以及"忠诚誓言案件"等,从法官判决的陈词中可以清晰地看到其思想形成的脉络,每个判决书都像一篇论文在进行严格的论证并试图说服持不同意见的人。

我国《法官职业道德基本准则》为法官立下的第一戒律都没有得到法官们的切实遵守，那么我们的司法权威与尊严从何而来呢？最高人民法院肖扬院长说得好："要加快裁判文书改革的步伐。现在的裁判文书千案一面，缺乏认证断理，看不出判决结果的形成过程，缺乏说服力，严重影响了公正司法形象。要做到裁判文书无懈可击，使裁判文书成为向社会公众展示法院文明、公正司法形象的载体，真正具有司法权威。"①

三、内 部 证 成

我国最高人民法院《法官职业道德基本准则》为法官立下了第一条戒律：法官在履行职责时，应当切实做到实体公正和程序公正，并通过自己在法庭内外的言行体现出公正，避免公众对司法公正产生合理的怀疑。这就要求法官在判决中不但要公开判决理由论证自己的判决，而且要在判决中陈述足够的理由证成自己的判决。唯有这样，法官的判决才具有说服力，才能避免公众对司法公正产生合理的怀疑。因此，根据当今大多数国家现行生效的法律，法官们负有论证自己判决的责任，而且负有证成自己判决的责任。

法官们负有责任对其裁判进行证立，这就使法官基于实在法的判决被置于正确性或合理性的要求范围之内。正如德国法哲学家阿列克西所言：说服不在于说服而在于理性的说服②。法官证成自己的判决就必须要有两个方面的证成：内部证成（internal Justification）和外部证成（external Justification）。内部证成处理的问题是判断是否从为了证立而引述的前提中逻辑地推导出来，外部证成的对象是这个前提的正确性问题。③

内部证成就是要求判决具有"内在一致性"或"无矛盾性"，具有逻辑上的"审慎的平衡"，是一个首尾一贯、彼此相容、内部协调、整体和谐的体系。

---

① 转引自《中国律师》，2000 年第 6 期，第 17 页。

② 阿列克西与佩雷尔曼都关心证成或说服问题。只不过佩雷尔曼的理论主要解决观点立场的可接受性问题，强调的是说服的合理性问题；阿列克西的理论要解决的是说服的理性问题。在佩雷尔曼看来好的说服应当是合理的说服；在阿列克西看来好的说服首先应当是理性的说服。

③ 〔德〕罗伯特·阿列克西：《法律论证理论》，舒国滢译，中国法制出版社 2002 年版，罗伯特·阿列克西，第 274 页。

首先,要求法官的判决具有内在融贯性①。即要求判决中持有的观点、发表的意见、作出的判断与决定之间以及法官在判决中立论的基点、推论的根据、决断的理由之间,不得自相矛盾、相互冲突、彼此抵触。"融贯性"概念的内核是逻辑上的"内在一致性"或"无矛盾性"②。在司法的过程中,寻求判决的内在融贯性,就是寻求判决的"内在一致性",就是寻求判决的"审慎平衡"。

法治的基本原则是法律面前人人平等,转化为另外一种语言就是:同样的事情同样地对待。怎样做到同样的事情同样对待呢?这就要有一系列非常复杂的制度安排,就涉及司法判决的一致性要求即融贯性要求。在司法判决中,法官在判决中持有的观点、发表的意见、作出的判断与决定以及法官立论的基点、推论的原则、决断的理由与根据必须是首尾一贯的、协调一致的,才能使得一个人昨天怎么判,今天还怎么判。"这样才能真正作到法律面前人人平等,不至于深一脚浅一脚,月朦胧,鸟朦胧。可惜的是我们两千年的中国社会就是这样一种月朦胧,鸟朦胧的判决。我们中国的老百姓,到官府去告状的时候,何曾有过所谓的确定性?案件的处理依照什么东西,我们不知道。就依据故事,中国的历史上故事多了。官员喜欢这边,就引用这边的故事,喜欢那边,就引用那边的故事。那么官员这样的一种语言本身就是反逻辑的。"③

在天津市汉沽区百货商场经理赵立芝、副经理邵月芝诉消费者郭景巧侮辱诽谤一案中④,天津市汉沽区人民法院一审判决认为⑤,被告人郭景巧因购买金饰品与汉沽百货商场发生纠纷,为泄私愤即以污言秽语对二自诉人进行辱骂,公然贬低二自诉人的人格,损害了二自诉人的名誉。其辱骂

---

① 融贯性(coherence)概念是瑞典著名法理学家 Aleksander Peczenik 的著名文章《对理性的热情》一文中的概念,是与"审慎的平衡"(reflective equilibrium)理论有关的一个概念,他认为人们应当在一般原则与个人的道德确信之间相互调整并达到"审慎的平衡"。

② Aleksander Peczenik 指出:如果满足下列条件,一个信念体系(a system of beliefs)就是一个融贯的体系:(1)逻辑无矛盾;(2)具有高度的无矛盾可能性;(3)信念成分彼此之间蕴涵着大量可推论的系脉;(4)它是相对统一的,不产生无关联的子系统;(5)只有很少无法解释的异常状况;(6)它提供了相对稳定的语词概念,且此种概念能维持融贯性,意指在一个相当长的时间内能持续满足上述(1)—(5)条件;(7)它满足了观察的要求,亦即它必须包含一套规则,这套规则足以提供人们在合理的范围内形成自发性的、多样性的认识信念,包括内省性的信念。

③ 贺卫方在西南政法大学的演讲,法律思想网。

④ 参见《法制日报》1995 年 2 月 23 日报道。

⑤ 转引自《法制日报》1995 年 2 月 23 日报道。

的场合又是在公共场所和繁华地区,观听人数众多,影响甚坏。且由于被告人的侮辱谩骂,不同程度地使二自诉人病情诱发,情节当属严重,其行为当属严重。汉沽百货商场出售的商品质量是否存有问题和商场个别干部处理商品质量问题的方法与被告人对二自诉人的侮辱,并不存在法律上的必然的因果关系。一审判决认定被告人郭景巧侮辱罪成立,判决被告人郭景巧赔偿自诉人损失费 3237.27 元,并处拘役 5 个月。为了给天津市市级先进企业天津汉沽百货商场以及天津市劳动模范、三八红旗手、汉沽区人大代表、汉沽百货商场经理赵立芝等"消除不良影响",汉沽区人民法院还允许汉沽电视台连续几天播出审判录像资料,消费者郭景巧由此成了天津市的新闻人物。

郭景巧不服一审判决,提起上诉。她的辩护律师提出了如下意见[①]:

(一)经北京市产品质量监督检验站鉴定,金手链外观有明显铸造气孔,属于产品质量问题。郭景巧买了劣质手链,要求退货是合理、合法的,商品存在质量问题,商场作为经营者应承担法律责任。而汉沽百货商场却漠视消费者的合法权益,一拖再拖,强迫郭景巧"以旧换新",继续损害消费者的利益,其恶劣的经营作风是导致双方吵骂的诱因。

(二)一审法院有罪判决所依据的是品格不良的证据。赵立芝提供给一审法院的住院诊断证明,其住院期间为 6 月 11 日至 30 日,共 20 天;而赵立芝的住院病历记载的日期却是 6 月 13 日至 27 日,共 15 天,且自"24日后带药回家休养",住院期间医院提供的是二级护理,表明赵立芝病情不重;6 月 13 日的病历还记载:"患者(赵立芝)于入院前一年来,常于情绪激动时,出现心悸、胸闷、气促、伴有大汗……","近一周左右因失眠受累出现上述病状"。这表明,赵向法院提供的医院诊断证明"品格不良",是假的。

(三)赵立芝在自诉书中称"被当场侮辱,心脏病复发,经当场抢救,才脱离危险"。事实上当日赵在门诊看病,并未住院抢救,更未当场抢救,两天后才住院;初诊为"低血压、低血压性心肌缺血",确诊为"植物神经紊乱和颈椎病",主治大夫的诊断是"考虑可能是为迷走神经张力过高所致"。鉴于此,法院判决"赵立芝因遭辱骂,气恼过度,诱发神经官能症",那么赵

---

① 转引自《法制日报》1995 年 2 月 23 日报道。

的颈椎病是否也是"因遭辱骂所致"？！如果无视医院病历的原始记录，则应了一句老话："欲加之罪，何患无辞。"

（四）一审法院收入卷中并据以判郭景巧有罪的书面证据共 28 件。其中 4 份书证是医院的收据和那份"掺假"的诊断证明；赵立芝、邵月芝的 2 份"访问笔录"；17 份"证人证言"中，10 人是汉沽百货商场与赵、邵有利害关系的工作人员或亲姐妹。另外，书面证据材料中尚有 2 份监督人的旁证，2 份警察的情况证明，及 1 份在场人的证言。在监督人旁证、警察情况说明及在场人的证言里，都没有证明郭景巧辱骂过赵立芝。由这些"证据"判郭有罪，郭岂能服？

（五）郭景巧在对骂中的确说了一些"不堪入耳"的话，即在邵月芝说"都别搭理她，她愿上哪儿告就哪儿告去"之后，当时在场的赵立芝的妹妹（商场工作人员）听了，也加入了骂阵，而赵立芝本人并不在场。6 月 14 日天津市公安局汉沽分局对郭景巧适用了治安管理处罚条例，处以拘留 5 天的治安处罚。这表明"国家法律"已对郭景巧进行了处理，汉沽区法院再判郭有罪，在程序上违反了"一事不能再理"的法律原则。

天津市中级人民法院对该上诉案件进行了书面审理。二审法院认为①，"上诉人郭景巧无视国家法纪，在购买商品发生纠纷后，不能依法解决，反以污言秽语对二自诉人当众进行辱骂，公然侮辱自诉人的人格和名誉，并造成实际损害后果，其行为已构成侮辱罪，应依法处罚。"二审法院维持了一审法院关于郭景巧有罪的判决，但有一项重大的改判，即撤销了一审法院对郭景巧赔偿自诉人医药、误工及精神损害共计 3237.27 元的判决。

应当指出，在二审法院的判决中，既然二审法院认定郭景巧的辱骂行为造成实际损害后果，二审法院就不应该撤销一审法院关于郭景巧应承担民事赔偿责任的判决；既然二审法院撤销了这一项判决，就反证了自诉人从郭景巧的"辱骂"中并没有遭受实际损害；既然自诉人没有遭受实际损害，郭景巧的行为就谈不上侮辱罪必备的"情节严重"，也就不构成侮辱罪。因此，在二审法院的判决中，撤销赔偿原判而又维持有罪原判，抑或维持有罪原判而又撤销赔偿原判是自相矛盾的、不能自圆其说的，是不能同时成

---

① 转引自《法制日报》1995 年 2 月 23 日报道。

立的。这就意味着，或者二审法院撤销赔偿原判的改判属于错判，或者二审法院维持有罪原判属于错判。

拉伦兹说得好："尽管法官因为受有待裁判的案件的驱使而必须继续解释某个特定的陈述或某个特定的法律规定，但他仍不仅仅是能够对该案作出解释，而只是要做到其解释能够适用一切其他相同的案件。若同样的情况不同地对待，或者，在法律所追求法律安定性的场合，若法院对相同案件中的相同规定一会儿这样解释，一会儿又那样解释，则将与正义的要求是矛盾的。"①因此，"不要轻易牺牲确定性、统一性、秩序和连贯性。所有这些因素都必须予以考虑。应当给予它们那种可靠的判决所要求的分量"②。

其次，内部证成还意味着要求法官的判决具有内在连贯性。即要求法官的判决是一个首尾一致、前后连贯的体系。法官在判决中持有的观点、发表的意见、作出的判断或决定与法官立论的基点、推论的根据、决断的理由之间应当具有内在的逻辑联系，法官的判决应当是所确立的基点、所陈述的根据、所引述的理由的一贯的或连贯的展开的结果。正如英国法学家麦考密克（N. MacCormick）所言：在司法判决过程中，仅有融贯性论证是不够的，还必须要有连贯性论证（Arguments of Consistency）。"论证的连贯性"概念的内核就是逻辑上的"推论的必然性"或"推导的合理性"。在司法判决中，寻求判决的内在连贯性，就是寻求判决结论从前提"必然地得出"、"合理地导出"或"逻辑地导出"，就是寻求判决的前提与结论、理由与决断之间的"内在一致性"或"审慎的平衡"。

在张学英诉蒋伦芳遗赠纠纷一案中，原告诉称③，原告与被告蒋伦芳之夫黄永彬是朋友关系，黄永彬于 2001 年 4 月 18 日立下遗嘱，将自己价值约 60000 元的财产在其死亡后遗赠给原告。该遗嘱于 2001 年 4 月 20 日经公证机关公证。2001 年 4 月 22 日遗赠人黄永彬因病死亡，遗嘱生效，但被告控制了全部财产，拒不给付原告受赠的财产。现请求法院判令被告给付原告接受遗赠约 60000 元的财产。被告辩称④，遗赠人黄永彬生前与原告张

---

① 〔德〕拉伦茨：《法学方法论》，商务印书馆 2005 年第 1 版，第 300 页。
② 〔美〕卡多佐：《司法过程的性质》，商务印书馆 1998 年第 1 版，第 40 页。
③ 转引自四川省泸州市纳溪区人民法院民事判决书(2001)纳溪民初字第 561 号。
④ 转引自四川省泸州市纳溪区人民法院民事判决书(2001)纳溪民初字第 561 号。

学英长期非法同居,黄永彬所立遗赠属违反社会公德的无效遗赠行为。请求判决驳回原告的诉讼请求。

四川省泸州市纳溪区人民法院本院于 2001 年 5 月 17 日、2001 年 5 月 22 日两次公开开庭进行了审理,于 2001 年 9 月 6 日再次开庭不公开进行了审理,于 2001 年 10 月 11 日判决驳回原告张学英的诉讼请求。判决指出①:

遗赠属一种民事法律行为,民事行为是当事人实现自己权利,处分自己的权益的意思自治行为。当事人的意思表示一旦作出就成立,但遗赠人行使遗赠权不得违背法律的规定。且根据《中华人民共和国民法通则》第 7 条的规定,民事行为不得违反公共秩序和社会公德,违反者其行为无效。本案中遗赠人黄永彬与被告蒋伦芳系结婚多年的夫妻,无论从社会道德角度,还是从《中华人民共和国婚姻法》的规定来讲,均应相互扶助、互相忠实、互相尊重。但在本案中遗赠人自 1996 年认识原告张学英以后,长期与其非法同居,其行为违反了《中华人民共和国婚姻法》第 2 条规定的一夫一妻的婚姻制度和第 3 条禁止有配偶者与他人同居以及第 4 条夫妻应当互相忠实、互相尊重的法律规定,是一种违法行为。遗赠人黄永彬基于与原告张学英有非法同居关系而立下遗嘱,将其遗产和属被告所有的财产赠与原告张学英,是一种违反公共秩序、社会公德和违反法律的行为。而本案被告蒋伦芳忠实于夫妻感情,且在遗赠人黄永彬患肝癌病晚期住院直至去世期间,一直对其护理照顾,履行了夫妻扶助的义务,遗赠人黄永彬却无视法律规定,违反社会公德,漠视其结发夫妻的忠实与扶助,侵犯了蒋伦芳的合法权益,对蒋伦芳造成精神上的损害,在分割处理夫妻共同财产时,本应对蒋伦芳进行损害赔偿,但将财产赠与其非法同居的原告张学英,实质上损害了被告蒋伦芳依法享有的合法的财产继承权,违反了公序良俗,破坏了社会风气。原告张学英明知黄永彬有配偶而与其长期同居生活,其行为是法律禁止,社会公德和伦理道德所不允许的,侵犯了蒋伦芳的合法权益,于法于理不符,本院不予支持。综上所述,遗赠人黄永彬的遗赠行为违反了法律规定和公序良俗,损害了社会公德,破坏了公共秩序,应属无效行为,原告张学英要求被告蒋伦芳给付受遗赠财产的主张本院不予支持。被

告蒋伦芳要求确认该遗嘱无效的理由成立,本院予以支持。

张学英随后向泸州市中级人民法院提起上诉。2001年12月28日,泸州中院以相同的理由驳回了张学英的上诉。①

本案要解决的问题是确认遗赠人遗赠行为的效力,这属民事行为有效或无效的确认问题。我国《民法通则》第7条规定:"民事活动应当尊重社会公德,不得损害社会公共利益,破坏国家经济计划,扰乱社会经济秩序。"《民法通则》第58条具体规定了无效民事行为的情形,其第(五)项为"违反法律或者社会公共利益"。其中,违反法律是指违反法律、行政法规的禁止性规定,体现的是"法无明确禁止的行为不为违法"的基本原则;社会公共利益(公共秩序)与社会公共道德不是同一层面的概念,违法社会公共利益是指行为违背受公权所保护的公共秩序方面的要求,往往涉及国家基本制度、根本利益和社会稳定,"社会公共道德"一般并不包括在内。《民法通则》第58条在将《民法通则》第7条的基本原则具体化时,并没有将社会公共道德之违反作为民事行为无效评价的一个内容。因此,在本案中要确认的是遗赠人立遗赠的行为是否违反法律、社会公共利益或社会公共秩序。

法院在上述判决中首先确认了,"本案中遗赠人自1996年认识原告张学英以后,长期与其非法同居,其行为违反了《中华人民共和国婚姻法》第2条规定的一夫一妻的婚姻制度和第3条禁止有配偶者与他人同居以及第4条夫妻应当互相忠实、互相尊重的法律规定,是一种违法行为。原告张学英明知黄永彬有配偶而与其长期同居生活,其行为是法律禁止,社会公德和伦理道德所不允许的,于法于理不符。"然后指出,"遗赠人黄永彬基于与原告张学英有非法同居关系而立下遗嘱,将其遗产和属被告所有的财产赠与原告张学英,是一种违反公共秩序、社会公德和违反法律的行为。"显然,上述判决是以遗赠人黄永彬基于与原告张学英的同居关系是"法律禁止,社会公德和伦理道德所不允许的"为由,然后得出遗赠人黄永彬的遗赠

①　张学英在澳门律师方立和广州法学硕士庄若雯的资助下,以其5岁女儿黄欣系她与黄永彬之女的名义再上法庭,要求蒋给付"计划生育罚款"6000元,并返还黄欣抚育费(计至18岁)及应继承的遗产5万元等。2002年7月31日法院作出一审判决,以张违反计划生育受到的行政处罚与蒋伦芳无任何法律关系为由,对张要求蒋给付6000元计生罚款不予支持;黄欣要求蒋给付抚养费的请求因蒋对黄没有法定抚养义务,不予支持;张家母女要求蒋给付黄欣的遗产,因黄欣的真实身份不能确认,故这一请求也不能予以支持。张家母女向泸州市中级人民法院提起上诉。——中新社2002年10月22日。

行为是一种"违反公共秩序、社会公德和违反法律"行为的结论。

应当指出的是，婚外同居行为确实为修正后的婚姻法所否定，婚姻法对婚外同居行为也有过错赔偿的惩罚，但继承法、婚姻法、民法通则等法律对遗嘱人将其所有的财产遗赠给与其同居的人并没有禁止，除非这种遗赠行为本身而不是同居行为是一种违反法律、社会公共利益或社会公共秩序的。此外，遗赠人黄永彬与原告张学英的同居关系是"法律禁止、社会公德和伦理道德所不允许的"与遗赠人黄永彬与原告张学英的遗赠关系是"违反公共秩序、社会公德和违反法律的"之间并无逻辑上的必然联系，换言之，从遗赠人黄永彬与原告张学英的同居关系是"法律禁止、社会公德和伦理道德所不允许的"并不能必然地得出遗赠人黄永彬与原告张学英的遗赠关系是"违反公共秩序、社会公德和违反法律的"的这个结论。这是一个存在断裂、存在欠缺、有瑕疵的推论，是一个不连贯的、不必然的推论，是一个不成立的推论。

一篇判词本身就是一篇文章，要合乎逻辑，要具有融贯性与连贯性，要依靠自身的合理性体现出自身具有的说服力。贺卫方说得好："司法判决之所以必须得到当事人的执行和尊重，不只是因为它是握有司法权的法官作出的，更在于其中的法律推理的阐述具有不可抗拒的说服力。"[1]"当我们发现自由遭到了失败的时候，我们一般地总是不要很久，就能找出使我们失败的原因；我们总是发现，我们的行动所依据的知觉，不是不完全的和肤浅的，就是不正确地和其他知觉的结果结合在一起——我们把这叫做有缺陷的推理。"[2]

合乎逻辑是一切理性要求的底线，违反逻辑就没有任何理性可言。只有经得起逻辑的追问，才能经得起社会公众的合理的怀疑，贝卡利亚所担

① 贺卫方：《对抗制与中国法官》载《法学研究》1995 年第四期。
② 《马克思恩格斯选集》，第 3 卷，第 387 页。休谟在《人性论》中指出："在我所遇到的每一个道德体系中，我一向注意到，作者在一个时期中是照平常的推理方式进行的，确定了上帝的存在，或是对人事作一番议论；可是突然之间，我却大吃一惊的发现，我所遇到的不再是命题中通常的'是'与'不是'等连系词，而是没有一个命题不是由一个'应该'或一个'不应该'联系起来的。这个变化虽是不知不觉的，却是有极其重大的关系。因为这个应该与不应该既然表示一种新的关系或肯定，所以就必须加以论述和说明；同时对于这种似乎完全不可思议的事情，即这个新关系如何能由完全不同的另外一些关系推出来，也应该指出理由加以说明。不过作者们通常既然不是这样谨慎从事，所以我倒想向读者们建议要留神提防；而且我相信，这样一点点的注意就会推翻一切通俗的道德学体系。"参见休谟：《人性论》，商务印书馆 1983 年版，第 509 页。

心的"不幸者的生活和自由成了荒谬推理的牺牲品或者成了某个法官情绪冲动的牺牲品"①的事情才不会成为现实,布鲁尔批评霍姆斯时指出的"好几代的律师、法官和法学教授(不管是否沿着霍姆斯的道路)事实上没有把严格的逻辑形式研究放在法律课程中的适当位置,结果美国的法律文化——表现在法学院、律师简报、法官司法意见的撰写、法学教授的法理学思考——普遍地缺乏清晰的司法论证,法官和律师简报既没有也不可能达到更高的理性的、清晰的水平"②的景象才会消失在人们的视线之外。

四、外部证立

逻辑告诫人们:一切论证成立或任何论题证立,不但取决于从前提或理由推导出结论的必然性或合理性,而且取决于所使用的前提或理由的真实性或正确性。前提是整个思想或理论体系的基石,一旦理论的基石发生动摇,整个理论大厦就会随之而倒塌。因此,论证中引述的前提或理由本身应当成立,并且结论要从引述的前提或理由必然地或合理地推导而来,就是一切论证成立或任何论题证立的两个必要条件。这两个条件是互相独立的、不可归约、缺一不可的,是任何一个论证成立或论题证立都必须同时满足的。

根据大多数国家现行的法律,法官们负有论证自己判决的责任,而且负有证成自己判决的责任。法官要证成自己判决的结论就必须做好内部证成与外部证立两项工作:其一,是内部证成,即要从判决中引述的前提或理由逻辑地推导出判决中的结论,这是一个判决结论的推出问题;但内部证成自身无法确立其前提的正确性或真实性,前提的真实性不可能通过内部证成获得;其二,是外部证立,要进一步论述或论证判决中引述的前提或理由是成立的,即通过进一步的论述或论证来确立判决中的前提或理由的正确性或真实性,这是一个判决理由的证成问题。③

---

① 〔意〕贝卡利亚:《论犯罪与刑罚》,黄风译,中国大百科全书出版社1993年版,第13页。

② Scott Brewer, "Tranversing Holmes's Path toward a Jurisprudence of Logical Form," in The Path of The Law and its Influence: The Legacy of Oliver Wendll Holmes, Jr. ed. Steven J. Burton (Cambridge: Cambridge University Press, 2000), p. 94.

③ 佩雷尔曼也区别了两类论证,第一类是各不相同而又互不依赖的论述导致同一种结果;另一类是论述的前提通过进一步的论述来证立。

　　阿列克西指出："外部证成的对象是对在内部证成所使用的各个前提的证立。这些前提可能是完全不同的。它们大致上可以分为三类：实在法规则；经验命题；既非经验命题、亦非实在法规则的前提。"①佩雷尔曼把这些前提分为两类，一类涉及现实（reel），另一类涉及偏好（preferable）。他将涉及现实的前提一方面再分为事实（Tatsachen）和真实（Wahrheiten），另一方面分为推测（Presomptions）。

　　首先，外部证立要求法官论证判决中所引述的、隐含的、预设的事实前提或事实理由，即进行事实论证；要求法官论证判决中所引述的、隐含的、预设的法律前提或法律理由，即进行法律论证。在疑难复杂的案件中，判决中所使用的一些前提与理由，或者是不确定的事实陈述，或者是或然的经验判断，或者是法律没有明示的规则，或者是从法律推导出的规则。这些事实前提或理由并非是不证自明的，这些法律前提或理由也不是没有争议的，在判决中需要对这些事实前提或法律理由进行必要的事实与法律论证，这是法官证成自己判决的一个不可或缺的部分。

　　其次，外部证立要求法官证成自己判决中的事实理由和法律理由。要求法官的判决理由具有"体系一致性"和"社会一致性"。法官不是"游侠"，法官乃"法律之喉舌"，法官"除了法律就没有别的上司"。② 法治就是法律之治，司法权的行使以实现立法意志即法律精神为目的，而不能受法官个人意志的影响。法官应当"在现行有效法秩序的框架体系内符合理性地作出决定"，应当受现行法律体系的约束而不得对立法进行实质性的破坏和重大的司法修改，应当以专门的法律渊源、法律制度的一般精神及社会公平正义的基本观念为依据展开法律推论，其判决应当与法律文字与法律精神、社会效用与社会利益、社会公共政策与社会公平正义观念相一致、相协调、相融合，能够回溯到一般法律文字与法律精神、社会效用与社会利益、社会公共政策与社会公平正义观念之中。正如麦考密克所言："由于议论是在平等的责任分担、有理有据的论证的条件下进行的，所以其结论不是一种无原则的妥协，而至少必须满足两个条件：一是原理上的首尾一贯

---

①〔德〕罗伯特·阿列克西：《法律论证理论》，舒国滢译，中国法制出版社 2002 年版，罗伯特·阿列克西，第 274 页。
② 《马克思恩格斯全集》第 1 卷，第 178 页。

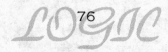

性;另一个是在归结性协调的基础上的普遍化可能性。"①在司法过程中,要寻求"体系一致性",寻求判决与法律之间"完美的契合",寻求判决的内在正当化。如果将法律体系置之不顾,从法律体系之外寻求裁判的根据或灵感,以自己的某些道德观念或未经法律确认的某些利益或价值取向为理由,论证自己判决的正当性,就使法律推理失去了合法性,使司法判决失去了合法性。假如法官将个人的偏好或意识凌驾于法律之上,法院就会陷入人们极大的不信任与深深的怀疑之中。

四川省南江县人民法院受理了一起"婚内强奸"案②,1993 年底,被告人吴某与王某经人介绍登记结婚,婚内生育一男孩。因吴某脾气暴躁,王某以"性格不和"为由,于 1998 年 7 月提起离婚诉讼,后经人劝解撤诉。1999 年 7 月,王某再次起诉请求法院判决准予离婚。同年 10 月 9 日,法院缺席判决王、吴离婚。在法定时间内,吴的父亲替吴向四川省巴中市中级人民法院递交了上诉状。2000 年 5 月,吴从西安赶回到父母家中。6 月 11 日晚,吴某来到王某住处,要求与其发生性关系。遭到拒绝后,吴某将王某按在床上,撕烂其内裤,强行发生了性关系。南江县人民检察院以涉嫌强奸罪对吴某提起公诉。南江县人民法院审理此案后认为,吴某与王某发生性关系时一审判决尚未生效,应视为双方当事人夫妻关系还处于存续状态,故吴某的行为不构成犯罪,检察机关所指控的强奸罪名不能成立。该院对吴某作出了无罪判决。

我国《刑法》第 236 条第 1 款规定,"以暴力、胁迫或者其他手段强奸妇女的,处 3 年以上 10 年以下有期徒刑"。从法律的字面意义看,我国刑法第 236 条第 1 款规定并无其他限制或除外,任何"以暴力、胁迫或者其他手段强奸妇女的"都在规定之列,吴某的行为当然包括在内,但是,四川省南江县人民法院以被告人吴某与被害人王某"夫妻关系还处于存续状态"为由,认定被告人的行为不构成强奸罪。这就意味着南江县人民法院认为我国《刑法》第 236 条第 1 款规定的立法本意是将"有夫妻关系的"排除在外的,是有"非夫妻关系的"限制的,上述规定的文字与立法本意是有反差的。这项判决实际上重构了我国《刑法》第 236 条第 1 款的规定,为这个规定增

① 〔英〕麦考密克等:《制度法论》(代译序),周叶谦译,中国政法大学出版社 1994 年版,第 6 页。
② 参见《北京晚报》2001 年 4 月 4 日报道。

加了一项限制或除外，即"以暴力、胁迫或者其他手段强奸妇女的，处3年以上10年以下有期徒刑，当事人之间有夫妻关系且夫妻关系还处于存续状态的除外"，即所谓"婚内无奸"。

由于在法律条款的文字上人们看不到有这项限制或除外，这种重构或还原不可避免地会引起争议或异议。人们自然要问，我国《刑法》第236条第1款规定的法律文字与法律真实意思、意图或目的、精神之间是否真的存在反差？我国《刑法》第236条第1款规定是否真的有"夫妻关系"的除外或"非夫妻关系"的限制？我国《刑法》第236条第1款规定的立法本意或法律意图是否真的将吴某的这样一种行为排除在外？法官当然就有义务和责任论证自己增加的这项限制或除外是正确的或合理的，就有义务和责任论证这个判决理由与法律精神是相一致、相协调、相融合的。遗憾的是，在上述判决中，法官以这项限制或除外作为判决理由对吴某作出了无罪判决，但对这个判决理由是否成立却没有履行法官应当承担的外部证立的义务。

上海市青浦区人民法院也审理了一起"婚内强奸"案①。被告人王某于1992年经人介绍与被害人钱某相识，1993年登记结婚，婚内生育一子。1996年，王某以与妻子钱某感情破裂为由向上海市青浦区人民法院起诉离婚，但法院认为双方感情尚未破裂，判决不准离婚。后双方仍处于分居状态。1997年，王某再次提起离婚诉讼，同年10月，法院判决准予离婚，并将判决书送达双方当事人。双方对判决离婚均无异议，也均未上诉。同月13日晚，此时离婚判决尚未生效，王某来到前住所，见钱某在整理衣物，即上前抱住钱某要求发生性关系。钱某挣脱欲离去，王某将钱某强行按倒在床上，不顾钱某的反抗，采用抓、咬等暴力手段，强行与钱某发生了性关系，致钱某多处软组织挫伤、胸部被抓伤、咬伤。当晚被害人即向公安机关报案。青浦区人民法院审理此案后认为，被告人王某主动起诉，请求法院判决解除与钱某的婚姻，法院一审判决准予离婚后，双方对此均无异议。虽然该判决尚未发生法律效力，但被告人王某与被害人已不具备正常的夫妻关系。在此情况下，被告人王某违背妇女意志，采用暴力手段，强行与钱某发生性关系，其行为已构成强奸罪，应依法惩处。公诉机关指控被告人王某

---

① 参见《北京广播电视报》2000年3月14日报道。

的犯罪罪名成立。但鉴于本案的具体情况,可对被告人酌情予以从轻处罚。该院认定被告人王某犯强奸罪,判处有期徒刑三年,缓刑三年。

在青浦区人民法院判决中,青浦区人民法院以"被告人王某与被害人已不具备正常的夫妻关系而被告人王某违背妇女意志,采用暴力手段,强行与钱某发生性关系"为由,认定其行为构成强奸罪。这就意味着青浦区人民法院也认为上述规定的文字与立法本意是有反差的。与四川省南江县人民法院不同的是,青浦区人民法院认为我国《刑法》第 236 条第 1 款规定的立法本意是将"具备正常的夫妻关系的"排除在外,有"不具备正常的夫妻关系的"限制。这项判决实际上也是重构了我国《刑法》第 236 条第 1 款的规定,为这个规定增加了一项限制或除外。只不过这项限制或除外不是"有夫妻关系的"而是"具备正常的夫妻关系的",即"以暴力、胁迫或者其他手段强奸妇女的,处 3 年以上 10 年以下有期徒刑,当事人之间具备正常的夫妻关系的除外"。人们在法律条款的文字上同样看不到有这项限制或除外,因此,法官就有义务和责任论证自己增加的这项限制或除外是成立的,法官就有义务和责任论证这个判决理由与法律精神是相协调、相融合、相一致的。在上述判决中,法官以这项限制或除外作为判决理由对王某作出了有罪判决,但对这个判决理由是否成立同样没有履行法官应当承担的外部证立的义务。

在疑难案件中或者是涉及原则性的判断时,前提或理由不是从权威那儿理所当然地拿来的,需要对制定法进行推理,政治或道德判断也是必不可少的,因此,保持最审慎的态度就是必要的也是必须的。判决中的前提或理由必须被证立,而且应当在实在法的框架之中被证立,通过与普遍有效的法律规则、普遍认可的法律原则相融贯或相一致而得以证立。在没有足够的或适当的法律规则作为决断的前提或理由时,要强调在我们自己这个时代的具体条件、情境和价值烛照下解读法律,而不是把法律冻结在已逝岁月的藩篱之中,要追求法律对社会的适应性,追求法律与当代社会的价值的契合,从人们公认的社会公共政策、社会公平正义原则或社会根本利益出发充分而详尽地展开判决理由的证立过程,以此彰显司法的理性与保障司法的权威,达成司法的正义和法的安定性。"或许,只有专家们才有能力测定他工作的质量,赞赏其重要性。但是他们的判断——法律家阶层

LOGIC

的判断——会传给他人，并感染普通人的意识和普通人的确信。"①

霍姆斯在《普通法》中说道：法律的生命不在于逻辑，而在于经验。法律包含了对时代需要的感知、流行的道德和政治理论、对公共政策的直觉、甚至法官和他的同胞所共有的偏见，包含了一个民族许多世纪的发展历史，不能被当作由公理和推论组成的数学书。因此，尽管"法官在做出决定时所看到的是具体的案件，并且参照了一些绝对实在的问题，他应当遵循我们的现代组织精神，并且，为了摆脱危险的恣意行为，他应当尽可能地使自己从每一种个人性的或其他产生于他所面临的特殊情况的影响中解脱出来，并将他的司法决定基于具有一种客观性质的某些因素之上。"②各国的法律确实也规定了法官的自由裁量权必须符合公平正义原则以克服法官在司法判决中的主观性与随意性。但是，"由于不存在使结论具有必然性的无可辩驳的基本原则，所以通常我们所能做的就只是通过提出似乎是有道理的、有说服力的、合理的论据去探索真理。……由于各种各样的观点可能发生互相冲突这一事实，我们的劝说工作有时便会变得更加复杂"。③

正如亚里士多德所言，对一切命题（或判断）都加以证明，这是不可能的。因为，对一切命题（或判断）都加以证明，就必然产生两种情况：用 B 来证明 A，又用 C 来证明 B，再用 D 来证明 C，……这样下去，就陷入无穷后退；用 B 来证明 A，又用 C 来证明 B，……又用 N 来证明 M，最后又用 A 来证明 N，这样就陷入循环论证。无穷后退和循环论证都是错误的，都不是证明。因此，要求对一切命题（或判断）都加以证明，其结果反而不可能有证明。唯一的出路就是在某个主观选择的点上断然终止论证过程，例如通过宗教信条、政治意识形态或其他方式的"教义"来结束论证的链条。这三种结果被阿尔伯特称为"明希豪森——三重困境"④。法官的裁判能够回

---

① 〔美〕卡多佐：《司法过程的性质》，商务印书馆 1998 年版，第 19 页。
② 〔美〕卡多佐：《司法过程的性质》，商务印书馆 1998 年版，第 74、75 页。
③ 转引自〔美〕博登海默：《法理学——法哲学及其方法》，华夏出版社 1987 年版，第 480 页。
④ 18 世纪德国汉诺威有一乡绅名叫明希豪森（Baron Münchhausen，1720—1797 年），早年曾在俄罗斯、土耳其参与过战争。退役后为家乡父老讲述其当兵、狩猎和运动时的一些逸闻趣事，从而名噪一时。后出版一部故事集《明希豪森男爵的奇遇》，其中有一则故事讲到：他有一次行游时不幸掉进一个泥潭，四周旁无所依，于是用力抓住自己的辫子把自己从泥潭中拉了出来。——〔德〕阿列克西：《法律论证理论》，舒国滢译，中国法制出版社 2002 年版（代译序）。

溯到普遍的规则上,最后的论证的链条能终止于既有的法律之内,这是法律一直追求的目标。应当在何处以什么理由结束法律论证的链条,这是法律论证理论应当深入研究的问题。①

不言而喻,法官"不应为了便利或实用这样的蝇头小利,偏离历史或逻辑确立的规范,否则所失将远远大于所得。不应为了遵奉对称或有序这样微不足道的事情,使平衡与正义确立的规范蒙尘,否则将得不偿失。"②法官应当在坚持法律的稳定性或安定性与坚持法律的适应性或正当性之间保持应有的平衡,在冷冰冰的逻辑理性和温暖的价值关怀之间保持必要的张力③。

---

① 阿列克西试图在哈贝马斯的交往理性理论的基础上建立程序理性理论来解决这个问题。
② 〔美〕卡多佐:《法律的成长 法律科学的悖论》,董炯译,中国法制出版社 2002 年版,第 50 页。
③ 《司法判决与法律推理》,王洪,时事出版社 2002 年 6 月第 1 版,结语。

第三章　司法推理的艺术

一、法律推理的方法

三类案件与三项职责

在成文法系国家,立法机关制定的成文法,是唯一的法律渊源,是法官审理案件的唯一依据。在普通法系国家,判例法与制定法是法律渊源,是法官审理案件的依据。"上诉审的判决汇编是原始资料,从中可以推导出普通法的原则,这些原则既可以用来向案件的原始决定人表明那些案件的原始决定为何错误,同时还可以用它们来指导新案件的判决。"①

人们期望实在的法律制度是无缺陷的,从国家制定的成文法亦即以国家的实证法之中能够直接地找到毫无疑义的、无可争议的规则来解决一切具体问题,能够直接从当前的实在法制度中直接得出正确的判决。但是,正如卡多佐大法官所言:"法典和制定法的存在并不使法官显得多余,法官的工作也并非草率和机械。会有需要填补的空白,也会有需要澄清的疑问和含混,还会有需要淡化——如果不是回避的

---

① 〔美〕波斯纳:《法理学问题》,苏力译,中国政法大学出版社 2002 年 11 月版,第 19 页。

话——的难点和错误。"①面对复杂多样、千变万化的具体案件，"如何妥当的适用法律往往是颇费踌躇的，或者成文法的条文语义暧昧，可以二解，或者法律规范之间相互抵触、无所适从，或者对于某种具体的案件无明文规定，或者墨守成规有悖情理而不得不法外通融，如此等等、不一而足。"②

卡多佐据此将法官日常处理的案件大致归纳为三类：其一，相对于案件事实而言，法律规则是非常明了、非常确定的，其答案通常是确切不移的，甚至是唯一的，"只有一条路、一种选择"，这些案件构成法院的大部分工作，它们堆积如山，令人乏味③；其二，事实是清晰的，也有确定的规则，但是，答案常常并非是唯一的，"有两条开放的、通向不同目的地的道路"④，因而需要法官进行周密的权衡与选择；其三，相对于具体案件来说，相关规则含混不清或深藏不露，呈现出某种不确定性，或者是"立法机关对之完全没有概念"，实在法"有需要填补的空白"⑤，因而面对同样的事实，法官"既可以这样决定也可以那样决定，可以找到言之成理的或相当有说服力的理由来支持这种结论或者另一种结论"。⑥ 在后两类案件中，法官遇到的法律情形可以归结为以下三种⑦：

其一，相对于具体案件而言，法虽有规定但"法无明确之文"，法律文字或法律条款的含义含混不清、模棱两可，令人难以捉摸，让人颇费踌躇。

不可否认，某些法律条款的含义从字面上是一目了然的，人们对其含义不会发生误解和争议，正如美国著名学者邦德（James E. Bond）所言："人们决不会对各州要有两名参议员这一条款的含义产生误解和争议。同样地，总统必须是美国本土出生的公民这一条款的含义也是十分清楚的。据我看没有人会认为'本国出生的公民'（natural borncitizen）应排除那些经'剖腹产'而出生的公民。"⑧但是，某些法律条款的含义从字面上并不是一目了然的。如：

① 〔美〕卡多佐：《司法过程的性质》，商务印书馆1998年版，第4页。
② 〔英〕麦考密克等：《制度法论》（代译序），周叶谦译，中国政法大学出版社1994年版，第2—3页。
③ 〔美〕卡多佐：《法律的成长》，董炯等译，中国法制出版社2002年版，第34—35页。
④ 〔美〕卡多佐：《法律的成长》，董炯等译，中国法制出版社2002年版，第35页。
⑤ 〔美〕卡多佐：《司法过程的性质》，商务印书馆1998年版，第4页。
⑥ 〔美〕卡多佐：《司法过程的性质》，商务印书馆1998年版，第104页。
⑦ 王洪：《司法判决与法律推理》，时事出版社2002年版。
⑧ 〔美〕邦德：《审判的艺术》，中国政法大学出版社1994年版，第2页。

83

我国《合同法》第 115 条第 2 款规定："给付定金的一方不履行约定的债务的,无权要求返还定金;收受定金的一方不履行约定的债务的,应当双倍返还定金。"这个条款中的"不履行"是什么意思呢? 是指"没有按约定履行和根本没有履行"即"不完全履行和完全不履行",还是仅指"根本没有履行"即"完全不履行"呢? 这个词是含混歧义的,可以有不同的理解。

这个条款令人想起美国法学家伯顿在其著作《法律和法律推理导论》一书中所说的那个绅士和流浪汉。在某个城市有这样一条法规:"任何人都不得在城市公园里睡觉。"在一个案件中,一位绅士被发现在午夜的时候坐立于公园的长条椅上——他的下巴搭在胸前,闭着眼睛,同时鼾声可闻。在另外一个案件中,一个蓬头垢面的流浪汉被发现在午夜的时候躺在同一条椅子上——头下枕着枕头,身上有一张报纸像毯子一样盖着。但是,该流浪汉患有失眠症,根本就没有睡着。他们两个都是在睡觉吗? 如果不是,他们两个谁会被认为是睡觉呢? 看起来连"睡觉"这样确定的概念也具有某种不确定性。

丹宁法官对年轻的律师们感叹道:"这些成文法一堆又一堆,这对你们来说比对我更糟。在 1923 年我被聘为律师的时候,成文法是一卷,有五百页。1978 年的今天,它已是三卷了,页数超过三千。没有一页不会引起争论,没有一页当事人不会翻开来问你:'这是什么意思?'"①

其二,对于具体案件而言,法虽有明确之文但法律文字与立法本意、法律意图或目的、法律精神有抵牾或相悖之处,一旦直接适用法律字面规定或规则会造成违背或违反立法本意、法律意图或目的、法律精神的结果,这种情形称为"法律反差";

或者法虽有明确规定但存在多个可适用于同一具体案件的规定或规则,这些法律规定或规则却是彼此矛盾、彼此冲突、互相抵触的,法律条款的融贯性、一贯性、匀称性发生了断裂或者扭曲,这些彼此矛盾、冲突、抵触的规范不能同时被履行,履行其中一个规范就无法履行另一规范,这种情形统称为"法律冲突",相应具体的案件称为"冲突案件";

或者法虽有明确规定但一旦直接适用该规定或规则会带来明显有悖于情理的、显失公平正义的结果,因而有些不合理或不妥当,有正当理由拒

---

① 〔英〕丹宁:《法律的训诫》,杨百揆等译,法律出版社 1999 年 11 月第一版,第 9 页。

绝适用它。这就是博登海默所说的，"对于所受理的案件尽管存在着规则或先例，但是法院在行使其所被授予的权力时考虑到该规则或先例在此争讼事实背景下总的来说或多或少是不完美的而拒绝适用它的情形"①。在这里，"有悖于情理"和"显失公平正义"不是指违背立法的本意、法律意图、法律目的或法律精神，而是指与社会利益、社会效用、社会公共政策或社会公平正义观念相悖。这种情形称之为"恶法"，相应的具体案件称为"恶法案件"。

其三，对于具体案件而言，"法律未规定"或"法无明文规定"，即法律条文没有提供明示的、可直接适用的规则；或者法律条款不能回答或涵盖当前具体案件，法律存在漏洞或空白，法律存在缺乏或空隙，法律实然不及应然，法律不完备或不圆满。这些情形统称为"法律未规定"，相应的案件称为"未规定案件"。比如，富勒指出，"宪法中的许多条款都具有我们曾经描述过的那种简单粗糙性和不完全性。"②以至于"几乎在每一个你必须对之提出意见的案件中，你都不得不对某项成文法进行解释"。

正如博登海默所言："我们不能假定，由一些通情达理的人组成的立法机关会坚持要求享有那种不准他人纠正小错误及不当之处的排他性权利。如果立法机关要求这种排他性权利而且得到了此权利，那么立法机关就会始终忙于修正其自己颁布的法律，而且往往是忙于修正一些微不足道的要点；这是不切实际的，因为还有其他的和更为即时的政治要求压在当代立法者身上，这已足以使他们深感烦恼了。"③因此，《法国民法典》第4条规定："审判员借口没有法理或法律不明确不完备而拒绝受理者，得依拒绝审判罪追诉之。"④"法律为社会规范之一种，法官适用法律时，不得以法律规定不明确、不完备或欠缺为借口，而不予受理，更不得以此为拒绝裁判之理由。在刑事审判，采罪刑法定主义，法无明文不为罪；在民事审判，依'民法'第1条规定：'民事，法律未规定者，依习惯，无习惯者依法理'，均有受理、裁判之义务。1977年台再字第42号判例称：'法院不得以法无明文规

---

① 〔美〕博登海默：《法理学——法哲学及其方法》，华夏出版社1987年版，第480页。
② 〔美〕富勒：《法律的道德性》，郑戈译，商务印书馆2005年版，第120页。
③ 〔美〕博登海默：《法理学——法哲学及其方法》，华夏出版社1987年版，第520页。
④ 《拿破仑法典》，李浩培等译，商务印书馆1997年版，第1页。

定而拒绝裁判'云云,洵属此论。"①

　　法官的工作不只是将提交的案件与条文比照,在法律条文没有明文规定时,法官未必沉默无语;在实在法无明确之文或存在抵触、矛盾与冲突的时候,法官也不是无能为力的。他们有资格而且应该是有所建树的,他们应当承担这样的职责②:

　　首先,在遇到法无明确之文时,法官的任务就是探寻制定法条文的确切含义,澄清制定法条文的含混和疑问。法官"必须从成文法所使用的词句开始,但是不能像某些人认为的那样,以这种词句结束,必须发现这些词句的含义"③,应当"寻找和发现立法者心目中的含义"④,最终确定成文法词句的意思。正如丹宁大法官在一份判决中写的那样:"如果国会的法律是用神明的预见和理想的清晰语言草拟的,它当然会省去法官们的麻烦。但是在没有这样的法律时,如果现有的法律暴露了缺点,法官们不能叉起手来责备起草人,他必须开始完成找出国会意图的建设性的任务,然后,他必须对法律的文字进行补充,以便给立法机构的意图以'力量和生命'。"⑤

　　其次,在面对法律抵牾、矛盾或冲突时,"法官应该向自己提出这么个问题:如果立法者自己偶然遇到法律织物上的这种皱褶,他们会怎样把它弄平呢?很简单,法官必须像立法者们那样去做。一个法官绝不可以改变法律织物的编织材料,但是他可以也应该把皱褶熨平"。⑥ 其一,发掘法律条文的真实意思,还原或重构法律条款,为法律条文加上一个除外,消除法律文字与法律真实意思、法律意图或目的、法律精神之间的反差;其二,寻求"一种答案,以解答有关在两种相互矛盾的陈述中应当接受何者的问题"⑦,解决与化解法律的内在冲突与抵触——法律规则之间、法律规则与原则之间的冲突与抵触,寻求法律的内在融贯性或内在一致性;其三,在面对法律与社会的冲突时,在发现这些制定法条文"支离破碎、考虑不周并且不公正"时,法官作为社会中的法律和秩序之含义的解释者,必须发掘法律

---

①　杨仁寿:《法学方法论》,中国政法大学出版社 1999 年版,第 9 页。
②　王洪:《司法判决与法律推理》,时事出版社 2002 年版。
③　〔英〕丹宁勋爵:《法律的训诫》,杨百揆等译,法律出版社 1999 年版,第 10 页。
④　〔美〕卡多佐:《司法过程的性质》,商务印书馆 1998 年版,第 4 页。
⑤　〔英〕丹宁勋爵:《法律的训诫》,杨百揆等译,法律出版社 1999 年版,第 13 页。
⑥　〔英〕丹宁勋爵:《法律的训诫》,杨百揆等译,法律出版社 1999 年版,第 13 页。
⑦　〔美〕博登海默:《法理学——法哲学及其方法》,华夏出版社 1987 年版.第 479 页。

条文的应有之义,"提供那些被忽略的因素",为法律的有关规定或规则制定一个例外,为其"正当背离"此规定找一个"正当理由",对个别案件平衡公正,即平衡法律与社会公平正义抑或"自然正义"之间的公正,在个案中协调法律与社会的冲突,实现个别公平,"使审判结果与正义相互和谐"①,解决实在法规定或规则的缺点和难点,对法律规则或规则予以补救。

最后,一旦发现法无明文规定时,法官的任务就是探寻制定法条文的隐含意思,"提供制定法所省略的东西"②,即填满制定法所省略的东西;发掘制定法条文的深层含义,"填满制定法提供的一般框架";更重要的工作是,"在立法机关对之完全没有概念的时候——当时的立法机关从未想到今天会对该制定法提出这个问题"时,消除法律的"缺乏","填补那或多或少地见之于每一个实在法的空白",即"在没有立法定义的情况下,法官必须决定的是在法律上它应当指什么,而不是它确实指的是什么"③。这个过程"也可以称为立法,但不管怎么说,还没有哪个成文法体系能一直摆脱对这一过程的需求"④,这意味着法官要填补空白,要理直气壮地、毫不踌躇地去填补空白。

成文法国家不同于英美法系国家可以比照和遵循先例,成文法条文中不可能有处理案件的现成答案,在处理案件时,法官必须根据具体案件的情况对法律条文进行思维加工。倘若认为所有具体案件的情况在法律中已被预见到,并且其有关条款或条文是一目了然的,法官只需仅仅从语言本身就能确定条款的含义,从而获得裁判大前提,这不但不符合事实,而且是一个"不可能的幻想"。霍姆斯大法官揭示了 19 世纪以来形式主义学派把法律原则假设为如同毕达哥拉斯定理那样是不可改变的观念的荒谬。霍姆斯大法官批评了 19 世纪以来美国形式主义学派的倾向:他们认为普通法制定的前提是不证自明的,前提是从权威那儿理所当然地拿来的,不用考察前提的确定性或适当性;他们在大前提里尽可能地塞进许多东西,以缩短演绎过程,不承认为了进行普通法判决推理对法律的推论与判断是必不可少的。

---

① 〔美〕卡多佐:《司法过程的性质》,商务印书馆 1998 年版,第 5—6 页。
② 〔美〕卡多佐:《司法过程的性质》,商务印书馆 1998 年版,第 42 页。
③ 〔美〕波斯纳:《法理学问题》,苏力译,中国政法大学出版社 1994 年 7 月第 1 版,第 59 页。
④ 〔美〕卡多佐:《司法过程的性质》,商务印书馆 1998 年版,第 5 页。

三重语境与三种方法

如果实在法的文字背后没有什么意思，就省去了无数的麻烦，人们就"不需要努力去找出些什么意思"。但是，在大多数情况下，成文法是有某种意思的。因此，我们必须像《艾丽丝漫游奇境记》中的国王那样接下去说："然而我还不知道，我似乎毕竟在其中看到了某种意思。"①在日常言语交际的过程中，人们有时会毫不费力地确定或推论出那些含混性语句的意思，用不着成天地为这些词句的意思问题忧心忡忡或争吵不休，这是什么缘故呢？

奥地利籍逻辑学家路德维希·维特根斯坦（Ludwing Wittgenstein 1889—1951）基于对语言的逻辑分析指出：日常语言中语词及语句的意义在于它的"用法"（Gebrauch）、"使用"（Verwendung）或者"应用"（Anwendung）。即"The meaning of a Word is its use in the language"，"look at the sentence as an instrument，and at its senseas its employment"。②他把某些语词以及同这些词联系着的活动，称之为一种语言游戏。他认为语词和语句以一个"语言游戏"为前提。任何言语即词句的使用都有相应的语境③，任何词句总是处在相应的语境之中。

语境是语词或语句所处的具体情境，包括在言语过程中使用的所有词句及其他们之间的语法关系和逻辑关系，言语的意图与目的，言语的感情与价值取向，言语过程中的习惯及规则等等。语境具有消解自然语言含混性的能力，虽然这些词句的含义含混不清，但可以而且应当通过考察这些词句所处的那些语境，并以言词语境作为理解或推论的线索或根据，理解这些词句的意思或含义，澄清这些词句的疑问和含混，解决自然语言的语义问题。如亚里士多德就说："一个名词是具有许多特殊意义或只有一种

---

　　① 〔英〕丹宁勋爵：《法律的训诫》，杨百揆等译，法律出版社1999年版，第10页。

　　② Philosophical Investigations, Oxford, 1963, pp. 1260,1261.

　　③ 1950年，英国语言学家弗斯在他的《社会中的个性和语言》中，对语境做了比较详细的阐述。弗斯把"context"（上下文）的含义加以引申，认为不仅一句话的上句或下句、一段话的上段或下段是"context"，而且语言与社会环境之间的关系也叫"context"。周礼全先生指出："一个（或一组）语句常常不是孤立出现的，总是有它的上下文，我们叫它做这个（或这组）语句的语言环境。一个（或一组）语句除了有它的语言环境以外，还有它的语言以外的客观环境。一个（或一组）语句总是由一定的人说的，这些就构成了一个（或一组）语句的客观环境。"波兰人类语言学家马林诺夫斯基提出并阐述了情景语境（context of situation）的问题。他认为，语言是"行为的方式"，不是"思想信号"，"话语和环境相互紧密地纠合在一起，语言环境对于理解语言来说是必不可少的"。

LOGIC

意义,这可以用下述方法加以考察。首先,查看它的相反者是否具有许多意义,它们之间的差别是属于种类的还是属于用语的。因为在若干情形下,即使从用语方面亦可以立即察觉。例如,如果是讲声音,'尖锐的',相反者是'平淡的',如果是讲坚韧,它的相反者是'笨钝的',可见'尖锐的'相反者具有多种意义,自然'尖锐的'也有多种意义"。①

成文法条文确实存在着一定程度的"不确定性"或"开放性",对某些具体案件而言,"法无明确之文",或者存在"法律冲突",或者"法无明文规定",但是,成文法条文只是具有"相对的开放性"或"有限的不确定性",制定法的词句不解决某个问题,并不意味着整个制定法体系也不解决这一问题。在具体案件中,法官可以运用"情境思维"(situational thinking, situative denkweise)即"个别化的方法",考察这些条文或词句的法律语境,并以这些法律语境为线索和依据,判断或推论出法律条文的意思或含义,在具体案件中澄清法律疑义、熨平法律皱褶、填补法律空白,依据具体的言词语境(Redesituation)解决法律条文的"开放性"或"不确定性"问题。

在伯顿假设的问题案件中②,某城市制定有"任何人都不得把运载工具带入城市公园"这项规则,这个条款的含义或真实意思是什么?假定有以下几种情形:(1)一个儿童开着电动玩具车在其父母的带领下进入公园。(2)一辆救护车开进公园救一名被击伤的慢跑者。(3)城市青年商会会员把一辆"二战"用的坦克放进公园以纪念该市的战争阵亡者。(4)一位树木修补专家按照与该城市的合同把卡车开进公园装运枯死树木的枝干。(5)一些十几岁的少年在公园里搞汽车赛、微型车赛、自行车赛或旱冰赛。虽然他们都可以被认为是涉及带运载工具进公园的人,但是,仅以他们带运载工具进公园为由能否说服他人相信该规定已经被违反呢?法律规则的含义不能脱离特定的语境,关键问题在于判明上述法律规则的立法本意或意图是否将上述各种情况包括在禁止之列以及有无例外。在这个案件中,法官也许会以"儿童电动玩具车"、"二战用的坦克"不属于"运载工具"或不属于"对环境有污染的运载工具"为由,把"电动玩具车"和"坦克"排除在外;或者在法律字面意义解释保持不变的情况下,或许会以"个人的生

---

① 亚里士多德:《工具论》,《亚里士多德全集》(第一卷),苗力田主编,中国人民大学出版社1990年版,第369页。

② 〔美〕伯顿:《法律和法律推理导论》,中国政法大学出版社1999年版,第24页。

命价值"和"城市公园的树木的生长价值"高于"城市公园的环境价值"为由,把"救护车开进城市公园救人"和"按合同把卡车开进城市公园装运枯死树枝"排除在禁止条款之外。这就是在运用"情境思维"即"个别化的方法"判断或推断制定法条文的真实意思或含义。

任何一个以已知或假定的情况为依据作出判断的过程都是一个推理的过程,对事实的判断如此,对法律的判断亦然。每一个判断的背后都隐含着一个或几个推理,判断始终是作为推理的结果而出现的。推理是一种人们逻辑思维的活动,通常有两种意义上的推理:其一,是"从某些陈述出发,这些已经作出的陈述必然要引起对陈述之外的另一些事物加以论断,而且是作为这些陈述的一个结果";[①]其二,是为确立或建立论述的前提而进行的推论,即为展开论证寻找与确定出发点或基点而进行的推论,这就是亚里士多德所谓的"辩证的推理"或"修辞的推理"。

法律推理(Legal Reasoning)[②]是指运用"情境思维"的方法或"个别化的方法"来解读或解释法律,从已知或假定的法律语境出发推断出法律意思或含义的推论,是一个在法律语境中对法律进行判断或推断的过程。法律推理旨在为案件确定一个可以适用的法律规则即上位法律规范,为判决确立一个法律理由或法律依据即裁判大前提。正如《牛津法律大辞典》指出:"法律推理(Legal Reasoning)是对法律命题的一般逻辑推理。包括演绎推理、归纳推理和类比推理。"[③]应当指出,在具体案件中,探寻法律意思或含义、平衡法律冲突、填补法律漏洞,即法律解释[④]、漏洞补充和法律续造,可以归为法律推理[⑤]。从本质上说,它们都是在"整体性"法律制度与框架

---

① 《亚里士多德全集》,第一卷,中国人民大学出版社 1990 年版,第 551 页。

② 王洪:《论制定法推理》,载《法哲学与法社会学论丛》第四期,2001 年。

③ 〔英〕戴维·M. 沃克:《牛津法律大辞典》,北京社会与科技发展研究所组织翻译,光明日报出版社 1989 年版,第 751 页。

④ 此处的解释是指法官在寻找法律过程中对法律所作的适用解释,它区别于立法解释和司法解释。

⑤ 此处法律解释、漏洞补充和法律续造均指法学方法论意义上法官的活动。在这个问题上,学界有不同的看法。冯文生博士指出了这一点:"王洪先生的法律推理以及作为发现法律大前提的辩证推理都涵盖了传统意义上的法律解释,把传统意义上的法律解释活动称为推理。而苏力教授将法律推理纳入到法律解释的概念当中。这是学说上推理与解释在我国的第一次遭遇。"(冯文生:《推理与诠释》,法律出版社 2005 年版,第 85 页)郑永流教授也表达了不同的观点:"王洪在其《司法判决与法律推理》一书中将推理分成事实推理、法律推理和审判推理或司法判决推理三种,开启了一种新思路,有合理性。但他把建立大前提即寻找规范的过程称为法律推理,也有'泛推理'之嫌。"(郑永流:《法律判断形成的模式》载《法律思想网》)。当然,郑永流教授也反对"泛解释"。

下具体地发现法律、重构法律、填补法律、创制法律的活动,是在法无明确之文、法律冲突、法无明文规定的时候,对法律条款或条文的意思或含义进行的推论与推断,是一个"有关法律的推理"过程,是一个法律推理(Legal Reasoning)的过程。法律推理是"一种特定的、高度制度化与形式化的道德推理类型"①,是"供法学家,特别是供法官完成其任务之用的一些工具——方法论工具或智力手段"②,是法律领域中不可缺少、极为重要的一种推论,也是法律领域里最有特色、最令人关注的推论。在面对法律一定程度的"开放性"或"不确定性",法官们是如何进行法律推理的呢? 追寻他们的心路,领略他们的智慧,理会他们的艺术,无疑是引人入胜的。

霍姆斯在《普通法》开篇就说:"法律的生命不在于逻辑,而在于经验。对时代需要的感知,流行的道德和政治理论,对公共政策的直觉,不管你承认与否,甚至法官和他的同胞所共有的偏见对人们决定是否遵守规则所起的作用都远远大于三段论。法律包含了一个民族许多世纪的发展历史。它不能被当作由公理和推论组成的数学书。"也许正是由于法律存在着一定程度的"不确定性"和"开放性",使得人们认为法官能够按照自己的意愿随心所欲地对有关条款妄加解释,法律条文只不过是一个空瓶子,法官可以任意地倒进任何东西,而且认为这是一个"反复出现的噩梦"。但是,法官行使的这种特别的任意决定权或自由裁量权实际上还是受到法律限制的,"法官在做出决定时所看到的是具体的案件,并且参照了一些绝对实在的问题,他应当遵循我们的现代组织精神,并且,为了摆脱危险的恣意行为,他应当尽可能地使自己从每一种个人性的或其他产生于他所面临的特殊情况的影响中解脱出来,并将他的司法决定基于具有一种客观性质的某些因素之上。"③如果这种限制仅仅是一种神话,法官可以基于幻想、热情、偏见,甚至抛一枚硬币来决定法律条款的含义,那将是不能容忍的。事实上也没有任何一个法官承认自己是基于上述基础来判案的。

1840年德国法学家萨维尼总结出法律解释的四要素即语法的、逻辑的、历史的和体系的解释,这是大陆法系国家包括我国在内认可的法律解

---

① Neil MacCormick, *Legal Reasoning and Legal Theory*, Clarendon Press, 1978, p.272.

② Chaim Perelman, *Justice*, *Law and Argument*:*Essays on Moral and Legal Reasoning*, D, Reidel Publishing Company, 1980, p.140.

③ 〔美〕卡多佐:《司法过程的性质》,商务印书馆1998年版,第74—75页。

释的基本方法。瑞士民法典为法官们指出的道路是："本制定法统管属于本法任何一条法令的文字或精神之内的所有事物。在缺乏可适用的法条时,法官应根据习惯法,并且在缺乏习惯时依据若法官是立法者将会制定的规则来宣告判决。然而,法官应从得到学者的学说和法院的法理——学说和法理——验证并受到尊重的解决办法中汲取自己的启示。"①德国联邦宪法法院强调指出:鉴于《基本法》第20条第3款的规定,"法……并不完全等同于成文法律整体",因此,根据《基本法》,法官"并不拘泥于(法律的)可能的字面含义而把立法者的指令应用于个案"。司法裁判的任务有时"特别要求那些宪法性秩序所固有的、但尚未在成文法律文本上得到表述或只有不完整表述的价值立场,应当通过某种评价行为(即使其也可能具有某些主观意志因素)加以澄清,并在实际的判决中得以实现。在这种情况下,法官判决就根据实践理性的标准和'社会共同体的普遍接受的正义观念'来弥补其漏洞"。② 卡多佐则将确定法律原则的指导力量分为四种:"一个原则的指导力量也许可以沿着逻辑发展的路线起作用,我将称其为类推的规则或哲学的方法;这种力量也许可以沿着历史发展的路线起作用,我将称其为进化的方法;它还可以沿着社区习惯的路线起作用,我将其称为传统的方法;最后,它还可以沿着正义、道德和社会福利、当时的社会风气的路线起作用,我将其称为社会学的方法。"③因此,哈特指出:"法院判决时所面对的实际情况不是在真空中,而是在一套现行的法规的运作中出现的……在这种运作中,根据实际情况而作的各种考虑,都可以看作是支持判决的理由。这些考虑是广泛的。包括各种各样的个人和社会的利益,社会的和政治的目的,以及道德和正义的标准。"④卡多佐看到了理解法律的主要途径,即主要问题并不是法律的起源,而是法律的目标。正因为如此,法学家庞德所言:在现代法律科学中,最重要的推进也许就是从分析性态度转向功能性态度对待法律。

　　法律是社会行为规范体系,法律语言有自身的言语内容。法律体系有

　　① 〔美〕卡多佐:《司法过程的性质》,商务印书馆1998年版,第87—88页。

　　② 转引自〔德〕罗伯特·阿列克西:《法律论证理论》,舒国滢译,中国法制出版社2002年版,第31页。

　　③ 〔美〕卡多佐:《司法过程的性质》,苏力译,商务印书馆1998年版,第16页。

　　④ 〔英〕哈特:《法律推理问题》,刘星译,载《法学译丛》1991年第5期。

内在的逻辑结构,法律词句之间有内在的逻辑关系,而且法律不仅仅是一种逻辑上的命题,它自身还是一些要实现的目的或达到目的之手段,还是利益衡量的准则与解决社会冲突的价值尺度。它不但具有逻辑理性的品格,也具有实践理性或目的理性的品格,还具有价值理性的品格。正如德国学者达姆(Dahm)所言:"法律绝不仅是徒具语言形式的东西,它有所指,有所意味;它追求着务实的目的,它的眼中有它在生活中要贯彻的价值。"①因此,德国法学家德恩伯格(Heinrich Dernburg)指出:"从或大或小的程度上看,生活关系本身就含有它们自身的标准和它们自身的内在秩序。寓于这种关系中的内在秩序被称之为'事物之性质'(natura rerum)。善于思考的法学家在没有实在规范或在规范不完善抑或模糊不清时,必须诉诸这一概念。"②这样一来,在为具体案件寻找法律理由的过程中,在面临"法无明确之文"、"法律冲突"、"法无明文规定"时,可以从法律自身的"事物之性质"即法律的逻辑结构、目的手段关系与价值取向出发去探寻法律的真谛。③

在大陆法系,正式的法律渊源只是指制定法。在英美法系,制定法和判例法都被认为是正式的法律渊源。应当指出,法官从制定法中寻找可资适用的法律规定或规则以及从判例法中寻找可资适用的法律规则或原则,它们是两种有所不同的推论过程,当然也有某些共同之处。从制定法中寻找法律的推论过程,不妨称为制定法推理。从判例法中寻找法律的推论过程,不妨称为判例法推理。在英美法系国家,法官寻找法律理由既有制定法推理,又有判例法推理。在大陆法系国家,法官寻找法律理由只能运用制定法推理。法律推理的方法可以归纳为以下三种④:

"形式或结构论的"推论方法

"形式或结构论的"推论方法,是指通过探寻制定法条文语法上的结构与逻辑上的关联并以此为依据来解释与推论法律,也称为形式推导。首

---

① 转引自黄茂荣:《法学方法与现代民法》,中国政法大学出版社2001年版,第257页注20。
② 转引自〔美〕博登海默:《法理学——法哲学及其方法》,华夏出版社1987年版,第442页。
③ 王洪:《司法判决与法律推理》,时事出版社2002年版。
④ 王洪:《司法判决与法律推理》,时事出版社2002年版。

LOGIC

先,是"按照语法上的含义进行解释"①;其次,是考察并根据制定法体系的逻辑结构,考察并依据法律词句之间的逻辑关系,在法律的内在融贯性与连贯性的指引下,解读与推断零散的、片断的、有争议的制定法条款和词句的意思或含义。② "这不限于对条文咬文嚼字的分析,更重要的是刻意追求法律整体的逻辑一贯性和条文之间的关联性,注重对于规范的合理性涵义的推敲的综合操作,留心于确认法条背后的共通规则和指导原理。"③这种方法是法官的重要推理工具,不能因为其"并非至善"就在法律世界里被彻底放逐。"我们在任何时候都必须用思想的首尾一贯性去帮助有缺陷的知识"④。

在罗伊诉韦德案(Roe v. Wade)中⑤,原告罗伊(Jane Roe)诉称:她遭强奸而怀孕,而得克萨斯州法律禁止堕胎⑥,她又付不起钱到那些可以合法堕胎的州进行手术,故不得不继续妊娠。分娩之后,她将孩子交给了不知身份的人收养。罗伊认为:一个孕妇有权决定在何时、以何种方式、为何故而终止妊娠,得州刑法剥夺了她的选择权,因而违反了美国联邦宪法。被告得州政府辩称:生命始于受孕而存在于整个妊娠期间,因此,在妇女妊娠的全过程,都存在保护生命这一不可抗拒的国家利益。宪法所称之"人"包括胎儿,非经正当法律程序而剥夺胎儿生命为第 14 修正案所禁止之行为。⑦

在本案中,需要法官解决的首要问题是:其一,判明按照美国宪法第 14 修正案,未经正当程序而不可剥夺的"个人自由"是否包括"妇女堕胎的自由",以及未经正当程序不可剥夺的"个人生命"是否包含"胎儿"? 其二,

① 〔英〕丹宁勋爵:《法律的训诫》,杨百揆等译,法律出版社 1999 年版,第 39 页。
② 以美国为例,在解释法律的时候,法院必须或应当考虑的材料:1. 被解释制定法条文的语词,以及同一制定法相关部分的语词,包括标题、小标题的用语等;2. 词典以及其他制定法用语的普通含义相关的标准工具书;3. 与制定法用语的专门含义相关的材料;4. 密切相关的制定法条文;5. 后法所取代或修改的原制定法;6. 关于制定法的正式立法史。此外还有可以考虑的材料,不得考虑的材料等相关规定。See Robert S. Summers, "Statutory Interpretation in the United States."转引自张志铭著:《法律解释操作分析》,中国政法大学出版社 1999 年版,第 154 页。
③ 梁治平著:《法律的文化解释》,生活·读书·新知三联书店 1995 年版,第 6 页。
④ 恩格斯:《自然辩证法》,人民出版社 1984 年版。
⑤ Roe v. Wade 410 U.S. 113(1973).
⑥ 得州刑法规定:除了依照医嘱,为拯救母亲生命而进行堕胎之外,其他一切堕胎均为刑事犯罪。
⑦ 美国宪法第 14 修正案第 1 节:……无论何州不得……未经正当法律程序而剥夺任何人的生命、自由或财产;不得拒绝对该州管辖范围之内的任何人给予平等法律保护。

一旦发现上述两种权利的保护发生冲突,要判断哪一种权利的保护更为正当?① 在本案中,"个人自由"的含义是什么,包含有哪些具体的内容,在美国宪法中无明确之文,具有一定程度上的"不确定性"或"开放性"。"个人生命"的含义是什么,"个人生命"具有什么样的具体的指向或界限,在美国宪法中也无明确之文,在一定意义上也是含混不清的。需要法官运用推导或推论的方法,判明或确定其具体内容及界限。即要判明按照美国宪法第 14 修正案,未经正当程序而不可剥夺的"个人自由"是否包括"妇女堕胎的自由",以及未经正当程序不可剥夺的"个人生命"是否包含"胎儿"。

美国联邦最高法院裁定:得州刑法禁止堕胎的规定过于宽泛地限制了妇女选择权,侵犯了第 14 修正案的正当程序条款所保护的个人自由。在本案中,布莱克曼(Blackmun)大法官进行了三个方面的推论②:

第一,未经正当程序不可剥夺的"个人自由"隐含着隐私权的宪法保护,而个人具有宪法保护的隐私权的广泛性是以涵盖妇女自行决定是否终止妊娠的权利。个人具有宪法保护的隐私权,"隐私权的广泛性足以涵盖妇女自行决定是否终止妊娠的权利",无论是权利法案提供的特定保障,第 9 修正案确认的"人民保留的权利",还是第 14 修正案确认的,未经正当程序不可剥夺的"个人自由",都隐含着隐私权的宪法保护。

第二,得州制定的限制性规范超出了实现立法目的所必需的限度,侵犯了妇女受到宪法保护的基本权利。个人隐私属于基本权利或者法定自由的范围,关于"基本权利"保护的司法规则是,限制基本权利的法律违反宪法,除非限制是为了维护某种"不可抗拒的国家利益",而限制措施又没有超出实现立法目的所必需的限度。法院审查限制"基本权利"的法律,不仅审查限制性规范与立法目的之关联性和必要性,而且审查立法目的本身的正当性。得州法律拒绝孕妇的选择权,不仅给孕妇造成显而易见的身心损害,也给"违愿降生子女"及其家庭成员带来沮丧和苦恼,故侵犯了妇女受到宪法保护的基本权利。

第三,针对被告主张生命始于受孕,胎儿生命权受宪法第 14 修正案保护的观点,布莱克曼指出,生命始于何时,不是一个法院可以回答的问题。

---

① 对本案法律问题的讨论请参看:方流芳《罗伊判例:关于司法和政治分界的争辩》,载《比较法研究》,第 12 卷第 1 期(1998)。

② 方流芳:《罗伊判例:关于司法和政治分界的争辩》,载《比较法研究》,第 12 卷第 1 期(1998)。

尽管联邦宪法没有关于"人（person）"的解释性定义，但是，每一条款前后文都清楚显示，"人"一词仅仅指已出生的人，而不包括胎儿，胎儿不属于未经正当程序不可剥夺的"个人生命"。

布莱克曼大法官首先考察了联邦宪法的语法结构体系及语词或概念之间的逻辑关联，并以此为根据推论出"妇女堕胎的自由"属于未经正当程序而不可剥夺的"个人自由"，"胎儿"不属于未经正当程序不可剥夺的"个人生命"。然后布莱克曼大法官运用"反应平衡"的思考方法，即用结果来检验规则的方法，指出得州制定的限制性规范必然带来不可接受的损害后果，由此推出导致这种后果发生的得州限制措施是失当的，超出了实现立法目的所必需的限度，侵犯了妇女受到宪法保护的基本权利。

值得指出的是，布莱克曼基于解释或推论把"胎儿"排除在未经正当程序不可剥夺的"个人生命"之外，就避免了未经正当程序而不可剥夺的"个人自由"和"个人生命"在法律上的冲突。实际上"个人自由"与"个人生命"的宪法保护在本案中发生了冲突，在这个冲突的背后实际上是价值的冲突，法官会有不同的选择，会作出不同的判决。美国联邦政府司法部首席律师、哈佛法学院教授弗里德（C. Fried）代表布什政府提出了推翻罗伊判例的法律意见：

罗伊判例错误地将堕胎作为一种宪法保护的基本权利，这既不能从宪法文本，也不能从历史找到依据。不能从第 14 修正案引申出一个抽象的"隐私权"，而将堕胎和婚姻、抚养、子女教育等纯粹涉及个人选择的问题混为一体。堕胎涉及真正的、而不是潜在的生命，在全部妊娠期，妇女的选择权和保护生命的国家利益交织在一起，因此，国家应当根据多数意见，而不是根据最高法院的判决去制定规制堕胎的法令，为此，必须全面推翻罗伊案确立的规则。[①]

应当指出，仅仅依靠形式理性是不能完全理解和把握法律的，在寻找法律的过程中，在形式逻辑沉默不语时，法官不得不从"闭塞的逻辑"（logisch geschlossen），走向"开放的逻辑"，走向目的理性以及价值理性的逻辑，走向目的考量、利益衡量和价值判断与选择的推论。

---

① 转引自方流芳：《罗伊判例：关于司法和政治分界的争辩》，载《比较法研究》，第 12 卷第 1 期（1998）。

"意图或目的论的"推论方法

"意图或目的论的"推论方法,是指探寻立法本意、法律意图与法律目的并以此为依据解释与推论法律,也称为目的推导。"自 17 世纪以来人们就公认,努力根据法律制定人的意图解释法律是司法部门在解释法律时的任务"①,从意图上解读法律成了时髦的事情②,这就是丹宁倡导的解释方法。③

首先,是目的性重构,强调在更深刻及更高层面——法律文字与法律意图或目的之间和谐一致的要求即适合法律意图或目的的原则下解释法律,找出立法者的意图对成文法的词句进行改写,以便使立法的意图或目的得到贯彻。即"法官不要按照语言的字面意思或句子的语法结构去理解和执行法律,他们应该本着法律语言词句背后的立法者的构思和意图去行事。当他们碰到一种在他们看来符合立法精神而不是法律词句的情况时,他们就要靠寻求立法机构的构思和意图,寻求立法机构要取得的效果的方法来解决这个问题,然后他们再解释法规,以便产生这种预期的效果"④,对法律采取"促使立法的总的意图实现"的解释或重构。

在 Rector, Holy Trinity Church v. U. S. 一案中⑤,美国国会 1885 年通过《禁止通过契约输入外国移民法》,这项法律规定以下行为为非法:任何自然人⋯⋯或任何形式的团体⋯⋯按照合同⋯⋯以预付交通费或其他任何方式帮助或怂恿任何一个或多个外来人、任何一个或多个外国人进入或移民美国⋯⋯以使在美国从事任何种类的劳动或服务⋯⋯。但是职业艺术家、演讲学者、歌唱家、家庭仆人不在该规定的适用范围之内。圣三一教会

---

① 〔英〕丹宁勋爵:《法律的训诫》,杨百揆等译,法律出版社 1999 年版,第 20 页。

② 自那以后,又有一些就业上诉裁判所按字面意思判决的案件被上诉法院驳回。其中有一案件是一家航空公司一个跑国际航线的飞机驾驶员要求对不公正的解雇给予赔偿。就业上诉裁判所认为自己对该案没有司法管辖权,因为那个飞行员是个"通常在国外工作"的人。上诉法院推翻了这个判决,认为不管词句的字面意思如何。如果他的基地在大不列颠,他就有充分的理由要求赔偿。这个案件就是《托德诉不列颠中部航空公司案》。参见〔英〕丹宁勋爵:《法律的训诫》,杨百揆等译,法律出版社 1999 年版,第 19 页。

③ 霍姆斯曾提出过一种很有影响的平意方法:"我们所问的不是〔作者〕想说的,而是在使用这些词的环境中、在一个普通说英语者的口中这些词将会具有的含义。"〔美〕波斯纳:《法理学问题》,苏力译,中国政法大学出版社 1994 年 7 月第 1 版,第 333 页。

④ 〔英〕丹宁勋爵:《法律的训诫》,杨百揆等译,法律出版社 1999 年版,第 24 页。

⑤ Rector, Holy Trnity Church v. U. S. (1892).

（the Church OF Holy Trinity）是纽约的一个社团,它于 1887 年与那时在英格兰居住的 E.沃波尔·沃伦签订一份合同,合同要沃伦动身去纽约并担任该教会的教区长和牧师。该教会因违反上述法律规定而被起诉。下级法院认为,该教会已经预付给沃伦交通费,让他来美国提供服务,担任教区长和牧师,因而违反了上述法律规定,应受罚款处罚。教会不服下级法院的判决,向最高法院提起上诉。

根据《禁止通过契约输入外国移民法》条文的字面意思解释,"任何种类的劳动或服务"当然可以包括"传教"这一职业活动,因而,圣三一教会资助一个英国传教士进入美国传教属于《禁止通过契约输入外国移民法》所要禁止的行为。但是,这是《禁止通过契约输入外国移民法》的真实意思吗?抑或说该项法律的文字与该项法律的真实意思或意图是否有反差?该项法律的意图或立法本意是否将圣三一教会资助一个英国传教士进入美国传教这样一种行为包括在禁止之列?是否将"传教"这样一种职业活动包括在"任何种类的劳动或服务"之中?上述规定是否也有"传教"这样一种职业活动的除外呢?

美国最高法院在判决中指出:该案关键问题是"任何种类的劳动或服务"是否包括像传教这样一种职业活动?从字面上解释,"任何种类的劳动或服务"显然可以包括传教。但是,这应该从立法意图、立法本意而不是从字面意义得到解释。显示在法律文本字里行间的未必包含在法律之内,因其没有进入立法意图。立法意图是什么呢?立法意图是法律创制时的意愿。根据上述法律的立法史和立法背景资料,参议院试图禁止输入体力劳动者而非其他人的意图是清楚的。《禁止通过契约输入外国移民法》的目的是防止美国商人大量输入廉价外国体力劳动者,从而减少美国劳动者的就业机会,造成种种社会弊病,这项法律规定的立法意图并不包括脑力劳动和专业服务。教会与沃伦的合同在法律上不同于那些输入体力劳动者的合同,沃伦来纽约担任教区长和牧师的服务不属于上述法律中关于"在美国从事任何种类的劳动或服务"的含义范围。故输入牧师的行为并不为法律所禁止,应当把这种行为排除在该项法律的处罚之外。据此,最高法院推翻了下级法院的判决。

虽然"传教"被包括在"任何种类的劳动或服务"字面的通常意义之内,但由于最高法院认为这是立法者使用的词句造成的结果,不是立法的真正意图,不可能是立法者的目的,直接适用该法律字面规定会造成违背立法本意、法律意图或法律精神的结果,从而被最高法院用目的推导拒之于制定法之外。这表明美国最高法院认为《禁止通过契约输入外国移民法》中的文字与立法本意、法律意图或精神是有反差的,上述"任何种类的劳动或服务"的立法本意是将"传教"排除在外的,是有此项限制的。这实际上是美国最高法院根据立法的本意或意图,在法律条文中插入或添加了一项限制或保留,限定了词句的字面含义,重构了这项法律条文,以还原立法的"本意"或"真实意思",使法律文字与立法的真实意图相一致,避免出现与立法本意不相符合的判决结果。这就是所谓法律的目的性重构。

目的性解释或重构法律的全部目的是,找出立法的各种意图以便按照立法意图所希望的方式处置具体案件。一般说来,立法者的目的就是法律条文字面所表达出来的目的,但法律条文所能表达出来的目的却不限于法律条文本身,除非严格限定立法者的目的于法律条文之内。这是人们所熟知的一个解释原则。立法者并不总是确定而又适当地表达他们的目的,为此,就需要法官从可能或合理的推断中探寻立法者的目的,这被称为"合理性解释"。当我们运用合理性解释时,我们有时会为限制作者的意义表达而对文本作限缩解释,有时会为扩展或增加作者的意义表达而对文本作扩张解释。

在里格斯诉帕尔默(Riggs v. Palmer)一案中①,原告称,被告作为一个遗嘱的遗产继承人谋杀了其遗嘱人,因而不能准许他获得遗留给他的财产;被告辩称,立遗嘱人已经按照《遗嘱法》的一切要求立了遗嘱,而且在立遗嘱时年龄合格和精神健全,根据该遗嘱条款和规定遗嘱效力和财产移转的法规,他拥有不可剥夺的遗嘱继承权并因此获得无可争辩的财产。这是一起涉及遗嘱继承的案件——遗嘱继承人为了继承遗产而杀害了被继承人,他是否仍然可以合法继承遗产?

法院认为:从法律的字面意义上看,遗嘱是有效的,被告享有继承权,应当准许被告获得遗留给他的财产,但是,我们不能被法律中的一般性语言所困扰,所有法律和合同的解释与适用都受普通法所确立的基本原则所规制。该法律的字面意义在此案中应当服从法律的这一基本原则,即不应

---

① RIGGS V. PALMER Court of Appeals of New York, 115 N. Y. 506;22 N. E. 188(1889).

容许任何人以其欺诈行为获利,或利用其错误行为得益,或因其不法行为而有任何权利要求,或利用其犯罪取得财产。这个原则在所有文明国家的法律中都有其基础,即使是制定法也不能超越它们,这些原则无需制定法赋予其效力,却能决定遗嘱的有效与无效。就该案而言,如果咨询立法者,根据语言的通常意义,他们能说遗嘱人或被继承人的财产应该转移给为获得遗产而杀害遗嘱人或被继承人的人的手中吗?被告谋杀了其遗嘱人,从而使遗嘱失去了它的表面有效性,因而不能准许他获得遗留给他的财产。

这就意味着法院认为虽然法律的文字对遗嘱继承人并无任何明确的禁止或限制,但允许其继承遗产不符合普通法所确立的基本原则,法律条文与法律的基本原则存在反差。根据法律的基本原则,法律条文应当有这样一项除外或限制,即"遗嘱的遗产继承人谋杀了其遗嘱人除外"。在本案中,法院根据法律的基本原则重构或还原了相应法律规定。在这里,法官并没有简单地适用法律条文,而是通过探寻文字背后的立法精神、立法意图及法律基本原则,而对案件作了背离法律字面规定但服从法律基本原则的判决。

其次,是目的性推导。立法目的是法律条文的基础。解读法律时不但可以从语法上或字面上理解,从自然的或一般的意义上解释,而且可以广泛地参照法律的上下文,考察产生它的社会条件或通过它要达到的目的,根据法律的意图或目的去解释或推论法律,采取"促使立法的总的意图实现"的解释与推论,从法律的"明示规则"推导出法律的"隐含规则",根据法律规范所涉及的行为之间的目的手段关系或条件关系,推导出一个具有目的理由或合目的性的结论,以澄清实在法的含混或疑问,解决实在法的矛盾或冲突,填补实在法的漏洞或空白。

在彭某诉厦门肯德基有限公司一案中①,原告诉称:原告携妻女等人于2001年1月27日到厦门肯德基有限公司大厦餐厅就餐时,因就餐高峰桌位紧张,与其他就餐顾客发生争执,遭受殴打,其鼻子等处被打伤,眼镜被摔坏,厦门肯德基有限公司违反服务合同约定,未履行保护消费者人身安全的义务,要求其承担违约责任,赔偿其医药费、财产损失费、精神损失费等共计人民币2973.60元。被告辩称:厦门肯德基有限公司的员工在发现

---

① 参见《中国律师》,2002年第4期,第55页。

餐厅内发生斗殴事件后,立即向110报警,同时3名男性员工上前劝阻和制止斗殴人员,另一女性员工将彭某的孩子带离现场,前往安全区域,在110赶到前,打人者已趁乱离开餐厅。

厦门市开元区人民法院判决认为:原告付费在被告提供的餐厅就餐,双方形成了以就餐、服务为内容的合同关系。被告未尽最谨慎的注意义务,维护其经营服务场所的治安秩序,为消费者提供良好的就餐环境。在原告与他人因就餐座位发生争执时被告未能及时予以化解和制止,其行为构成违约,应承担违约赔偿责任。

厦门肯德基有限公司不服一审判决提起上诉称:被上诉人支付价款,其所获得的对价也只能是上诉人向其提供所购买的食品,而不应包括对其人身和财产安全提供保护服务在内,保障被上诉人人身及财产免受他人侵害并不构成餐饮合同项下上诉人的法定及约定义务,因此,在发生被上诉人人身及财产遭受他人侵害的情形下,上诉人的违约责任无从谈起,上诉人应就其人身伤害及财产损失向加害人追索,而不能因为无法找到加害人便将赔偿责任强加给上诉人。

厦门市中级人民法院二审判决认为:被上诉人在上诉人处付费就餐,双方之间形成以饮食服务为内容的合同关系。在该合同关系中,上诉人作为从事饮食经营活动的企业,负有提供保障消费者财产、人身安全的合同附随义务,但根据公平合理的民法原则,该合同附随义务应限于经营者向消费者提供与餐饮内容有关的安全保障条件,该保障条件包括用餐设备物品如餐具、桌椅、天花板的安全性能及一定的治安安全防范措施等。本案中,上诉人作为经营者,在被上诉人与他人发生争执时已及时向公安部门报警,并进行劝阻,上诉人的上述行为已履行其作为经营者所应尽的保障消费者人身财产安全的合同附随义务,在与被上诉人之间的饮食服务合同中并不存在违约行为。据此判决撤销一审判决,驳回被上诉人的诉讼请求。

我国《消费者权益保护法》第7条规定:"消费者在购买、使用商品和接受服务时享有人身、财产安全不受损害的权利。消费者有权要求经营者提供的商品和服务,符合保障人身、财产安全的要求。"第11条规定:"消费者因购买、使用商品或接受服务受到人身、财产损害的,享有依法获得赔偿的权利。"上述条款规定了经营者应当承担安全保障义务,这种保障是由法律

规定的或法定的附随义务,而不是当事人双方曾明确地或默示地同意过的一种保证,这是每一份这类合同中都应有的一条暗含条款。但对经营者的安全保障义务的范围及界限,上述条款并无明确之文,是含混不清的。经营者的义务只是保障消费者人身、财产安全不受经营者的损害,还是保障消费者不受经营者以及第三人的损害呢?经营者是仅对自己给消费者造成的人身、财产损害承担赔偿责任呢?还是对第三人给消费者造成的人身、财产损害也要承担赔偿责任呢?或者说消费者有权获得赔偿的在购买、使用商品或接受服务时受到的人身、财产损害是仅指经营者造成的?还是包括第三人造成的呢?这个问题在上述条款的字面上是找不到答案的,这是需要法官进行解释或推导予以判明或确定的。

法官在具体案件中一旦援引或适用法律的某个条款,以此作为裁判大前提作出了判决,这种法律适用或司法归类的结果本身就表明了法官对此条款的含义进行的推断与解释,表明了法官对此条款词句的含义或具体内容进行的界定或限定。

在本案中,一审法院判决认为被告未尽最谨慎的注意义务,维护其经营服务场所的治安秩序,为消费者提供良好的就餐环境,在原告与他人发生争执时未能及时予以化解和制止,其行为构成违约,应承担违约责任。这就表明一审法院认为在我国消费者权益保护法第7条和第11条规定中,消费者因购买、使用商品或接受服务时受到的人身、财产损害包括第三人造成的,经营者负有保障消费者购买、使用商品或接受服务时其人身、财产安全不受第三人损害的义务,经营者应当对第三人给购买、使用商品或接受服务时的消费者造成的人身、财产损害承担赔偿责任。二审判决在这个问题上的观点与一审判决一致,二审判决与一审判决的区别在于,二审法院认为上诉人在被上诉人与他人发生争执时已及时向公安部门报警,并及时劝阻,已履行其应尽的保障消费者人身财产安全的义务,不存在违约行为。

应当指出,法官采取了目的性推断或解释。在本案中,一、二审法院认为在上述法律条款中消费者因购买、使用商品或接受服务时受到的人身、财产损害包括来自于第三人造成的,经营者负有保障消费者在购买、使用商品和接受服务时其人身、财产安全不受第三人损害的义务,经营者应对第三人给消费者造成的人身、财产损害承担赔偿责任。这种推断或解释体现了我国消费者权益保护法的立法本意或立法意图,也体现了我国消费者权益保护法尊重和保护消费者人身、财产安全的价值取向。若不对立法使用的语言进行这种含义的解释,立法的意图就没有得到贯彻和有效的实现。因此,这种推断或解释是适当的。但是,本案中经营者对保障消费者在购买、使用商品和接受服务时其人身、财产安全不受第三人损害应当承担哪些义务?以及经营者是否履行了这些应尽的保障消费者人身财产安全的义务?这些问题是值得进一步追问和思考的。

正如丹宁大法官所言:"在这些案件中,法官们让你看到的是,法院加进一项暗含条款是根据在所有的情况下这样做是否合理。往往人们承认存在某种暗含条款,问题只是:'它的适用范围是什么?'"①就如同丹宁大法官在一项判决中所说的那样:"没有人怀疑房主在那些公共设施方面处于一项暗含的对房客的合同义务之下。照我看来,问题仅仅是这项义务的范围。这项义务仅局限于保障安全、防止人身伤害,还是要为使用房屋提供适当的条件?据我看,加以适当的注意是房主的义务,这种义务不仅要保证电梯和楼梯适当的安全,而且要保证它们能被房客、他们的家属以及来访者觉得适合使用。"②

香港特别行政区高等法院原讼庭于 1997 年 7 月初受审一起香港回归前发生的刑事案件。③ 案件尚未开审,涉嫌犯罪的三名被告的律师向法庭提出:香港特区临时立法会缺乏法理依据,因而它所通过的法律没有效力;香港原有法律在特区成立时未经正式程序采用,故香港原有法律在特区也是无效的。因此,三名被告无须答辩,应无罪释放。原讼庭法官认为此案关系重大,遂转交上诉庭审理。

本案的关键问题在于判明香港特区临时立法会是否有法理依据。倘若香港基本法等有关文件明文规定了"临时立法会",则"临时立法会"的法理依据自不待言;但是,香港基本法等文件并没有明文规定"临时立法会",香港特区临时立法会到底合不合法?这是一个需要法官对法律进行推断或解释的问题。我国香港基本法等有关法律文件没有明文规定"临时立法会",这是否意味着香港特区临时立法会就缺乏法理依据呢?上诉庭

---

① 〔英〕丹宁勋爵:《法律的训诫》,杨百揆等译,法律出版社 1999 年版,第46—47 页。
② 〔英〕丹宁勋爵:《法律的训诫》,杨百揆等译,法律出版社 1999 年版,第47—48 页。
③ 香港特别行政区诉马维騉案。

不这样认为,判决指出①:

虽然香港基本法等文件没有规定"临时立法会",但是《全国人大关于香港特别行政区第一届政府和立法会产生办法的决定》授权筹备委员会负责筹备成立香港特别行政区的有关事宜。既然授权筹委会负责筹备成立香港特别行政区的有关事宜,也就授予筹委会为了贯彻立法意图所必需行使的一些权力,这些权力是一种"隐含权力"。因此,筹委会为了实现立法意图——成立特区政府,有权设立临时立法会。从而,临时立法会的设立有其法律依据,临时立法会的合法性不容置疑。既然香港特别行政区临时立法会是全国人大常委会授权香港特别行政区筹委会合法成立的组织,特区法官无权质疑全国人大常委会的决定。因此,三名在回归前涉嫌犯罪的被告,需要继续接受香港特别行政区法院聆讯。

上诉庭法官的推论有两个前提,其一,全国人大已授权筹委会负责筹备成立香港特别行政区有关事宜,即筹委会有权负责筹备成立香港特别行政区政府有关事宜;其二,设立临时立法会是使该权力得以行使之必要手段或先决条件。据此法官得出结论:筹委会有权设立临时立法会,这是一种"隐含权力",因而,临时立法会是合法成立的组织,具有合法性。

当法官的解释或推导是促使立法目的或立法意图得以实现而进行的,这种推理就是目的性推导的。在本案中法官运用的就是目的推导或工具推导的方法,遵循的是目的推导的允许规则,即如果某目的或行为是允许的,则一切使该目的得以实现或行为得以进行必要之手段或先决之条件也是允许的。这也表明不仅由国家颁布的法律条文所确认的规范是有法律效力的规范,而且根据这些规范以某种方式合理推论出来的规范也是普遍公认为有法律效力的规范,它们在没有现成法律规则的情况下成为法律所允许的结果。正如麦考密克所言:"在规范的领域内,有这样一些逻辑的关系和联系,借助于正式的规则可以使它们具有决定作用。如果规范被当做前提时是有效的话,那么规范的可以从逻辑上推导出来的后果也总是有效的。"②在一般意义上,法律不仅包括明文规定的具体行为规则,而且包括法律的目的、精神及原则,还包括可以从这些规则、目的、精神及原则推论出

---

① IN THE HIGH COURT OF THE HONG KONG SPECIAL ADMINISTRATIVE REGION COURT OF APPEAL Reservation of Question of Law No. 1 of 1997.

② 〔英〕麦考密克等:《制度法论》,周叶谦译,中国政法大学出版社 1994 年版,第 45 页。

的"隐含的具体行为规则"。① 上述例子进一步证实基于目的理由或"事物之性质"（natura rerum）的推断亦是法律理由的合法渊源。

法律的目的推导或工具推导，是发掘法律隐含意思或深层含义，从"明示规则"推论出"隐含的具体规则"的一种工具，是法律推理中一种重要的手段，在寻找法律的过程中有着重要的意义和广泛的运用。② 法官在决定从法律条文中援引什么，探索一个能够公开提出的含义，即一个从法律中推断出的含义，可以运用"字面的方法"与"意图的方法"。对某个法律争议问题，一旦从字面上无法得到满意的结论时，就可以从立法意图或法律目的之中获得指导。法官们实际上早就在运用"意图的方法"去解决问题，发掘法律的隐含意思，从法律的"明确规则"或"明示规则"推导出法律的"隐含的具体规则"，消除法律的"缺乏"，填补法律的"漏洞"，"去做国会本来会做的事"，"想到他们本来要想到的情况"。正如丹宁所言："迪普洛克勋爵所说的'探求意图的方法'……现在在所有的案件中，在解释法律时，我们采用会'促使立法的总目的实现'的方法，而立法的总目的是构成法律条文的基础。法官们再也不必绞着手指说：'对此我们毫无办法'了。"③

在 Miranda v. Arizona（米兰达诉亚里桑娜州）一案中④，1963 年，23 岁的无业青年米兰达，因涉嫌强奸和绑架妇女在亚利桑那州被捕，警官随即对他进行了审问。在审讯前，警官没有告诉米兰达有权保持沉默。经过连续两小时的审讯，米兰达承认了罪行，并在供词上签了字。在法庭上，检察官向陪审团出示了米兰达的供词，作为指控他犯罪的重要证据。米兰达的律师则坚持认为，根据宪法米兰达供词是无效的。最后，陪审团认定米兰达有罪。在案件上诉到最高法院之后，1966 年，最高法院九位大法官以五比四裁决米兰达的供词无效。最高法院判决指出⑤：

---

① "隐含规则"与"明确规则"的概念相对应，有关隐含法律规则的理论，美国学者 Roscoe Pound、Lon L. Fuller 和 Ronald Dworkin 都有论述。见 R. Pound，"The Theory of Judicial Decision"．36 Harvard Law Review（1923），p.641；L. Fuller，Anatomy of the law，New York：Praeger，1968，pp.61—157；R. Dworkin，Law's Empire，Cambridge：Harvard University Press，1986，pp.123—124.

② 阿列克西对外部证立即法律规范证立的特定图式的结构也作了一定的描述，诸如发生学图式和目的论图式，以及语义学的、历史的、比较的和体系的图式的结构。

③ 〔英〕丹宁勋爵：《法律的训诫》，杨百揆等译，法律出版社 1999 年版，第 19 页。

④ 384 U．S．436（1966）．

⑤ 北京大学法学院司法研究中心编：《宪法的精神》，中国方正出版社 2003 年 10 月第一版，第 303—305 页。

在此类案件中,我们都要对一个宪法问题做出决定,即从一个被羁押、或以任何有效形式被剥夺行动自由的被告人那里所获陈述的可采性。每起案件里,被告都是在一个与外界隔绝的房间,受到警官、侦探或检察官的讯问。这些案件中,没有哪起案件的被告人在讯问程序开始时即得到有关其权利的充分、有效的告知。所有这些案件,其讯问都引出了口头供认,而且其中三起案件中,被告还签署了陈述,并且在对他们的审判中,这些陈述被采纳。因此,这些案件有一些显著的共同特征:一个由警察主导的环境中,在没有充分告知其宪法权利的情况下,对与外界隔绝的个人进行了讯问,从而导致自我归罪的陈述。

毋庸置疑的是,第五修正案的特权在刑事审判程序之外同样是适用的,以便在所有情况下保障行动自由受任何有效形式限制的个人免于被迫自证其罪。我们断定,如果没有适当的保障措施,对羁押中的犯罪嫌疑人或刑事被告人进行的讯问程序,其所蕴含的固有的强迫性压力,将削弱他抵制的意志力,迫使他发言——要不然,在此种场合下他是不会自愿这样做的。为了克服这些压力,获得充分行使不得自证其罪特权的机会,必须充分、有效地告知被告人权利,并且这些权利的行使应给予足够的尊重。

第五修正案的特权对我们的宪政机制具有如此的基础性作用,而充分告知这些特权又是相当地便利、简单,以至于在个案中,我们不会去探问,是否即使没有告知这一权利,被告人也已清楚地认识到了其享有的权利。对被告人所拥有的知识的评估,总是基于有关年龄、受教育情况、智力水平以及他先前与当局的接触情况等信息,这永远只不过是推测;而"告知"这一行为却是一个再清楚不过的事实。更为重要的是,无论被讯问人的背景情况如何,讯问时的告知对克服压力、确保被讯问人知道其可自由行使该特权,都是必不可少的。

在没有强迫性因素影响的情况下,任何自主自愿所作的陈述当然在证据上是可采的。该特权的基本要义并非在于,当一个人受到羁押时,是否允许其在没有得到告知和律师帮助的情况下对警察讲话,而在于能否对他进行讯问。在警察拦住某个进入警察局表示想供认犯罪的个人,或者给警察局打电话的某人提出要作有罪供述或是想作其他任何陈述时,是没有什么要求的。

总而言之,我们认为,当一个人遭受羁押或以其他任何形式被当局剥夺自由并受到讯问时,不得自证其罪的特权即面临危险。必须使用程序性保障措施以保护此项特权,并且,除非采取了其他充分、有效的方式告知该人享有沉默权并确保此权利的行使受到谨慎的尊重,否则必须要求有以下措施。在受到任何形式的讯问前,一个人必须被告知[①]:他有权保持沉默,其所说的任何话都有可能在法庭上被用作不利于他的证据;并且他有权要求律师在场,如果他无力负担费用并愿意,可以为他指定律师。在整个讯问过程中,都必须提供行使这些权利的机会。在给予上述告知并提供行使这些权利的机会后,该人可以明白地、理智地放弃这些权利,同意回答问题或进行陈述。然而,除非并且直至此种告知或弃权为控方在审判中证明,任何通过讯问被告人所获取的证据都不能用来作为不利于被告的证据。

美国联邦宪法第五修正案规定在刑事检控中不得强迫被告作出不利于自己的证明,即被告享有对抗自罪(Self-incrimination)的特权,但是,美国联邦宪法并未明文规定警察在审讯前必须对涉嫌有罪的人充分告知其宪法权利,警察是否应当承担这样一项充分告知的义务呢? 最高法院大法官作了肯定的回答。他们是这样推断的:

尽管联邦宪法并未明文规定警察必须告知涉嫌有罪的人有权保持沉默并且可以获得律师的帮助,但是,第五修正案规定在刑事检控中不得强迫被告作出不利于自己的证明,被告享有对抗自罪的特权。第五修正案的特权在刑事审判程序之外同样是适用的,以便在所有情况下保障行动自由受任何有效形式限制的个人免于被迫自证其罪。

而强制警察告知涉嫌有罪的人有权保持沉默并且可以获得律师的帮助,是不得强迫被告作出不利于自己的证明、保障被告享有并充分行使对抗自罪特权、从而保证合法审讯的必要与先决条件。这是因为,一个由警察主导的环境中,在没有充分告知其宪法权利的情况下,对与外界隔绝的个人进行了讯问,就会导致自我归罪的陈述。警察局在审讯时所笼罩的气氛是有强迫性质的,这样有助于把微妙及间接的压力强加于被捕者,从而

---

① 即著名的"米兰达警告"(Miranda Warnings):You have the right to remain silent. Anything you say can and will be used against you. You have the right to have an attorney present during questioning. If you cannot afford one, one will be appointed for you. Do you understand each and every one of these rights as they have been presented to you?(你有权保持沉默。你所说的一切都有可能在法庭上被用作不利于你的证据。你有权要求律师在场。如果你付不起律师费的话,法庭会为你指定律师。你是否完全了解你的上述权利?)

削弱他抗拒的意志力并迫使他不自愿地作出供述;而且警察所使用的各种手段常常可以使被审问者陷入圈套而作出表明有罪的陈述,而按传统上的理解,这些陈述可以被称为是"自愿的"。

因此,为了使被审问者克服这些压力获得充分行使对抗自罪特权的机会,警察在审讯前必须充分地、有效地告知涉嫌有罪的人有权保持沉默并且有权获得律师的帮助,并且这些权利的行使应给予足够的尊重。否则,任何通过讯问所得到的陈述都不能作为证明其有罪的证据。

马伯利诉麦迪逊案(Marbury v. Madison)是美国宪法中最著名的判例之一,此判例确定了美国的宪法性司法审查先例。[①] 1800 年 11 月,执政的联邦党(federalist)在总统和议会的两大选举中连遭失败。将于翌年 3 月 3 日下野的该党领袖亚当斯(Adams)总统和国务卿马歇尔(John Marshall),便在司法机关中作出有利于本党的人事安排,尽量挽回两大选举中的败局,以维护现行宪法秩序的运作。同年 12 月,联邦最高法院首席大法官以健康上的理由提出辞呈,亚当斯便任命还在任中的国务卿马歇尔担任该职。仍由联邦党控制的国会也赶在其任期终了前,匆忙通过了两个有关联邦法院组织的法律,其中一部是 1801 年 2 月 27 日的《哥伦比亚特区组织法》(The District of Columbia Organic Act)。根据该法的规定,总统可以任命该区之内共 42 名的治安法官(Justices of Peace),任期为 5 年。1801 年 3 月 2 日,亚当斯任了这 42 名治安法官。这些任命大多在 3 月 3 日午夜以前经参议院同意、总统签署、国务卿盖章后生效,故接受任命的人们被称之为"午夜法官"(midnight judges)。由于时间仓促,有些人的任命状顺利地赶在 3 月 3 日晚上由马歇尔的兄弟詹姆士完成送达,而另外一些人的任命状则未能及时发出。本案的当事人马伯里就是其中的一位。

1801 年 3 月 4 日,共和党领袖杰弗逊(Jefferson)正式出任美国第 3 任总统。当他得知有 17 份治安法官的任命状仍滞留在国务院的抽屉时,授意他的国务卿麦迪逊(Madison)扣押这批委任状,并把这些委任状当废纸一样扔了。马伯里等人便以 1789 年的《司法法》第 13 条的规定为依据,直接诉至最高法院,请求对国务卿麦迪逊发出训令状(writ of mandamus),强制其交付那些委任状。

---

① 参见林来梵:司法上的创举与谬误——也评"马伯里诉麦迪逊案",法律思想网。

　　时任联邦最高法院首席大法官的马歇尔(C. J. Marshall)亲自写下了这份著名的判词。判词主要围绕着本案所涉及的三个具体问题而展开。这些问题是:第一,马伯里是否有权利获得其委任状? 第二,如果他有上述权利且该权利受到侵犯,那么美国法律是否为他提供法律上的救济? 第三,如果法律确实应当为申请人提供救济,那么是否应由联邦最高法院发出训令状? 判决指出①:

　　第一,当总统签发了委任状时,即意味着作出了任命,一经国务卿在委任状上加盖美国国玺,委任即算完成。因此,马伯里先生已经被任命了,因为总统已经在委任状上签了字,并且国务卿也加盖了国玺。由于法律设置了治安法官这一职位,并赋予该法官可以行使五年的、独立于行政机构的权力,因此,这个委任状不仅不可撤销,而且授予该法官某些法定权力,这种权利是受国家法律保护的。因此,本院认为,扣留委任状的行为不是法律授权的行为,而是对法定权利的侵犯。

　　第二,公民自由权的真正本质在于:每个人在其受到侵害时,都有权要求法律给予保护。政府的一个首要职责就是提供这种保护。我们一直强调,美国政府是法治政府而非人治政府。但是,如果我们的法律不能给受到侵害的法定权利提供救济,那么,我们当然不能认为它无愧于"法治政府"这一崇高称号。马伯里有权得到任命,拒绝颁发委任状的行为是对这种权利的公然侵害。对此,国家的法律为此必须为他提供救济。

　　第三,建立美国司法系统的《司法法》授权最高法院"有权在法律原则和法律惯例许可的案件中,对以合众国名义任命的法院或公职人员发布令状"②。这种司法权可以以某种形式适用于眼前这一案件,因为当事人主张

---

　　① 5 U.S. 137 (1803)。北京大学法学院司法研究中心编:《宪法的精神》,中国方正出版社 2003 年 10 月第一版,第 16—22 页。

　　② 1789 年《司法法》第 13 条全文如下:"本法将进一步规定:对所有关于民事性质的、并以州为一方事人的争议,最高法院享有排他性管辖权,而对州与其公民之间,以及州与其他州的公民或外国人之间产生的争议,最高法院享有初审但不是排他的管辖权。对大使或其他公使以及他们的家庭成员或家庭服务人员提起的诉讼案件,最高法院享有排他性管辖权,因为法院可能依照国际法行事。对所有由大使、或其他公使提起的诉讼案件,或以领事、副领事为一方当事人的诉讼案件,最高法院享有初审而不是排他的管辖权。最高法院在审理所有对美国公民提起的诉讼时,必须由陪审团来裁决案件的事实争议。对巡回法院及几个州法院审理的案件经过特别的方式提起后,最高法院也享有上诉审管辖权,同时有权在海事法庭的审理过程中及海事管辖权的行使过程中,对地区法院发布禁令,也有权在法律原则和法律惯例许可的案件中,对以合众国名义任命的法院或公职人员发布令状。"参见北京大学法学院司法研究中心编:《宪法的精神》,中国方正出版社 2003 年 10 月第一版,第 18—19 页。

的权利是美国法律所赋予的。国务卿作为以合众国名义担任公职的人员，正在上述法院管辖的范围之内。如果本法院无权对这样一位官员发布令状，那么必定是因为《司法法》这一法律是违宪的，因而绝对无权授予法院这种权威，也无权赋予法院其条款所声称赋予的职责。

在分配这种权力的过程中，宪法规定"对所有涉及外交大使、其他公使及领事，及以州作为一方当事人的案件，最高法院都享有初审管辖权，而在所有其他案件中，最高法院享有上诉管辖权"。因此，为了使本院享有发布令状的权力，就必须表明本院行使的是上诉管辖权，或表明其有必要行使上诉管辖权。因此，尽管最高法院可以向下级法院发布命令，但向行政官员发布这样一个送达文件的令状，就等同于针对该文件的原始诉讼，因而这并不属于上诉审，而属于初审管辖权的范畴。由此看来，建立美国法院体系的《司法法》赋予最高法院的对行政官员发布令状的权力，显然并没有得到宪法的授权。

因此，有必要探讨的是，《司法法》赋予的管辖权能否被行使。一个与宪法相抵触的法案是否能成为国家的法律？对美国来讲，这是一个具有深远意义的问题。但幸运的是，它虽然很重要，但并不复杂，我们只须承认某些长期以来已经确立的原则并据此作出决定即可。人们享有一种原初权利来为他们未来的政府确定他们认为最有利于其自身幸福的原则。正是基于这些原则，整个美国的国家结构才得以确立，这些原则被设定为永恒不变的。这些原初的、至高无上的意志组织起政府，并授予不同部门各自的权力。它可能到此为止，也可能进一步确立起各部门不得逾越的某些限制。

立法机关的权力被界定并受到限制，而且，由于是成文宪法，这些限制是不应该被弄错或被遗忘的。如果这些限制随时可能被它们所要限制的人逾越，那么对权力加以限制的目的还何在呢？对这些限制予以明文规定的目的又何在呢？如果这些限制无法控制他们想要加以限制的人，如果被禁止的行为和被允许的行为对政府来说，都必须承担同样的责任，那么，有限政府与无限政府之间就没有什么区别了。由此推出一个显而易见、毋庸置疑的结论：要么，宪法制约着任何与其相抵触的立法行为；要么，立法机关可以通过普通法案来修改宪法。

在这两种选择中，没有中间道路可走：宪法要么是一种优先的、至高无上的法律,不能被一般法案修改;要么与一般法案处于同一层次,并与其他法律一样,立法机关可以随时加以修改。如果前种方式是正确的,那么与宪法相违背的立法法案就不是法律;如果后种方式是正确的,那么成文宪法以人民的名义限制这种本质上无法限制的权力则只能成为一种荒谬的企图。显然,那些成文宪法的制定者们将宪法视为国家基础的、重要的法律,这种政府所坚持的理论是:与宪法相抵触的立法法案都是无效的。每一个成文宪法都坚持这种理论,同时在法院看来,它也是我们社会的基础原则之一。

如果与宪法相抵触的立法法案是无效的,这种无效的法案是否还能约束法院,并促使法院适用它呢?或者换句话说,尽管它不是法律,是否能形成一个把它当作法律来适用的规则呢?这将在事实上推翻建立在理论之上的原则。乍眼看来,其荒谬性是显而易见的,因而也是不能坚持的,然而,它似乎应得到更为慎重的考虑。

必须强调的是,确定法律到底是什么是司法机关的职责范围。那些将规则适用于具体案件的人,必须详细说明并阐释该规则。如果在两个法律之间存在冲突,法院必须决定适用其中哪一个来作出判决。因此,当某个法律与宪法相违背时,当将宪法和法律都适用于同一个具体案件时,法院必须作出决定:要么不考虑宪法而适用法律,要么不考虑法律而适用宪法,法院必须适用这些相抵触的规则中的一个来解决这个案件,这就是司法职责的实质。

如果法院尊重宪法,认为宪法高于立法机关制定的其他普通法律,则应适用宪法而不是普通法案来解决这两者都可以适用的案件。而那些反对法院将宪法视为最高法律这一原则的人,却认为法院必须忽视宪法,而将目光仅仅集中到法律上。这一说法将颠覆所有成文宪法的基石。它宣称,一个根据我们的政府原则和理论来讲是完全无效的法案,在实践中却具有完全的效力。同时,它还宣称,如果立法机关通过一个法案,尽管这一法案是被明令禁止的,但它在实践中却是生效的。这一说法在将立法机关的权限限制在极小范围内的同时,又赋予其实际的、真正的权威。它一方面规定了限制,另一方面又宣称立法机关可以随意地逾越这些限制。这种说法将使我们对政治制度的最大改进——即成文宪法——变得毫无意义。这种后果即足以使之变得不可接受。而美国宪法自身的独特表述更是为拒绝这种解释提供了进一步的论据：美国的司法权适用于所有依据宪法提起的案件。因此，在司法权的行使过程中可以不考虑宪法，这难道是赋予这种司法权的人的本意吗？对根据宪法提起的某个案件，难道也可以不审查宪法文件而直接作出裁决？这些想法根本立不住脚。因此，在某些案件中，法官必须考虑宪法。而一旦他们翻开了宪法，难道其中有什么部分是禁止他们阅读或遵守的吗？

宪法的许多地方都可以说明这一问题。例如，宪法规定："无论何人，除根据两个证人对同一明显行为的作证，或本人在公开法庭的供认，都不得被定为叛国罪。"宪法的这一规定就是针对法院的。它直接为法院规定了一条不可背离的证据规则。假设立法机关要改变这一规则，如规定"只要一个证人或只要在法庭外的招供即足够定罪"，那么，宪法原则必须屈服于立法法案吗？

从这些规定以及还可能有的许多其他规定看来，很明显，宪法制定者们把宪法当作控制法院同时也控制立法机关的规则。否则，宪法为什么要规定法官必须宣誓效忠于它呢？这个誓言当然也以某种特定的方式，适用其职务行为。如果法官仅仅被当作工具来利用，而其本身又知道这一点，强迫他们违背他们所宣誓效忠的东西，这是多么的不道德啊！同样，立法机关规定的法官的就职宣誓，也完全说明了立法机关对这一问题的看法。誓词曰："我庄严宣誓，我将公正审判，不分贵贱。我将根据我的最大能力和理解服从宪法及合众国法律。"如果合众国宪法没有形成控制政府的规则，如果法官看不到宪法、不能查阅宪法，那么，为什么一个法官就必须宣誓对宪法尽责呢？如果事情真是这样，这种嘲弄就是对神圣的亵渎。无论是规定这种仪式，或是进行这样宣誓同样都是一种罪过。

当我们宣布何谓国家的法律时，首先提到的是宪法，并且，不是所有合众国的法律，而是只有符合宪法的法律才能被列入法律行列。因此，合众国宪法的表述方式确认并强调了这一原则，而且它被看作是所有成文宪法的本质所在，即所有与宪法相抵触的法律都是无效的，法院与其他机构一样，都必须受宪法的限制。

因此，尽管马伯里的权利受到侵害并应得到救济，但最高法院对本案没有初审管辖权，本法院无权对这样一位官员发布训令状。1789 年的司法条例的有关规定是违宪的，因而是无效的，不能适用本案。据此驳回马伯里的请求。

马歇尔大法官在本案中没有行使《司法法》赋予联邦最高法院对此类案件的管辖权,因为他知道给国务卿麦迪逊发出训令状(writ of manda-mus)强制其交付那些委任状,这样做除了自取其辱之外是不会有任何结果的。当然,他也是不会就此罢休的,实际上他有更大的企图,他要以此案为契机为联邦最高法院争得一项制约立法权与行政权的宪法性司法管辖权,即法院有权审查立法机关的立法行为是否符合宪法以及倘若发现与宪法抵触时法院具有司法管辖权去宣布此等行为无效。这是一项宪法并未明确授予联邦最高法院的权力,在宪法中找不到明文的规定。但他这样做了而且他也做到了,他确立了美国的司法审查的制度。这就是后世人们为之称道的马歇尔大法官的"伟大的篡权"。马歇尔根据宪法的意图进行了如下的推断:

立法机关的权力在成文宪法中被界定并受到限制,因此,这是一个不证自明的问题,即宪法不允许出现任何与宪法相抵触的立法。如果这些限制随时可能被它们所要限制的人逾越,那么限制权力的目的何在呢?对这些限制予以明文规定的目的又何在呢?假如这些限制没有约束受限制者,假如所禁止的行为和所允许的行为同样有效,那么有限政府和无限权力之间的界限就会荡然无存。

一个无可争辩的道理是,要么宪法制约着任何与之相抵触的立法行为;要么立法机关可以通过普通法案来修改宪法。在这两种选择之间没有中间道路,宪法要么是一种优先的、至高无上的法律,不能被一般法案修改;要么与一般法案处于同一层次,并像其他法律一样,立法机关可以随意加以修改。但成文宪法的制定者们的意图是将宪法作为国家根本的、最高的法律,作为一种优先的、至高无上的法律;因此,与宪法相违背的立法法案就不是法律,与宪法相抵触的立法法案都是无效的。

那些将规则适用于具体案件的人,必定有必要对规则进行阐明和解释。因而,判断何为法律即确定法律是什么,就是司法部门的职责与管辖事项。如果在两个法律之间存在冲突,法院必须决定适用其中哪一个来作出判决。当某个法律与宪法相违背时,而该法律又与宪法都适用于同一案件,法院要么不考虑宪法而适用法律,要么不考虑法律而适用宪法,法院必须决定适用这些相抵触的规则中的一个来解决这个案件。这就是司法职责的实质。由于当法律与宪法发生冲突时,支配该案的应是宪法而不是立法机关的普通立法,法院只能服从宪法、适用宪法,因为宪法是至高无上的。因此,联邦法院必然有权来裁判联邦法律与美国宪法之间的冲突,并且宣告与宪法相抵触的法律都是无效的。

有趣的是,本案的被告美国国务卿麦迪逊是美国宪法之父,而麦迪逊要服从的杰斐逊总统强烈地反对司法审查制度,他坚持认为,联邦政府的每一部门应有权自由解释宪法对其所规定的限制。对杰斐逊而言,司法审查权真可谓是司法部门拥有的凌驾于联邦政府其他两个民选部门之上的——但宪法并未授予的一种特权。马歇尔判决加强了联邦司法部门作为与其他两部门抗衡的独立部门的地位,增加了联邦最高法院作为一个政府机构的威望与声誉,使联邦最高法院最终成为宪法含义的终局裁断者。①正如汉密尔顿所说,法院能够与国会的钱袋和政府的刀剑相抗衡的就是判断。

法治并不意味着仅仅适用法律的明确规则,法治允许而且推崇对法律的目的性理解与建构,允许并推崇以此为根据得出具体的法律结论。

"结果或价值论的"推论方法

"结果或价值论的"推论方法,是指探寻立法的价值诉求或法律的价值取向并以此为依据解释与推论法律,也称为价值推导。首先,是指价值性推导。正义的价值追求是法律的目的和目标,是构成法律条文的基石,是实在法的理念与灵魂,是决定法律生长的所有力量中最强大的力量。正如拉德布鲁赫所言:"法律是人类的作品,并且像人类的其他作品一样,只有从他的理念出发才能被理解"②。"不管在什么时候,对一个词的各种意思进行选择,都应该选择与情理和正义相符合的含义"③。某个词句可以有一种以上的意思,既可以作广义的理解,也可以作狭义的理解,采用能达到公平合理的结果的那种解释。④ 法官可以考察制定法的价值观念与价值取

---

① 这个案子的结局是马伯里撤诉不再追究下去,而是去做他的银行行长。而麦迪逊对此事十分恼火,但他也没有采取行动。因为他担心马歇尔和他的联邦党人利用最高法院对宪法的解释权来弹劾民主共和党领导的政府。但麦迪逊担心的事情在马歇尔任职期间没有发生过,马歇尔也是"见好就收"。

② 〔德〕拉德布鲁赫著:《法哲学》,法律出版社 2005 年版,第 3 页。

③ 〔英〕丹宁勋爵:《法律的训诫》,杨百揆等译,法律出版社 1999 年版,第 26 页。

④ 〔英〕丹宁勋爵:《法律的训诫》,杨百揆等译,法律出版社 1999 年版,第 69 页。

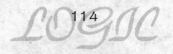

向,根据法律规范的价值一贯性,推导出一个具有价值理由或价值一致性的结论,进行"促使立法的价值诉求或价值取向实现"的解释与推论。

根据法律条款的法律意图或价值上的一贯性进行的推导属于法律的价值推导,亦称为法律规范的当然推导或强弱推导。既然规范制定者规定必须履行或允许履行一种较强的行为,根据规范制定者的同一立法意图或价值取向,就当然有理由认为必须履行或允许履行比这种行为较弱的行为。一个较强的必须或允许规范当然包含有一个较弱的必须或允许规范。因此,根据同一立法意图或价值取向,可以从一个较强的必须规范和允许规范推出一个较弱的必须规范和允许规范。由强到弱的推导可以表述为这样的规则:"命令谁做得较多也就是命令他做得较少"(argumentum a maiori adminus)①。由强到弱的推导适用于必须或允许规范。

例如,为了满足生产和生活的需要,明文规定某供电部门必须负责供应该城市的电力。那么,根据同一立法意图或价值取向,该供电部门就当然有理由必须负责供应该城市某城区的电力。这就是由前一个较强的必须规范推出后一个较弱的必须规范。

又如,为了充分开发和利用土地资源,法律明文规定,公民和集体可以承包经营集体所有的或者国家所有由集体使用的土地;那么,根据同一立法意图或价值取向,就当然有理由允许公民和集体承包经营集体所有或者国家所有的荒山、荒地。这就是由前一个较强的允许规范推出后一个较弱的允许规范。

既然规范制定者规定禁止履行一种较弱的行为,根据规范制定者的同一立法意图或价值取向,就当然有理由认为禁止履行比这种行为较强的行为。一个较弱的禁止规范当然包含有一个较强的禁止规范。因此,根据同一立法意图或价值取向,可以从一个较弱的禁止规范推出一个较强的禁止规范。由弱到强的推导可以表述为这样的规则:"禁止谁做得较少,也就是禁止谁做得较多"(argumentum a minori admaius)。由弱到强的推导适用于禁止规范。

例如,某公园的管理者,为了保护草坪不受损坏,明令"禁止游人践踏草坪"或"游人不得在草坪上行走"。那么,根据同一立法意图或价值取

---

① 参见〔波〕齐姆宾斯基等:《法律应用逻辑》,刘圣恩等译,群众出版社 1988 年版,第 330 页。

向,就当然有理由认为"禁止游人挖掘草坪"等,这是因为挖掘草坪会给草坪造成更大的损坏。于是,从"禁止游人践踏草坪"或"游人不得在草坪上行走"推出"禁止游人挖掘草坪"。这就是从前一个较弱的禁止规范推出后一个较强的禁止规范的过程。

我国《民法通则》第93条"无因管理"条款规定:没有法定的或约定的义务,为避免他人利益受损失进行管理或者服务的,有权要求受益人偿付由此而支出的必要费用。管理人因无因管理活动致受有损失时,此项损失可否要求受益人赔偿呢?对此上述条款并无明文规定。最高人民法院对此解释如下:《民法通则》第93条规定的管理人或者服务人可以要求受益人偿付的必要费用,包括在管理或服务活动中直接支付的费用,以及在该活动中受到的实际损失。据此我们可以推测最高人民法院有这样的推导:既然管理人或服务人有权要求受益人偿付为管理或者服务支出的必要费用,当然有理由要求受益人偿付因此而受到的实际损失。这个推导便是价值推导或当然推导。

价值推导或当然推导是发掘法律规定或规则"隐含意思"或"深层含义",从法律的"明示规则"推导出"隐含的具体规则"的一种重要的推理工具。运用法律的价值推导工具,可以在法律对具体案件未规定或无明文规定,以及实在法明确规定或规则不能涵盖具体案件,存在法律"缺乏"或"漏洞"时,填补实在法文字的空白,消除其"缺乏"或"漏洞"。

应当指出的是,由于规范强弱推理要从规范制定者的意图或价值取向出发,如果规范制定者曾经公开明确地表示过制定这个规范的意图或价值取向,这还比较好办。如果规范制定者没有公开明确地表示过制定这个规范的意图或价值取向,这时就需要依靠推论者的分析和推测。由于推论者的价值观念与规范制定者的价值观念并不一定完全相同,因而推论者推测的意图或价值取向未必就是规范制定者的真正意图或价值取向。即使推测的意图和价值取向同制定者的意图和价值取向完全一致,但对于什么行为是强的,什么行为是弱的,其评定的标准,有时却是非常含混,难以确定的。因此,推论出来的规范并不一定就被有权制定该规范的人所认可,并不一定就是有效的规范。

根据两个对象在某些方面具有相同或相似的属性,推断出这两个对象在别的方面也具有相同或相似的属性,在逻辑上这是类比推导。在法律对具体案件未规定或无明文规定,以及实在法明确规定或规则不能涵盖具体案件时,可以运用类比推导方法,从"明示规则"导出"类似的具体规则",或者将一条法律规则扩大适用于一种并不为该规则的措词所涉及的,但却被认为属于构成该规则基础的立法意图或法律价值取向之内的事实情况,以填补实在法文字的空白,消除法律"缺乏",填补法律"漏洞"。在法律领域中,"每个判决都有一种生殖力,按照自己的面目再生产"。用雷德林克的话来说,这就是每个先例"对未来的同类或类似性质的案件都具有某种指导力量"。① 如:

我国《合同法》第 124 条规定了关于无名合同的法律适用的类推原则:"本法分则或者其他法律没有明文规定的合同,适用本法总则的规定,并可参照本法总则或其他法律最相类似的规定。"

我国《民法通则》第 62 条仅规定民事法律行为可以附条件,而未及可否附期限。最高人民法院对此解释说,民事法律行为亦可附期限。这个解释已超出我国《民法通则》第 62 条原文可能文义范围,不是我国《民法通则》第 62 条演绎推导的结果,而是我国《民法通则》第 62 条规定类比推导的结果。

波斯纳指出,普通法对石油和天然气的财产权益的承认,是在与野兔和其他野生动物权益的"类比"中得出的。第一步是从野兔的案例中抽象出这样一个规则,即具有短期价值的资源就是财产权益的客体;第二步是将该规则推导性地适用于新的短期价值资源,如石油和天然气。②

在厦门特区锦江贸易公司诉前申请对天津远洋运输公司倒签提单予以证据保全案③中,厦门海事法院根据我国民事诉讼法关于诉讼开始后证据保全的规定,裁定准许申请人的诉前证据保全申请。我国民事诉讼法只规定了"诉讼中(诉讼开始后)的证据保全",而没有规定"诉前证据保全"。但是,二者有相同的法律上的目的理由和价值理由,而且二者在许多方面是相同或相似的。既然诉讼中对证据可以采取保全措施,那么诉前对证据也可以采取保全措施。厦门海事法院运用法律类比推导方法,消除了法律"缺乏",填补了具体案件中的"法律漏洞"。

---

① 〔美〕卡多佐:《司法过程的性质》,商务印书馆 1998 年版,第 9 页。
② 参见 Hannonds v. Central Kentucky Natural Gas Co.,255 Ky.685,75 S.W.2d 204(1934).
③ 《人民法院案例选》,1993 年第 3 辑(总第 5 辑),人民法院出版社 1993 年版,第 160—164 页。

在法律类比推导中,前提与结论之间不存在包含或蕴涵关系,但前提和结论所涉及的行为或情况是大致相同或相似的,它们在法律上有共同的目的理由或价值理由。因此,正如卡多佐大法官所言,"在正式的法律渊源沉默无言或不充分时,我会毫不迟疑地指示以下面的话作为法官的基本指导路线:他应当服从当立法者自己来管制这个问题时将会有的目标,并以此来塑造他的法律判决。"[1]"为了获得统一性、一贯性和确定性,只要这些规则对于发生的所有案件并非明显不合情理和不便利,我们就必须运用这些规则;在尚未慎重地适用这些规则的时候,我们没有自由因为我们认为这些规则不像我们本来可能设计的那样便利和合乎情理而拒绝这些规则,并放弃对这些规则的所有类比。"[2]"这是没有那个法律体系能够放弃不用的工具。"[3]

在寻找法律的过程中,一旦发现法律条文自相矛盾,或者法律条款之间相互冲突或抵触时,就需要法官超越制定法条文的文字,在更高的层次上或更大的语境中,进行解释或推论来消除它们之间的矛盾或冲突,决定接受哪一个法律规定或规则为适当的法律依据。正如亚里士多德所言,辩证推导就是要寻求"一种答案,以解答有关在两种相互矛盾的陈述中应当接受何者的问题"。[4] 法官需要根据法律价值取向以及法律的社会效用、社会公共政策或社会公平正义观念,解决制定法条文及其意图等方面的冲突与选择问题。法官需要基于法律的价值取向、社会利益或社会效用、社会公共政策或社会公平正义的考察与推断,去熨平法律内在的皱褶。

在 Muller v. Oregon(缪勒诉俄勒冈州)一案中[5],1908 年,美国俄勒冈州制定一项限制女性劳动时间的法律。一工厂主 Muller 提起诉讼。Muller诉称:这项限制女性劳动时间的法律侵害了联邦宪法所规定的契约自由原则,因而构成违宪。受俄勒冈州委托,布兰代斯(Brandeis)向最高法院提出答辩。布兰代斯以两页篇幅批判以往不利的"先例",其余 100 多页乃基于"活生生的事实"(living facts)展开议论,论证妇女生命健康需要特别加以

---

① 〔美〕卡多佐:《司法过程的性质》,商务印书馆 1998 年版,第 74 页。
② 〔美〕卡多佐:《司法过程的性质》,商务印书馆 1998 年版,第 41—42 页。
③ 〔美〕卡多佐:《司法过程的性质》,商务印书馆 1998 年版,第 28 页。
④ 转引自〔美〕博登海默:《法理学——法哲学及其方法》,华夏出版社 1987 年版. 第 479 页。
⑤ Muler v. State of Oregon, 208 U. S. 412(1908).

保护,该州此一立法乃是保护妇女生命健康,而保护生命健康是宪法所规定的基本原则,所以该州此项立法并不构成违宪。布兰代斯援引了以下几个方面的生活事实:

(1)因妇女特殊身体构造,长时间劳动对女性有危害。体格和机能,男女不同,除表现于解剖学、生理学上的不同外,医生一致认为,女性的耐久力即筋力、神经力、不断的注意与适应能力,均比男性弱。因此,过度劳动对女性的健康更为有害。

(2)因女性肉体体格之故,由于近代产业所产生的越来越大的紧张感,女性比男性受到更大的影响。如机械运转越来越快,每个劳动者操作机械的台数越来越多,多数操作同时进行,工艺越来越复杂,这些变化对劳动者造成极大的紧张感。

(3)长时间劳动造成的疲劳,慢性地使健康完全恶化。由于并不是立即发病,劳动者往往无视疲劳,逐渐造成身体贫血和衰弱,并发生其他疾病。多数产业要求劳动者长时间站立操作,据医生的意见,这将造成女性骨盘机能不全。

(4)不论在结婚之前或之后,因从事过度劳动,将给生育造成严重影响,其后果尤其悲惨。

(5)劳动妇女的事故,因日劳动时间的延长而更为频繁。显然,灾难与长时间的疲劳相符。

(6)与对健康的损害密切相联系的,是过度劳动对道德的影响。由于劳动时间过长,剥夺了最低限度的余暇和家庭生活时间。为了求得从劳动造成的紧张中放松,往往造成滥用酒精饮料等后果。

(7)根据以制造业为主的其他国家的经验,过度劳动将对全民福利造成恶劣影响。国民绝大多数疲惫不堪,造成全社会肉体、精神、道德低下。女性健康因长时间劳动而受损害,不仅损及劳动生产率,而且导致幼儿死亡率上升,及劳动妇女的子女残疾。未来母亲的过度劳动,将直接损害国民的福利。

(8)短时间的劳动,对社会、个人均有好处。劳动妇女无论已婚未婚,在劳动时间之外,都能享受优雅的生活。家庭生活的改善,可以提高社会风气。规定相对短的劳动时间,经过相当时间之后,后代的体格、道德均将得到显著改善。①

在本案中要解决的主要问题是：首先，要判明这项旨在保护妇女生命健康的限制女性劳动时间的法律是否侵害联邦宪法所保障的契约自由？其次，一旦发现上述两种权利的保护或两项基本原则发生冲突，要判断哪一种权利的保护或哪一项基本原则更为正当或更为基本？第二个问题是本案最为关键的问题。

在本案中，"契约自由"权利的宪法保护与"妇女生命健康"权利的宪法保护发生了冲突，或者说，宪法确认的契约自由权利与妇女生命健康权利的行使发生了冲突，法官必须对法律的价值取向及法律的社会效用进行推断，对相互冲突的权利保护作出选择。显然，不同的推断将导致不同的决断。最后，最高法院依布兰代斯之见解，判决俄勒冈州限制妇女劳动时间的立法并未违宪。布兰代斯的意见涉及了法律的意图考量、利益衡量和价值判断。

最高人民法院 1997 年 3 月 6 日发布"关于当前人民法院审理企业破产案件应当注意的几个问题的通知"。该通知按照国务院 1994 年第 59 号文件和 1997 年第 10 号文件以及有关的行政规章（如国家经济贸易委员会和中国人民银行 1996 年第 492 号联合通知）的内容对国有企业破产法（试行）进行了解释性修改。其中第 9 条把转让土地使用权的所得首先用于安置破产企业的职工的政策确定为审判规范。实际上是承认了担保物权的相对化，使抵押权劣后于劳动债权。这意味着，在抵押权保护与劳动债权保护一旦发生冲突时，最高人民法院作出了优先保护劳动债权的选择。最高人民法院解释劳动债权保护优先于抵押权保护，而我国台湾地区对此问题进行了相反的解释。② 人们要提出这么个问题：为什么选择这样的解释而不选择那样的解释？萨尔蒙勋爵（Lord Salmon）说得好：这是受到"情理和正义似乎要求"的影响。这就是"结果或价值论的"推论方法，是丹宁大法官为之辩护的新方法。

---

① 转引自梁慧星：《民法解释学》，中国政法大学出版社 1995 年版，第 237—238 页。

② 台湾矿场法第 15 条规定：矿业权者了歇业或破产时，应当先清偿所欠矿工工资。但台湾最高法院解释该条款，认为矿工工资虽优先于一般债权，但其效力仍在抵押权等担保物权之后。王泽鉴先生强烈批评了台湾最高法院的这一解释。——见梁慧星：《民法解释学》，中国政法大学出版社 1995 年版，第 239 页。

法治并不意味着仅仅适用法律的明示或明确规则,法治允许而且推崇对法律的目的理解与价值推导,并以此为根据得出具体的法律结论;注重对法律的目的性与价值性的建构,主张寻找法律时要"认识所涉及的利益,评价这些利益各自的分量,在正义的天秤上对它们进行衡量,以便根据某种社会标准去确保最重要利益的优先地位,最后达到最符合需要的平衡。"①

在沃德和李粮食储运公司诉布里顿(Warder & Lee Elevator, Inc. v. Britten)一案中②,原告与被告一直有生意往来,1974 年 7 月 4 日双方口头协议成交一宗粮食买卖。7 月 5 日原告与另一粮食经销商达成粮食买卖合同,由原告将由被告处买来的粮食卖给这个粮商。7 月 21 日被告通知原告取消合同,并答应赔偿原告一些损失,但此时粮价暴涨。原告为履行他和另一粮商 7 月 5 日达成的合同,只得高价从别处买粮。为此,原告诉请法院予以救济。被告认为,根据美国统一商法典(Uniform Commercial Code —UCC)之欺诈法条款规定,合同要书面订立,除非有三个例外,否则不可以强制履行。而欺诈法的三个例外均不适用于被告,因此,要求根据欺诈法条款驳回原告请求。

依州最高法院首席大法官雷诺森特认为:欺诈法的立法目的是为了防止欺诈与伪证。正是为了防止欺诈与伪证,所以要求买卖双方对标的额较大的合同采用书面形式,把书面合同列为法定要件。本案原告没有遵守这一规定只能自食其果。为实现立法宗旨,引导人们采用书面形式,不是鼓励人们采用口头合同,以他个人损失为代价是必要的。他还认为:欺诈法只规定了三个例外,如果法院认可未经被告在法院承认的而事实证明存在的口头合同,就增加了一项例外。法官不应代替立法者制造此例外,应不应当增加这个例外,是立法者考虑的问题。因此,他认为,在本案中,无论是从美国统一商法典欺诈法的文字规定,还是从欺诈法的立法意图和目的,都不应认可口头合同的效力。

多数法官则认为:首先,在本案中认可口头合同的效力,是为了防止不公正后果的产生,这符合衡平法原则。欺诈法的制度是为了防止欺诈和不

---

① 转引自〔美〕博登海默:《法理学——法哲学及其方法》,华夏出版社 1987 年版,第 138 页。
② 294 N. w. 2d 339. 25 UCC 963(Iowa 1979),相关论述见 Uniform Commercial Code, 2nd edition, James J. White & Robert S. Summers. West Publishing Co. 1980, p. 69.

公正,而不是制造或鼓励欺诈或不公正。正如美国欺诈法的起草人威利斯顿所言,欺诈法制定的目的是为了防止欺诈,而不是被用来作为庇护、保护、帮助那些依赖此法进行欺诈或达到欺诈目的人的工具。其次,根据判例法,法官根据自己见解解决制定法法律空白并不违反判例法原则。根据判例法原则,法官是可以造法的,当然法官只有在没有制定法的条件下为了解决手头的案子才能创造法律,而不能在有制定法的情况下不依制定法而另来一套。统一商法典未对可否强行执行当事人未主动承认但被事实证明存在的口头合同的问题作出规定,是个法律空白,法官根据自己的见解解决此空白不违反判例法的原则。因此,在本案中,无论是从衡平法原则,还是从欺诈法的立法意图和目的以及判例法的原则,都应承认口头合同的效力。

这样一来,双方都从美国统一商法典之欺诈法的立法目的或立法意图是为了防止欺诈出发,却推导出了截然相反的结论。"要在这些互相对立的可能的裁决之间作出选择,每个这样的裁决都得到法律原则的某些支持。必须为这样一种选择引证某些理由。因此,发现法官们在这种案件中审慎地衡量他们经常称之为他们的判决的'后果',就是不足为奇的了。"①这就需要法官在更高的层面上或更进一步的语境中进行合理的思考,来解决这种法律意图或目的还不能解决的矛盾与冲突。需要法官在法律的价值取向、社会效用与社会利益、社会公共政策以及社会公平正义的基础上,对这两个冲突的结论作出决断与选择,决定这两个冲突的结论在具体案件中哪一个更为正当? 哪一个更为可取?

处理法律的矛盾与冲突的公认原则,是先看看能不能找到办法来协调看起来相互矛盾的条款,"或者是开出第三条路来,而这第三条路将或者是两种力量合力的结果,或者代表了两个极端之间的中间位置"。②"这里有一些相互冲突的原则在争夺对此案结果的支配力。其中的某个原则取胜了,而所有其他的原则都消失了⋯⋯之所以遵循了一条道路,而关闭了另一条道路,这是因为在这位司法者的心目中有这种确信,即他所选择的道路导向了正义。诸多类推和先例以及它们背后的原则都被摆到一起,相互争夺着优先权;但最终那个被认为是最根本的、代表了更重大更深广的社

① 〔英〕麦考密克等:《制度法论》(代译序),周叶谦译,中国政法大学出版社1994年版,第246—247页。
② 〔美〕卡多佐:《司法过程的性质》,商务印书馆1998年版,第22—23页。

122

会利益的原则打得其他竞争原则落荒而去。"①在司法的过程中,"我们应追问理性和良心,从我们最内在的天性中发现正义的根本基础;而另一方面,我们应当关注社会现象,确定它们保持和谐的法律以及它们急需的一些秩序原则……正义和一般效用,这将是指导我们进程的两个目标。"②

其次,"结果或价值论的"方法是价值性重构。强调考虑法律的社会后果即法律的实质正义问题,"从社会效用即从某些后果会追随某些假定而来的必然性中来寻找法律的渊源"③。在更深刻及更高层面——法律的社会效用与社会利益、社会公共政策以及社会公平正义之间和谐一致的要求下,即在适合法律的终极价值取向的原则下解读法律。如果从字面上解释它们会导致不公平或不合理的结果,就采取避免这种不公平或不合理的结果出现的解释。"法官们可以也应该以他们的善意去弥补它,如果需要就在法律的文句中加进公正的解释,去做国会本来会做的事,想到他们本来要想到的情况"④。在适用制定法条款或条文将会造成不公正和不合理的情况下不直接适用这样的条款。

在司法的过程中,一旦发现对于当前具体案件,存在明确的法律规定或规则,但是,如果将该规定或规则直接适用于此案,就会造成有失公平、公正的结果,而有些不合理、不妥当时,法官就可以基于法律意图与目的考量、社会效用与社会利益衡量以及社会公共政策以及社会公平正义的价值判断,以直接适用该规定或规则会导致不公平或不公正的结果为由而拒绝适用即"正当背离"该规定或规则,对法律的有关规定或规则"制定"或"附加"一个衡平法意义上的例外,或者说为背离或拒绝适用该规定与规则找一个正当理由,以回避或淡化该法律规定与规则的缺点和难点,对法律规则或规则予以补救,对个别案件平衡公正,实现个别公平。这就是法官对法律进行的价值性重构,这个过程可称为衡平推导。⑤

---

① 〔美〕卡多佐:《司法过程的性质》,商务印书馆 1998 年版,第 23 页。
② 〔美〕卡多佐:《司法过程的性质》,商务印书馆 1998 年版,第 45 页。
③ 〔美〕卡多佐:《司法过程的性质》,商务印书馆 1998 年版,第 75—76 页。
④ 〔英〕丹宁勋爵:《法律的训诫》,杨百揆等译,法律出版社 1999 年版,第 19 页。
⑤ 亚里士多德就曾提出用衡平(epieikeia)的办法来解决上述困难。亚里士多德用的希腊文衡平法原则一词是 epieikeia。它的意思是公平。衡平法(Equity)曾是英国法律的一个组成部分。它的基本原则是公平合理(fair),衡平法的名称由此而来。19 世纪 70 年代英国司法改革后,衡平法作为独立的法律不复存在,但其本身的公平合理的原则仍对英国及英美法系国家和地区的法律产生着较大的影响。

衡平推导既不是基于一条现行法规,亦非旨在创设一条规则或新的先例,只是对法律规定或规则"制定"或"附加"一个衡平法意义上的例外。以该规定或规则的适用会导致不公平或不公正为由而正当背离该法规,不是也不应对法规构成实质性破坏,也不是以在某一特殊案件中适用法规会引起一种严重的非正义现象为理由而拒绝适用该法规。衡平推导是"由于法律的一般性而有缺陷时对法律的补救"①,是当法律因其过于原则而不能解决具体问题时对法律进行的补正。运用衡平推导方法解决具体案件,唯一的目的在于个别对待异常事实情形,"变通"法律,在具体案件上主持公道,在一个以某种不可能以相似方式在现实中重新出现的案件中公平对待各方当事人,在异常情形中平衡公正,实现个别公平与正义,达到公正判决,在具体案件中平衡法律与社会之间的冲突与公正。

在北京某医学博士、眼科医生涉嫌盗窃、侮辱尸体一案中,某医院医学博士、眼科医生未曾征得死者生前同意,也未征得死者家属许可,私自将死者眼睛取下装上假眼睛,将眼睛的角膜取下并分别移植给在本院就诊的一位普通女工患者和一位普通农村妇女患者。死者家属发现后控告该医生涉嫌盗窃、侮辱尸体罪。

我国《刑法》第 302 条规定:盗窃、侮辱尸体的,处 3 年以下有期徒刑、拘役或者管制。在本案中要解决的首要问题在于:(1) 要判明该医生的行为是否违反我国《刑法》第 302 条规定,构成盗窃、侮辱尸体罪? (2) 一旦判明该医生的行为违反我国《刑法》第 302 条规定,是将该规定直接适用于此案? 还是以直接适用此规定会导致不公平、不公正结果为由"正当背离"此规定呢? 一旦判明该医生的行为违反我国《刑法》第 302 条规定构成盗窃、侮辱尸体罪,并决定将该条款直接适用于此案,就表明法官认为直接适用该法规是妥当的;一旦法官认为直接适用该法规不妥,就意味着法官正当背离此规定,对该法律规定或规则制定一个例外,或者说为其拒绝适用或正当背离找一个正当理由。本案最后的结果是,检察机关以该医生的行为虽有不当,但情节显著轻微危害不大,不认为是犯罪为由,决定不起诉。

在 Valentini v. Canali(瓦朗蒂尼诉加纳里)一案中②,一个未成年人起

① 转引自〔美〕斯东:《苏格拉底的审判》,三联书店 1998 年版,第 112 页。

② 〔美〕博登海默:《法理学——法哲学及其方法》,华夏出版社 1987 年版,第 428 页。

诉要求索回他按照一项租房和购置家具的合同所付的钱款。根据有关成文法规定,未成年人为贷资供应所签订的合同是完全无效的。但原告在此前已住此房屋和使用此家具有好几个月了。英国后座法院拒绝了原告的诉讼请求,英国后座法院认为:当一个未成年人已就某样物品支付了款项并已消费或使用了它时,他要求重新收回他所付的钱款,是与自然正义相违背的。在这里,本案不是没有明确的法律规定或规则,而是英国后座法院认为将成文法相关规定直接适用于本案会造成与"自然正义"相违背的结果。为此,英国后座法院运用衡平推导方法,根据"自然正义",给相关成文法规定附加了一个例外,为其正当背离此规定找了一个"正当理由",这就是"自然正义"。

正如培根所言:立法者不可能用明确的语言为每个案件立法,为了正确判定当下案件是否在制定法规定之内,你可以假定立法者在场,并向他提出如下问题,你打算怎样理解这一案件? 然后站在正直的、理性人的角度给出你自己的答案,这是一个好的方法。如果你感到立法者会包括在内,你就可以确信该案包括在制定法之内,因为你所作的也就是立法者所作的,你没有违反制定法,而是遵循了制定法。只要为了做到合理,为了在双方间维持公平和正义,法院就可以归结出或硬加上一项条款。"当社会的需要要求这种解决办法而不是另一种时,这时,为追求其他更大的目的,我们就必须扭曲对称、忽略历史和牺牲习惯。"①

在广西南宁中级人民法院受理的一起损害赔偿案件中②,1999 年 6 月 25 日客运公司司机叶某驾车途中,遇歹徒抢劫乘客,遂见义勇为欲将客车开往派出所,而与歹徒进行搏斗,不幸翻车,歹徒乘机逃掉,一乘客受重伤而高位截瘫。该受伤乘客向法院起诉,要求客运公司予以巨额赔偿。法院迟迟没有作出判决。

我国《合同法》第 302 条规定,承运人应当对运输过程中旅客的伤亡承担损害赔偿责任,但伤亡是旅客自身健康原因造成的或者承运人证明伤亡是旅客故意、重大过火造成的除外。显然,法官难以下判,倒不是因为找不到相应明确的法律规定,而是将上述明确的法律规定直接适用于本案这样

---

① 〔美〕卡多佐:《司法过程的性质》,商务印书馆 1998 年版,第 39 页。
② 参见《南国早报》2001 年 9 月 21 日报道。

特殊的情形,其妥当性或适当性需要法官进一步判断和衡量。法官面临"直接适用"或"严格适用"与"拒绝适用"或"正当背离"的选择,法官必须作出选择。

在本案中,虽然有明确的法律规定,但是,如果将该规定直接适用于此案,对见义勇为的承运人就有些显失公平与公正,就多少有些不合理和不妥当;另一方面,如果拒绝适用、"正当背离"该规定,对毫无过错且贫困交加的受害人也是不公平和不公正的。这样一来,就给法官带来了一个难题:在直接适用该规定与正当背离此规定之间,法官面临着两难选择,而法官必须要作出选择。一旦法官选择正当背离此规定,就意味着法官运用衡平推导方法,对该制定法规则制定一个例外,或者说为其拒绝适用找一个正当理由。在本案中,运用衡平推导方法进行判决并不困难,难的是要决定应不应当进行这种推导。也许正因为如此,人民法院迟迟未能下判。

最后,广西南宁地区中级人民法院判决指出:客运公司是客运合同承运人,应赔偿受伤乘客 10.89 万元。广西高级人民法院于 2001 年 11 月 16 日作出终审判决[①]:受伤乘客与客运公司形成客运合同关系,该公司有义务将乘客安全送到目的地。客车翻车虽然是由于歹徒抢夺方向盘所致,但客运公司是一种无过错责任。遂依法维持一审判决。"法律必须维护,但正义也必须声张。两者不一定总是一回事。希腊悲剧和苏格拉底、柏拉图哲学的古老难题仍摆在我们面前,而且将来也永远如此。"[②]法律倾向于坚持规则,除非规则产生了明显荒唐的或令人不能容忍的结果。

在 Mcboyle v. United States(麦克博伊尔诉美国)一案中[③],麦克博伊尔将一架他知道是被人偷来的飞机从伊利诺伊州运到俄克拉何马州,他因为违反一项 1919 年的美国联邦法律而被判罪。该法律禁止任何人故意将盗窃的机动车运过州界。这项法律把"机动车"一词界定为:汽车、卡车、运货车、摩托车或其他任何不是设计用来在轨道上运行的自动推进的车辆。麦克博伊尔不服判决上诉至最高法院。

本案要解决的关键问题在于判明麦克博伊尔运过州界的"飞机"是否

---

① 参见《南国早报》2001 年 11 月 20 日报道。
② 〔美〕斯东:《苏格拉底的审判》,董乐山译,三联书店 1998 年版,第 90 页。
③ 283 U. S. 25(1931)转引自〔美〕伯顿:《法律和法律推理导论》,中国政法大学出版社 1999 年版,第 91 页。

属于美国联邦法律禁止条款中的"机动车"？倘若该项法律明文规定将"飞机"列入"机动车"之列，本案的法律依据就自不待言。但是，该项法律并未明文规定将"飞机"列入"机动车"之列，而且飞机通常并不称为机动车，根据该词在1919年的通常含义，飞机也不属于"机动车"。麦克博伊尔将一架他知道是被人偷来的飞机运过州界到底合不合法？

在本案中，由于法律没有明文规定将"飞机"列入"机动车"之列，这就需要法官判明"飞机"是否属于禁止条款中的"机动车"。霍姆斯大法官承认，就这项法律的目的而言，飞机应该被看作一种"机动车"。一架飞机可以与一辆汽车或卡车相类比，它是一种"不是设计用来在轨道上运行的、自动推进的车辆"。汽车和卡车包括在这项联邦制定法中，因为它们可以很容易地被运出失窃的州。而一旦被运出，就会使该州执法的官员感到棘手，因为他们的管辖权限于州界以内。对于联邦官员来说，这却不是一个问题，因为他的管辖权遍及全国。与汽车和卡车相同，一架失窃的飞机可以很容易地被运出失窃的州。于是可以提出这样的主张，即飞机应该归类为"机动车"，因为就这项法律的目的而言，它们在法律上与汽车和卡车相同。但是，霍姆斯法官接着说，仅仅因为我们在表面上可以看似应该适用一种类似的政策，或者认为，假如立法机关想到了的话，就很可能使用含义更广泛的语词，这些并不应该使这项法律扩大适用于飞行器。因为，在日常语言中，"车辆"一词给人的印象是一种在地上运行的东西。在涉及运用刑罚的时候，应该用常人理解的语言给世人一个公平的警告，告诉他们法律意图做什么。因为这个理由，霍姆斯拒绝按照上面那个类比，把这项法律的适用范围扩大到它明显的含义之外，从而拒绝维持对麦克博伊尔的有罪判决。霍姆斯在这里不是反对在法律领域进行类比推导，而是反对在上述刑罚领域作上述不适当的类推。他的理由有两点：其一，"车辆"一词给人的印象是一种在地上运行的东西，把"飞机"归于此类是不适当的；其二，在涉及运用刑罚的时候，应该用常人理解的语言给世人一个公平的警告。

正如卡多佐所言："我们不再必须从理性推演出来的文本或体系之中，而是从社会效用中，从某些后果会追随某些假定而来的必然性中来寻找法律的渊源……而当问题是如何确定这些规则的含义之际，我们又应当向何处寻求含义呢？规则的含义体现在它们的渊源中，这就是说，体现在社会生活的迫切需要之中。这里有发现法律含义的最大可能性。"①

"司法过程的最高境界"

正如丹宁所言:"有时候人们可能无法使自己表达得更清楚,这不是由于你的过错,这可能是由于语言本身的弱点。它可能不足以表达你想要说明的意思,它可能缺乏必要的精确性。"②自然语言具有不明确性,这是自然语言的一个特征。威利姆斯(Glanville Williams)在其所著《语言与法律》一书中指出,一个语词或语句的中心部分或核心部分,其含义或意义可能是清楚的、明确的,但是,离开了中心,走向边缘,它就逐渐变得模糊不清了。比如"交通工具"这个概念,它的中心部分或核心部分是确定的,即包括汽车、卡车、自行车、人力三轮车、马车等,而它的边缘部分是不确定的,即推土机、轧路机、吊车等如果在马路上行驶,也可以认为是交通工具。语词或语句的边缘之处的"边缘意义"(fringe of meaning;fringe meaning),一片朦胧,极易引起争议。这并不是立法者之疏忽,而是自然语言在所难免的性质所在。几乎任何用来对人类生活和周围世界各种特征进行分类或划界的术语或概念,都必然会存在引起争议的模糊的情况,就如同一张照片一样,其轮廓是模糊的,而且愈到边缘就愈加模糊。博登海默感叹道:甚至像"糖果"这类术语,虽说第一眼看上去似乎相当具体、明确,但它在其中心含义和含义模糊不清之处也会产生解释上的困难。

自然语言具有不确定性,这是自然语言的另一个特征。奥地利籍逻辑学家路德维希·维特根斯坦(Ludwing Wittgenstein 1889—1951)基于他对语言的逻辑分析指出:日常语言中语词及语句的意义在于它的"用法"(Gebrauch)、"使用"(Verwendung)或者"应用"(Anwendung)。语词或语句仅在特定情境下才有意义,脱离了这个情境我们就不能理解它们的意思——即我们不知道用它们来做什么。维特根斯坦的研究成果表明:语词或语句没有独自的固有意义(proper meaning),它的意义是相对的。"一个语词的全部定义是不可能建构起来的,因为我们不可能消除那些无法预见因素;因为限制和界定新因素出现的观念永无休止。"因此,任何词或语句都具有

---

① 〔美〕卡多佐:《司法过程的性质》,商务印书馆 1998 年版,第 75—76 页。
② 〔英〕丹宁勋爵:《法律的训诫》,杨百揆等译,法律出版社 1999 年版,第 4 页。

某种不确定性。①

　　波兰籍逻辑学家阿尔弗莱德·塔尔斯基（Alfred Tarski 1902—1983）区分了对象语言（被解释的语言）和元语言（解释语言）。他指出，由于自然语言或日常语言被用作它自己的元语言，因此，日常语言在语义上是封闭的。在语义封闭的意义上说，日常语言是自足的。但是，任何一个有限的语言系统都是不自足的。塔尔斯基的工作表明，任何一个既定的自然语言构成的系统，都是有限的，因而也是不自足的。②

　　现代逻辑学和语言学的成就，特别是塔尔斯基等人的工作，提醒人们应当知道如下事实：其一，找不到这样的基本语言，使得任一有限的语言系统的明确性和自足性毋庸置疑。正如自己不能抓着自己的头发把自己提起来一样，任何一个有限的语言系统都无法保证其自身基本语言的明确性和自足性，从而也就无法保证其自身的明确性和自足性。其二，即便是这些基本语言及其语言系统是明确的，我们在语言系统内部也无法证明这一点。这样一来，要彻底消除这一有限的语言系统的不明确性，就要依赖于无穷倒退或无穷递归的解释链，这就失去了现实的可能性。这样一来，美国法学家霍菲尔德和考克雷克企图通过精炼和详尽界定法律概念，寻找"法律最小公分母"，以此彻底消除法律的不明确性，使立法具有毋庸置疑的明确性，这个愿望自然就成了水中月、镜中花。但是，现代分析法学从维特根斯坦等人的工作中得到激励，对语言进行逻辑分析，从逻辑上澄清思想，以增语义理解力和表达力，则是可取的，也是必要的。

　　法律语言是不自足的，这是法律语言的一个特征。法律概念、术语及其规则是运用法律语言来表达的，而法律语言是不自足的，它以自然语言为载体，建立在自然语言的基础之上，依赖于自然语言，离不开自然语言。这样一来，自然语言的不确定性，以及有限自然语言系统的不自足性，不可避免地要传递到法律语言上，从而导致法律语言的不确定性。

　　法律具有概括性，这是法律的一个基本特征。法律作为具有普遍约束力的社会行为规范，应当具有概括性或一般性。失去概括性便失去一般性，从而失去普遍约束力。由于法律要具有概括性或一般性，要指向一类

---

① 〔奥〕维特根斯坦：《哲学研究》，商务印书馆1996年版。
② A. Tarski：Logic, Semantics, Matamathematics, 1956.

人而不是某个人,要普遍适用于一类行为或现象而不是某个行为或现象,因而法律要概括出每一类社会行为或现象的共性、一般性或普遍性而忽略其个性或特殊性,通常要考虑的是那些能够说明某个特定概念或规则的最为典型或一般的情形,而把每个具体的行为或现象视为这类行为或现象中的一个表现。法律普遍性或概括性的获得,是以忽略个性或特殊性为前提和代价的。这样一来,法律概念、术语或规则因其本身的概括性或抽象性,而无法涵盖社会行为或现象的个性或特殊性,无法涵盖其具体性或复杂性。

法律具有某种不完备性。在制定法律时,尽管立法者要充分考虑一切可能性,但由于其预见能力的有限性,它无法预见和穷尽所有的可能和变化。立法者通常是以社会现象的典型情况为依据而制定法律的,由于其表达力的有限性,它无法穷尽地表达所有的可能情形及其变化。而且,法律规范一旦规定,便具有相对的稳定性。因此,一旦社会历史条件发生变化,某些法律规范因其内在的相对稳定性,就无法完全涵盖和穷尽运动与变化着的社会行为及其现象,无法完全与运动和变化着的社会存在以及社会意识相吻合。

人们期待法律是万能且至上的体系,法官无论碰到任何法律问题,都能够在法律文本中找到具体的、确定而适当的裁判根据或理由来解决当前案件。但是,人们不能再相信概念法学等编造的神话了。法律一直未能达到以后也不可能达到"逻辑完备的"或"逻辑自足的"境界。实在法自身并不是一个完美无缺的、封闭的体系,而是一个不自足的、不确定的、开放的体系。正如英国法学家哈特(H. L. A. Hart, 1907—1992)所说:每个法律概念的含义或意义有一个确定的、没有争议的核心(central core of undisputed meaning),但也有一个"阴影地带"(penumbra)或"开放的结构"(open texture)。法官面临的问题不再是实在法体系是否存在缺陷,以及这些缺陷是否能够避免,这些已经是不争的事实。法官不可能企盼到立法者会给他们一个完美无缺的法律体系,这是一个不可企及的梦想。法官面临的是有缺陷的法律体系,法官注定要和不确定的、不自足的、开放的法律体系相伴相随。正因为如此,恩吉施在《法律适用的逻辑研究》指出:作出判决结论本身不需要我们费太大的力气,主要的困难在于寻找法律前提。① 法官真正要解决的问题是,如何在不完善的、不完备的、有缺陷的法律体系中进行法律推理,如何从不确定的、不自足的、开放的法律体系中,为具体案件的判决找到确定的、适当的法律根据或理由,为具体案件的裁判建立起大前提。这是法官的使命,也是法官的智慧之所在。

德国学者考夫曼说:"法哲学是哲学的一个分支,而不是法学的子学科……法哲学与哲学的其他分支相区别,并不在于其有什么特殊性,要害是,它以哲学的方式去反映、讨论法的原理、法的基本问题,并尽可能给出答案。"②其实,考夫曼应该这样说,法哲学是哲学的一个分支,因为,它是以哲学的方式作答;法哲学又是法学的一个分支,因为,它解答的是法的基本问题。法律逻辑这门学科的性质大抵也是如此。

法律逻辑要研究法律领域中的推理或论证问题,解决法律推理或论证的正当性这个基本问题。法律推理的理论研究大致沿着两个方向发展:其一,是法律形式推导的研究;其二,是法律实质推导的研究。

法律的形式推导(Formal Reasoning)是指基于法律的形式理性或逻辑理性进行的法律推理,是基于法律规范的逻辑性质或逻辑关系进行的法律推理。法律的形式推导的结果是法律规范的逻辑后承,是对法律规范进行逻辑判断的结果,是对法律规范进行"形式计算"或"概念计算"的结果。法律规范的逻辑性质或逻辑关系是有规律可循的,这些逻辑规律是完全可以用形式化方法加以刻画、加以系统化的。基于对法律规范的逻辑常项的逻辑刻画,可以揭示出法律规范的逻辑规律,建立起法律规范的逻辑理论和逻辑系统,建立起法律的形式推导规则,建立法律的形式推理系统。

人们很早就重视逻辑推导在法律中的应用,并对逻辑推导规则和规律进行了系统的研究。正如西方逻辑史家黑尔蒙所言,三段论的逻辑形式早在古埃及和美索不达米亚的司法判决中就已经有所运用了。在巴比伦的《汉谟拉比法典》也是用逻辑的对立命题与省略三段论的方式来宣示法律规则的。③ 在西方,从古希腊思想家亚里士多德发展起来的一套严密的逻辑理论体系对于罗马法的发展曾产生了深远的影响,加上罗马的法学家们

---

① 〔德〕罗伯特·阿列克西:《法律论证理论》,舒国滢译,中国法制出版社 2002 年版,第 284 页。
② 〔德〕考夫曼等:《当代法哲学和法律理论导论》,郑永流译,法律出版社 2002 年版,第 3 页。
③ 转引自《中国逻辑思想论文选》,三联书店 1981 年版,第 5 页。

对于各种法律概念、法律关系的阐述,终于使罗马法摆脱了其他古代法律体系不合理性、不合逻辑的轨迹,成长为一个博大精深、结构严谨的体系。这种讲究逻辑严密的传统对后世的西方各国的立法与司法影响至大。①

19 世纪以边沁(J. Bentham)、奥斯汀(J. Austin)、凯尔森(H. Kelsen)为代表的早期分析法学对法律中的逻辑分析作过探讨和研究。20 世纪以来,特别是 50、60 年代以后,新分析法学、社会法学、现实主义法学等都积极运用 20 世纪现代逻辑的工具和成就对法律体系和司法过程进行详尽的分析和研究。如德国学者克鲁格(U. Klug)、奥地利学者塔曼鲁(I. Tammelo)、波兰学者齐姆宾斯基(Z. Ziembinski)、芬兰学者冯·莱特(Von. Wright)、美国学者安德森(A. R. Anderson)、我国学者黄厚仁、陶景侃、周祯祥等人对法律形式推导的规则进行了深入的研究。② 上述这些工作大致上属于第一个方向的研究。上述学者基于广义模态逻辑理论,在实质蕴涵的基础上③,对模态逻辑中的某些算子作道义模态词解释,对模态逻辑系统中的公理或规则加以修改或补充,建立了不同的道义逻辑系统。冯·莱特和安德森的工作就是他们的集中代表。应当指出,就建构法律形式推理系统而言,冯·莱特和安德森道义逻辑系统对道义规范的某些逻辑刻画并不适用于法律规范。法律的形式推理系统应当有根本不同于冯·莱特和安德森道义逻辑系统的框架。在命题逻辑系统的基础上,基于对法律规范的逻辑分析,可以建立起法律的形式推理系统 O-P 系统。④ 此外,二元道义逻辑系统以

---

① 参见贺卫方:中国古代司法判决的风格与精神:以宋代判决为基本依据兼与美国比较,载《中国社会科学》,1990 年 6 期。

② 克鲁格在 1951 年出版《法律逻辑》(Juristische Logik)。

塔曼鲁在 1966 年出版《现代法律逻辑概论》(Outlines of Modern Legal Logic)。

齐姆宾斯基于 1959 年出版《法律应用逻辑》(Practical Logic)。

冯·莱特于 1951 年在《精神》(Mind)杂志上提出他的道义逻辑理论。

安德森于 1956 年在模态逻辑系统 T、S_4 和 S_5 基础上,建立道义逻辑系统:OT'、OS_4' 和 OS_5'。

黄厚仁于 1984 年发表《规范逻辑在法律工作中的应用》。

陶景侃于 2000 年出版《法律规范逻辑》。

周祯祥于 1999 年出版《规范逻辑—伦理行为和规范的推理理论》。

③ 亚里士多德的逻辑建立在概念"包含关系"的基础之上。它是一种概念逻辑或类逻辑。古希腊麦加拉学派学者裴洛(Philo)提出了实质蕴涵(material implication)。斯多噶学派的逻辑建立在实质蕴涵基础之上。它扩展了亚里士多德的逻辑,奠定了命题逻辑的基础。1879 年,德国逻辑学家佛雷格重新发现实质蕴涵,并将实质蕴涵扩展为形式蕴涵,以此为基础建立了现代逻辑意义上的经典逻辑———阶逻辑系统。

④ 王洪:《司法判决与法律推理》,时事出版社 2002 年版,第 93 页。

及其后更为复杂的相对道义逻辑系统,如 CMOdyT、CMOdyS₄、CMOdyS₅ 等,力图通过把道义概念条件化、相对化和境况化,克服冯·莱特和安德森等发展起来的道义逻辑系统的悖论和缺陷。遗憾的是,这些系统仍有冯·莱特和安德森系统最根本的缺陷,并且尽管这些系统在一定意义上克服了反义务的命令和互相冲突的义务的两难,但是这些系统本身又存在哪些新问题,尚待研究。对此,麦考密克说道:"规范逻辑深深地渗透到了法学家们的工作当中,他往往在阐释和解决法律科学的问题时起决定作用。……我愿意作为我的结论加以说明的判断是,在规范逻辑领域和现代形式的对法律的逻辑分析领域中的进展,也许将是决定法律理论的未来步骤及其全面性质的先兆。现代逻辑正在缓慢地成熟以期胜任这些任务。"①

法律的实质推导(Substantive Reasoning)是指基于实践理性或目的理性以及价值理性进行的法律推理。它是基于法律意图或目的、法律的价值取向、社会效用或社会利益、社会公平正义观念等实质内容对法律展开的推论。法律的实质推导可分为法律的目的推导和价值推导。法律的目的推导是指基于法律与社会的实践理性或目的理性展开的法律推理。法律的价值推导是指基于法律与社会的价值理性展开的法律推理。法律的实质推导的结果是目的考量、利益衡量以及价值选择的结果,是事实判断和价值判断的结果,是"经验计算"和"交换计算"的结果。

法律的目的推导和价值推导,也是有一定的规律可循的,可以建立相应的一些推理规则。根据法律目的理性或法律规范所涉及的行为之间的目的手段关系或条件关系,可以建立起法律的目的推导规则。② 根据法律的价值理性或价值上的一致性,可以建立法律的价值推导规则。③ 应当指出,法律实质推导的基础是目的蕴涵与价值蕴涵,而不是形式蕴涵。因此,法律的实质推导不完全由形式规则所支配,不能完全用形式化方法加以刻画和加以系统化,它应当有不同于法律形式推导的逻辑框架。因此,法律逻辑的一个重要方向,就是进一步刻画"目的蕴涵"和"价值蕴涵"的逻辑性质,探寻"目的蕴涵"与"价值蕴涵"的推导规则,建立法律的实质推导系统。

---

① 〔英〕麦考密克等:《制度法论》(代译序),周叶谦译,中国政法大学出版社 1994 年版,第 59 页。
② 王洪:《司法判决与法律推理》,时事出版社 2002 年版,第 99—102 页。
③ 王洪:《司法判决与法律推理》,时事出版社 2002 年版,第 107—110 页。

正如卡多佐(Benjamin N. Cardozo)大法官所言："我们每个人都有一种如流水潺潺不断的倾向,不论你是否愿意称其为哲学,却正是它才使我们的思想和活动融贯一致并有了方向。法官一点也不比其他人更能挣脱这种倾向。他们的全部生活一直就是在同他们未加辨识也无法命名的一些力量——遗传本能、传统信仰、后天确信——进行较量;而结果就是一种对生活的看法、一种对社会需要的理解、一种——用詹姆斯的话来说——'宇宙的整体逼迫和压力'的感受;……正是在这样的精神性背景下,每个问题才找到自身的环境背景。我们也许会尽我们之所愿地努力客观地理解事物,即使如此,我们却也永远不可能用任何他人的眼睛来理解这些事物。"[1]"即使在法律的原文拘束力较强的场合,法官也不可能像一架绞肉机,上面投入条文和事实的原料,下面输出判决的馅儿,保持着原汁原味。"尽管卡多佐声称:"即使法官是自由的时候,他也仍然不是完全自由的。他不得随意创新。他不是一位随意漫游、追逐他自己的美善理想的游侠。"[2]但是,卡多佐也承认:"随着岁月的流逝,随着我越来越多地反思司法过程的性质,我已经变得甘心于这种不确定性了,因为我已经渐渐理解它是不可避免的。我已经渐渐懂得:司法过程的最高境界并不是发现法律,而是创造法律。"[3]"在任何司法解释的体制中,我们都永远无法自认为我们已经完全清除了解释者的个人尺度。在这些有关道德的科学中,并不存在任何完全取代主观理性的方法和程序。"[4]

正因为如此,尽管孟德斯鸠宣称:"一个民族的法官,只不过是宣布法律之语词的喉舌,是无生命的人,他们既不能变动法律的效力也不能修正其严格性。"[5]马歇尔也这样说道:"在任何案件中都没有自己的意志……行使司法权的目的从来也不是为了赋予法官意志以效力;而总是为了赋予立法机关的意志——换言之——法律的意志以效力。"[6]然而,正如卡多佐大法官所言:"这声音很崇高,说得也很漂亮精细;但是,这从来也不过是部分的真实。马歇尔自己的法官生涯就是一个明显的例证,它说明了这样一

---

① 〔美〕卡多佐:《司法过程的性质》,商务印书馆 1998 年版,第 3 页。
② 〔美〕卡多佐:《司法过程的性质》,商务印书馆 1998 年版,第 88 页。
③ 〔美〕卡多佐:《司法过程的性质》,商务印书馆 1998 年版,第 105 页。
④ 〔美〕卡多佐:《司法过程的性质》,商务印书馆 1998 年版,第 109 页。
⑤ 〔美〕卡多佐:《司法过程的性质》,商务印书馆 1998 年版,第 106 页。
⑥ 〔美〕卡多佐:《司法过程的性质》,商务印书馆 1998 年版,第 106 页。

个事实,即这一理想超越了人的感官所能达到的境地。马歇尔大法官在美国宪制上打下了他自己心灵的印记;我们的宪法性法律的形式今天之所以如此,就是因为马歇尔在它还仍然具有弹性和可塑性之际,以自己强烈的信念之烈焰锻铸了它。"①

法官个人主观性被批判法学代表人物弗兰克(Frank)推到极端。他认为:"司法判决是由情绪、直觉的预感、偏见、脾气以及其他个人非理性因素决定的。"他主张砸烂客观审判的偶像,跟着感觉走。法律的实质推理具有一定意义上的主观性,以致人们认为,所有国家的法官都有办法从束缚他的条文中解脱出来,为了这个目的,有各种办法可供使用,理由绝不会用尽。正如卢埃林(Karl Llewellyn)曾经指出:"美国法院可以使用的大量解释规则包含有大量的反对命题与矛盾命题,而且人们能够发现,法规解释的某种规则实际上是用来支持法院所希望得到的结果的。"②但是,令人欣慰的是,"'历史就像数学一样,只得假定各种偏心率或多或少地会相互平衡,因此,最后还是有什么东西保持着恒定。'类似的话对法院的工作也适用,各个法官的古怪个性会相互平衡……正是从不同心灵的摩擦中,这里才锻制了某种东西,某种具有恒定性和一致性的东西,并且其平均价值大于它的组成因素。"③

阿诺德(Thurman Arnold)说得好:不应为这种主观性导致的不确定和难以预见而哀叹,这里面有巨大的社会价值,只有价值怀疑论、价值多元论、相互决定意识共存,才能保持防止极权。以主观的司法价值偏爱为基础的判决,要比正式或非正式的社会规范为基础的判决表现出更大程度的不确定性或不可预见性。社会价值有助于构成阻碍司法评价主观自由游动的障碍,但却最终不能阻止自由裁量导致的不确定。所以,就有丹宁大法官所说的情形出现:有时你会发现,如果你能找到一条为你辩护的准则或规则,你的对手也会找到一条反驳你而为他自己辩护的准则或规则。但是,"正是通过这些方面,你不仅会成为你职业中的大师,而且能把你的主观意识同大千世界联系起来,得到空间、时间上的共鸣,瞥见它那深不可测

---

① 〔美〕卡多佐:《司法过程的性质》,商务印书馆 1998 年版,第 107 页。
② 转引自〔美〕博登海默:《法理学——法哲学及其方法》,华夏出版社 1987 年版,第 511 页。
③ 〔美〕卡多佐:《司法过程的性质》,商务印书馆 1998 年版,第 111 页。

的变化过程,领会到普遍性的规律。"①

正如卡多佐(Benjamin N. Cardozo)大法官所言:在寻找法律的过程中,法官受到一种强大的力量的引导。这种引导的力量可以沿着逻辑发展的路线起作用;可以沿着历史发展的路线起作用;也可以沿着习惯的路线起作用;还可以沿着正义、道德和社会福利、当时的社会风气的路线起作用。"开始时,我们对这些路径并没有感到有问题;它们也遵循同样的路线。然后,它们开始分岔了,而我们就必须在它们之间作出选择。历史或者习惯、社会效用或某些逼人的正义情感,有时甚或是对渗透在我们法律中的精神的半直觉性领悟,必定要来援救焦虑不安的法官,并告诉他向何方前进。"②

二、事实推理的方法

"事实"一词的英文是"fact",与"thing(事物)"是有区别的。"事物"是指客观存在的一切对象,"事实"则是泛指实际发生了的事情(Matters of Fact)即事物的实际情况或事物实际所是的情形——具有何种性质或存在何种关系。对此,罗素说道:"当我谈到一个'事实'时,我不是指世界上的一个简单的事物,而是指某物有某种性质或某些事物有某种关系。因此,例如我不把拿破仑叫做事实,而把他有野心或他娶约瑟芬叫做事实。"③维特根斯坦更进一步指出,"世界是事实的总和,而不是物的总和","世界分解为事实",各"事物"结合而成"相互独立"的"原子事实(发生的事情)","原子事实"进一步组合,从而形成"复合事实"④。维特根斯坦将"复杂的事实"看作"事物"通过构成"原子事实"而进一步构成的。相对于事物的"有无",我们关心事实的"真假"。

事实推理(Factual Inference)是关于事实的推论,是关于实际事情及其事情之间的关联的推论,是从一些事实命题出发得出另外一些事实命题的推论,是探寻与发现事实真相的推论。就具体案件来讲,事实发现需要推理,事实检验或确证也需要展开推论,需要以推理(Inference)的方式说明

---

① 转引自〔美〕博登海默:《法理学——法哲学及其方法》,华夏出版社 1987 年版,第 493 页。
② 〔美〕卡多佐:《司法过程的性质》,商务印书馆 1998 年版,第 24—25 页。
③ 〔英〕罗素:《我们关于外界世界的知识》,上海译文出版社 1990 年版,第 39 页。
④ 参见〔奥〕维特根斯坦:《逻辑哲学论》,商务印书馆 1996 年 12 月版,第 22—28 页。

事实的存在。比如,在法庭上根据个人的陈述如证人证言进行推理,或以其他事实(英美证据法一般称为"情况证据"Circumstantial Evidence)进行推理。对于事实推理而言,不是一个事物有或无的问题,而是一个事实真或假的问题。《中国大百科全书·法学卷》指出:"法律事实是法律规范所确认的足以引起法律关系产生、变更和消灭的情况。法律事实通常可分为两类:法律事件和法律行为。"因此,警察、检察官、法官乃至律师的首要任务就是,亲耳聆听当事人、证人、鉴定人的陈述,亲眼阅读眼前的书面材料等,从这些他看到或听到的已知事实,推论出他既没有看到也没有听到的事实,探寻与发现案件的事实真相,进而判断这些案件事实所具有的法律意义或法律后果——所引起的法律关系的产生、变更和消灭。

正如斯塔(Tomas Starkie)所说:当知识不能通过个人现实的观察获得时,能够确认过去事实的方式只有两种,即通过直接或间接来自对该事实有亲身感知知识之人的信息认定事实,或者,通过与能够被有效证明的基本事实具有足够联系的其他事实,以推理或得出结论的方式认定事实,结论是在经验和理性帮助下从已知事实与未知事实之间的联系中获得的。无论是何种情形,推理都需要借助已知事实与争议事实之间的先前经验知识。实际上关于实际事情的一切事实推理都是建立在因果关系之上的,依据这种关系可以超出我们记忆和感官的证据以外,从一些事实推论出别的一些事实。人们在看见两个现象(如天下雨和地湿)恒常相伴出现后,就有可能由其中一个事情的出现推论出另一事情的出现。如"他为什么相信他的朋友是在国内或者法国,他便会给你一个理由,这个理由又是别的一些事实,类如他接到他的朋友一封信,或者知道他先前的决心和预告。一个人如果在荒岛上找到一个表或其他任何机器,他就会断言说,从前那个岛上一定有过人。"无论这种推论是本能的或习惯的倾向还是理性的或逻辑的使然,正像休谟所说的那样,"在这里,我们总是假设,在现在的事实和由此推得到事实之间必然有一种联系,如果没有任何东西来结合它们,则那种推论会成了完全任意的。"①关于实际事情的一切推论都是这种性质的。因此,事实推理有其独特的发现事实的逻辑推理过程,发现与确认事实不但要有已知事实作为基础,从事实推论出事实还要依据人们普遍接受的人

---

① 〔英〕休谟:《人类理解研究》,商务印书馆 1981 年版,第 27 页。

类常识(common sense)——即关于因果关系即自然法则的知识。这种因果联系是事实之间或事情之间的一些条件关系,这些因果关系即自然法则无一例外的都要凭借经验才为人们所知晓,因此它们也被称为经验法则。

推断的方法

倘若事实 A 是事实 B 出现的原因抑或说事实 B 是事实 A 出现随之而来的结果,那么,一旦事实 A 出现则事实 B 必然出现而与事实 B 相反的事实不可能出现;一旦事实 B 没有出现则事实 A 出现就是不可能的。这是因果关系之必然性法则或可能性法则。这样一来,根据因果关系之必然性法则或可能性法则,对事物的实际情况进行必然性的推断,就可以运用两种最基本的演绎方法。即:

肯定前件式:有 A 就有 B,有 A;所以,有 B(即无 B 是不可能的)。

否定后件式:有 A 就有 B,无 B;所以,无 A(即有 A 是不可能的)。

如果把事实之间的因果关系分析为命题之间的充分条件关系,上述推断方法就可以分析为下述命题逻辑推理模式的特例:

$A \rightarrow B$, $A \vdash B$;[①]

$A \rightarrow B, \neg B \vdash \neg A$。

尽管每个案件推理的复杂性程度有着很大的差别,但因果关系的必然性推断就其实质而言,都是借由因果关系之必然性法则或可能性法则所展开的推论,它们只不过是命题逻辑推理基本模式的组合与运用而已。正如前苏联侦查员别尔金所言:读者还记得普希金所幻想的"魔法水晶球"吗?通过这个水晶球,作家能够看到他未来的文学作品的内容。对侦查员来说,这个魔法水晶球就是因果关系的可能性法则,通过它能看到自己所要侦查的案子的内幕。

在某工厂的电话室楼下的水泥地上发现了一具女尸。公安人员赶到现场,进行了仔细的现场勘查。女尸头西脚东仰卧在靠近墙基的水泥地上,头距墙根 30 厘米。头部下方水泥地上有一片血泊。尸体颈部右侧有一块染着血的湿抹布,脚前方八厘米处有一只红塑料底左脚女鞋。二楼厂总机值班室外间的双层窗户扇全部打开,在外窗台棱上有少量擦蹭血迹,

① "⊢"表示推出关系。

窗台下的墙上也少量的血迹。同时在一楼外窗台的一片树叶上有一点滴状血迹。二楼总机值班室是一明三暗的套间房。电话室外间房门虚掩着，暗锁和插销都完好无损，北面的窗台上有死者的一只红塑料底右脚女鞋，鞋跟向外。室内没有开灯，地面光洁，陈设整齐。尸体衣着整齐，口袋里有工作证、钱包各一个，钱包里有人民币若干。尸体头部有两处挫裂伤，腹部隆起，子宫内有六个月的女性胎儿一个。死者为厂电话员，31岁，已婚。公安人员根据现场勘验的结果等有关情况进行了以下的推断：

根据死者的丈夫介绍，他们夫妻感情和睦，经济不成问题，家庭生活都由死者安排，本人性格开朗，死前又无任何反常现象，故自杀的可能性可以排除。

据电话班班长提供的情况，出事现场打开窗户的那两扇玻璃，是死者生前的卫生责任区，两天前，她曾听死者说过那两扇玻璃窗该擦了。电话班往常交接班时有打扫卫生的惯例。上夜班电话员介绍，她打扫卫生用的一块抹布，用完后搭在暖气片上，而现在随着死者掉在楼下。死者穿的是再生底塑料鞋，冬天发硬且滑，加上窗台外较光滑，死者又怀孕在身，身体笨重，很容易造成失足事故。有人因此认为死者系失足坠楼而死。但是公安人员认为这种说法是站不住脚的：

因为死者如果是深夜擦玻璃不慎失足坠楼的话，为什么擦玻璃时屋内不开灯？窗台离地面较高，有95厘米，死者已经怀孕六个月，上窗台擦玻璃为什么不用椅子垫脚？如果是失足摔死的话，一楼外窗台那片树叶上的血迹是怎么形成的？公安人员形成了比较一致的意见，死者既然不是自杀和失足，那么就是他杀。

公安人员经过艰苦的努力，终于在窗台下的暖气片夹缝里发现了四滴米粒大小的喷溅血点，经化验与死者血型相同。室内的四滴血滴和一楼窗台上那片树叶上的滴状血滴联系起来，说明死者在坠楼前已经受伤流血。法医对尸体再次作了详细的检查，发现死者颈部有轻微的掐痕，颈前右侧有不成形条状轻度皮下出血。这就说明死者是在被打伤掐晕后，在失去知觉的情况下被推下楼去的，从而印证了他杀的分析。[①] 这是"可能性法则"的运用。正如尼察律师所言：是可能性规则告诉我的。因为如果不曾有其

---

① 王洪主编：《法律逻辑学案例教程》，知识产权出版社2003年版，第26—27页。

LOGIC

他变异,这样的事情就不可能发生。"唯有因果关系这条锁链,才能把侦查到的分散的、孤立的事实有机地贯穿成一条强有力的证据链条,只有经过逻辑的思维过程,侦查活动才能一环紧扣一环向前发展。"

在英国的一个城市中发生了一起骇人听闻的谋杀案。[①] 一个 8 岁的小女孩被残忍地谋杀了。女孩的尸体被放在一个麻袋中,小孩的牙齿和头发上都粘有煤渣,嘴唇上粘有混有煤灰的呕吐物。小女孩的阴道和肛门出血,把大腿和连衣裤下端全部染红了。小女孩阴道的后壁已经被戳穿,直透直肠。警方检查了一个嫌疑人的住所。但是在这个嫌疑人的住所中却没有发现煤箱和煤。只在厨房饭桌前的油布上发现了一些可疑的斑迹。警方对案情进行了推理:

如果嫌疑人杀了小女孩,那么他一定会清理现场。因此煤灰和煤箱有可能就被移走了。追查煤灰和煤箱的下落十分困难。因为这一区域煤和煤箱实在是太普遍了而且煤和煤箱的来源也大多是相同的。但是从小女孩的尸体看,现场一定会留下很多血。如果要清理现场的话,嫌疑人一定会擦去血迹。如果擦去血迹的话,那么一定会用到油布,油布上一定留有被害人的血迹。

警方对油布上的斑迹进行了检验,结果发现这些斑迹并不是血迹。警方对案情进行了进一步分析,认为原先的推理是正确的,之所以检验不到血迹是因为嫌疑人对油布进行了清洗。但是被害人腹股沟所遭受的延及阴道和肛门汇合处的创伤必然导致其中的血被细菌所感染,也就是说小姑娘的血中将含有她的肠菌。如果说油布上留有被害人的血迹,那么油布上也就一定含有小姑娘的肠菌。警方因此认为如果嫌疑人杀了小女孩的话,油布上一定会有小姑娘的肠菌。

如果小姑娘的肠菌是独特的,那么确认其肠菌就十分容易。于是,警方请来细菌学家对小姑娘的血迹的肠菌进行了化验,结果发现一种极其罕见的菌种。警方对油布进行了检验,发现油布中也含有这种极其罕见的肠菌种类。被杀者与杀人现场之间的联系得到确证。警方由此确定该嫌疑人就是凶手。

警方在上述推断中进行了如下的假言联锁推理:如果嫌疑人杀了小女

___

① 马丁·费多:《西方犯罪 200 年》,群众出版社 1998 年版,第 510 页。

孩的话,那么他一定会清理现场;如果要清理现场的话,嫌疑人一定会擦去血迹;如果擦去血迹的话,那么一定会用到油布;如果用到油布的话,那么油布上一定会沾有被害人的血迹;如果说油布上留有被害人的血迹,那么油布上也就一定含有小姑娘的肠菌;所以,如果嫌疑人杀了小女孩的话,那么油布上也就一定含有小姑娘的肠菌。

正如尼察律师在《我的法庭生涯》一书中指出:根据因果关系的常识,我们能充分肯定地预测人们在一系列特定的环境中会有何反应。凭借一个人对某一刺激的反应,我们能判断他可能作过什么事。这就提示我们应去搜集什么事实,指导我们去寻找我们虽不知道但又确实存在的人证和物证。"可能性规则能使你从一件证据引导出另一证据。它是一件不可思议的工具。如果某件事听起来不太可能发生,那么该件事可能就不是这样发生的,无论当事人或证人对其追忆抱有怎样的自信,一定要视其为不真实的东西而予以否定。如果你觉得某事更可能以某种方式发生并且投入足够的时间深入探究,你终将发现你自己是对的,你因此获得证据。"①尼察律师进一步说道:不能把它理解为直觉一样神秘的东西,因为它不是"直觉",而是一种逻辑推论的过程,这里面还有个逻辑问题。"如果你告诉我你的所有课程成绩都是'A',我没有理由认为事实不是如此,但我将对此表示怀疑。如果我开始调查并发现你某课程的成绩是'B',我则记住你是个吹牛的家伙。这正是可能性规则使然而决非直觉。"②

经验法则或者是已经得到科学证明的关于因果关系的科学规律,或者是一些被人们普遍默认的生活经验或社会常识。根据经验法则的盖然性程度,普维庭教授将其分为四类:生活规律、经验基本原则、简单的经验规则、纯粹的偏见。③ 这些规则在人类的认识过程中具有十分重要的地位。但需要指出的是,在这些生活经验中,绝大多数规则的真理性不是确定无疑的,而是有待于进一步检验的。从本质上说只是一些盖然性的命题,只是一些尚未遇到经验反驳的命题,它不能完全排除例外情形的存在,但尽管如此却并不影响其适用于大多数情形。"没有这些规律性知识,我们一天也活不下去。但是,在另一方面,我们确实不能证明这些规律命题绝对

① 蒙家乐等编译:《律师取胜的策略与技巧》,中国政法大学出版社 1993 年版,第 112 页。
② 蒙家乐等编译:《律师取胜的策略与技巧》,中国政法大学出版社 1993 年版,第 112 页。
③ 〔德〕汉斯·普维庭:《现代证明责任问题》,法律出版社 2000 年版。

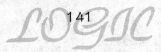

141

无误,而且事实上曾有过不少规律命题被证明是错误的。我们只能说,一切尚未遇到反例的全称命题都可以暂且视之为真,并据以指导我们的行动。"

推测的方法

在事实推理中,有时是要从原因推断出结果,有时则是要执果溯因,从结果推测导致这个结果发生的原因。一般而言,根据因果关系之必然性法则或可能性法则,从原因推断出结果是必然的,从结果推测原因则未必是必然的而只是一种可能。例如,保险丝断了必然会导致电灯熄灭,因此,从保险丝断了可以必然地推出电灯会熄灭,从电灯熄灭了却不能必然地推出保险丝断了。虽然不能必然地推出保险丝断了,但是,电灯熄灭与保险丝是否断了是有因果关联的,电灯熄灭了有可能是保险丝断了的缘故。因此,根据因果关系之必然性法则或可能性法则,可以运用逻辑上的回溯法,对事物的实际情况或情形的原因进行或然性的推测,提出一种可能的假设或假说。即:

有 A 就有 B,有 B;所以,可能有 A(即有 A 不是不可能的)。

因果关系的或然性推测就其实质而言,是藉由因果关系之可能性法则展开的推论,主要的方法就是逻辑上的回溯法。对于一些人来说,"如果你把结果告诉了他们,他们就能通过他的内在的意识,推断出所以产生出这种结果的各个步骤是什么。"由已知推及未知,从结果推论出原因,这就是回溯法推理。

1970 年 12 月 17 日清晨 5 时许,在昆明军区大院的第 32 号院中,接连响起数声枪声。闻讯赶来的军区干部发现昆明军区政委兼云南省革命委员会主任谭甫仁将军仰面躺在血泊里,爱人王里岩也满脸是血。谭甫仁身中三枪:一枪击中腹部;一枪击中头部,子弹从右耳根进,从左耳根出;另一枪击中右臂,弹头嵌在骨中。王里岩身中两枪,一处在胸部,一处在脑门,都是要害处,已当场死亡。谭甫仁是 1955 年授衔的共和国中将,曾参加过八一南昌起义、平型关大捷、辽沈、平津等许多著名战役,在"文革"这个特殊时期,不幸成为新中国被暗杀致死的我军最高级别的干部。12 月 17 日清晨 6 时,周恩来总理接到云南省革委会副主任、昆明军区副政委周兴的报告后,当即指示成立专案小组,由周兴负责,公安部派人协助。昆明军区

奉命当即成立谭甫仁、王里岩被害案侦破小组。专案组经过现场勘查,进行了如下的回溯推论①:

院西北角墙外有一个凳子,其上留有两个清晰的解放牌胶鞋印;院墙内有一个白色的皮鞋包装盒,上面也有一个清晰的解放牌胶鞋印;院墙内外都有新鲜的蹬蹭痕迹;厨房的前后窗户都开着,窗台上和临窗的案板上,都留有相同的胶鞋印。因此,凶手的进出路线应该是从军区大院的北门进入大院,然后绕过司令部大楼走到干部食堂,偷出一个凳子放在32号院西北角的外面,踩着凳子越墙进入了32号院,然后从后窗跳进厨房,又从厨房的前窗跳入前院,作案后又顺原路逃离现场。由此可以断定,凶手非常熟悉32号院和整个军区大院的环境,而且能自由出入,极有可能是军区大院内部的人。

专案组从楼外和楼上的两个中心现场,共搜获8个手枪弹壳和5颗手枪弹头,加上医生从谭甫仁的臂骨中取出的一颗弹头,共获得8个弹壳和6个弹头,经鉴定均系同一支五九式手枪发射。于是,侦破工作首先从查验枪支进行,然而查枪毫无结果,所有佩发的五九式手枪一枪一弹不少。案发后第9天,当军区保卫部副部长王庆和要用枪时,突然发现锁在保险柜中的五九式手枪竟少了两支,并且还丢失了20发子弹。可保密室的门窗没有撬动痕迹,保险柜的暗锁也完好无损,里面的枪弹却不翼而飞,因此,这很可能是内盗。

专案组成员在军区政治部家属院走访时,住在该院的8岁男孩马苏红反映,12月17日早晨,有人推门向他打听陈汉中科长的住处。他发现穿军装的这个人大高个,胖胖的,脸圆圆的。由于32号院和政治部家属院相距不远,也就是七八分钟的路程,与目击者所提供的时间又大体吻合,专案组据此判断:很可能是凶手在32号院作案后马上赶到了政治部家属院。过了几天,马苏红放学回家,与住在同院的同学王冬昆走在一起,这使他突然想起,那天早晨他所见到的那个胖军人很像是王冬昆的爸爸。专案组人员拿来一张包括王冬昆的爸爸在内的集体照片让马苏红辨认,他仔细地逐人看了看,然后指着其中一人说:"就是他,他是冬昆的爸爸。"王冬昆的爸爸叫王自正,是军区保卫部刚提拔不久的副科长,因被原籍老乡检举有"历史

---

① 惊天大案:中共开国中将谭甫仁被刺之谜《党员干部之友》2008年4月18日。

反革命"问题,正被关在监管所隔离审查,由保卫部陈汉中科长负责调查。

12月31日,当专案人员领着马苏红走进监管所时,马苏红一眼便认出了正在扫大院的王自正,脱口说道:"是他,就是他!"这话被王自正听到了,他抬眼一看,不禁大惊失色,急忙转过身去,强装着镇静继续打扫院子,王自正的反常表现自然逃不过专案组人员的眼睛。当天晚上10点半左右,陈汉中带人来到王自正的隔离室,王自正却突然从被子底下摸出一支五九式手枪,对着他们打了两枪后夺门而去。值勤的战士听到枪声后迅速赶来,王自正看到逃跑无望,就举枪对准自己的太阳穴扣动了扳机。经检验,王自正自杀用的五九式手枪正是保卫部被盗的两支手枪中的一支,但不是杀害谭甫仁夫妇的那一支。那支行凶的五九式手枪,后来也在监管所墙外的垃圾堆里找到了。估计是王自正作案后把手枪扔进了厕所里,又被淘粪的农民随着粪便一起淘了出来。

王自正当了多年保卫部的秘书,知道枪柜钥匙的放置。由于工作的关系,他对32号院很熟悉,虽然被隔离审查,但因尚未定性结案,依然穿着军装,帽徽领章齐全,况且一般哨兵也不知道他正被隔离审查,因而军区大院和办公大楼他照样可以出入。因制度不健全,看管他的哨兵换岗,站岗的战士回到宿舍,将下一岗的战士叫醒,由此产生了大约4分钟的时间差。王利用这个时间差,溜出监管所。所有这些偶然因素相加,无形中助他实施了这一新中国成立以来最高级别的党内领导干部被刺案。而且,现场留下的胶鞋印痕尺码与王自正的相符;除了王自正的指纹之外,现场没有其他可疑人的痕迹。王自正在32号院作案后再去政治部家属院,是为了刺杀负责调查他的陈汉中,但因陈不在家而未能得逞。侦破工作进行到了这个时候,应该说案子已水落石出。

1963年瑞典曾经发生了一起非常离奇的案件:某商业巨子在自己的豪宅中中毒身亡。在尸体的旁边放着毒药的包装和水杯,现场没有任何打斗和外力侵入的痕迹,也没有财物损失。在死者身上,除了衣物上沾有一小抹淡色细粉外,没有找到任何有价值的线索。警察断定为自杀,但是死者家属提出,死者没有任何自杀的理由,倒是他的合伙人有可能因财务纠纷杀人。经过调查发现,死者当天曾经驾车搭乘该合伙人,还有人作证说死者在当天死亡前是自行驾车回家的。检察官没有找到直接的证据,无奈之下只好先以该合伙人有杀人动机,而且在死前曾经和死者有过牵连为由对

LOGIC

他提起了谋杀罪控诉。

经过检验,检察官发现死者身上的淡色细粉是花粉,而且在死者的家中没有找到产生这种花粉的植物。检察官将该花粉交由专家检验,发现这种花粉属于红三叶草,而在瑞典只有国家博物馆才有这种花粉。检察官带着专家前往检查,果然找到了这种植物,并在该植物旁边的泥土中化验出了死者中毒的药物成分。因此,检察官根据这些证据推测:嫌疑犯是先将被害人毒死,然后再换上被害人的衣物,驾驶被害人的车辆将被害人的尸体运回宅内的。

后来真相大白,原来被害人是在博物馆里饮用了含有毒药的水。在毒性发作的时候,被害人痛苦挣扎,碰到旁边的植物。嫌疑人为了消灭证据,将杯内的残水倒在土中,再穿上死者的衣服驾驶死者的车,将尸体运回住宅,并将一切伪装成自杀的情形。① 这正可谓"一个逻辑学家不需要亲眼见到或者听说过大西洋或尼加拉瀑布,他能从一滴水上推测出它有可能存在,所以整个生活也是一条巨大的链条,只要见到其中的一环,整个链条的情况就可想出来了。"

1959 年澳大利亚发生一件命案。在一个夜晚,一位富商的遗孀在河边散步时,突然不知所踪。调查人员认为这位夫人很可能已经被杀害,而与这位夫人比邻而居的某男子嫌疑最大。检察官依据多项证据,将该男子逮捕并且以谋杀罪名指控,但是由于没有找到尸体,所以案件始终没法侦破。

检察官将所有的证物都检查过了都没有发现任何证据,检察官将嫌疑人鞋上的泥土采集下来交给专家分析,希望能够发现线索。泥土中的花粉被分析出来了,其中含有柳木、赤杨以及两亿年前的胡桃树花粉化石。而这种特殊的花粉组合只有被害人失踪的那一小片土地的泥土中含有。检察官进行了分析:如果嫌疑人在那片土地上杀了人的话,那么他脚上的泥土中所含的花粉组合一定和那片土地上的泥土中所含的花粉组合相同。现在他脚上泥土中所含的花粉组合和那片土地上的泥土中所含的花粉组合相同。检察官认为嫌疑人就是在那片土地上杀了那位夫人。于是在那片土地上搜索,果然找到了死者的尸体。在证据面前,嫌疑人全部认罪。

回溯推理是有客观的依据的。一个现象的发生必然存在着一定的原

---

① 王洪主编:《法律逻辑学案例教程》,知识产权出版社 2003 年版,第 319—320 页。

因和条件,因此我们可以根据已知的因果联系或者条件联系进行推测。在侦查实践中,侦查人员的主要问题是,根据现场情况、调查结果和已有的知识,探明或发现这些现象或者结果的原因,确定与寻找案犯。因此,侦查人员要大量地运用回溯推理。在侦查实践中,回溯推理的作用,就是根据已知的结果,结合一般的知识,确定侦查的方向,缩小侦查的范围。

推证的方法

就具体的案件而言,关于事物情况或事实真相的推测与假说是需要检验或求证的。检验推测或假说是否成立的常用方法就是:根据因果关系之必然性法则或可能性法则,从该推测或假说推断出一些必然要随之出现的结果,然后考察这些结果是否出现。如果这些结果事实上出现了,就可以运用逻辑上的回溯法对该推测或假说作出或然性的确证,并且,这些结果被证实的越多,该推测或假说为真的可能性就越大;如果这些结果事实上没有出现,就可以运用逻辑上的演绎法对这些推测或假说作出必然性的否证。即:

或然性的确证:有 H 就有 C,有 C;所以,H 是可能成立的。

必然性的否证:有 H 就有 C,无 C;所以,H 是不成立的。

如果把事实之间的因果关系分析为命题之间的条件关系,设 H 为假说命题,W 为一些确认为真的经验常识或事实命题,C 为检验命题,上述检验或推证过程就可以表达为:

确证的过程:$H \wedge W_1 \rightarrow C_1$;$H \wedge W_2 \rightarrow C_2$;……;$H \wedge W_n \rightarrow C_n$;$C_1$,……,$C_n$;所以,H 是可能成立的。

否证的过程:$(H \wedge W) \rightarrow C$,$\neg C \rightarrow \neg (H \wedge W)$,$\neg C \wedge W \vdash \neg H$。

因果推测与假说的确证或否证方法,实质上是逻辑上的融贯性与一致性规则的运用,是"反应平衡"或"内在一致"思考方法的运用。即根据事物情况与事物情况之间的因果关系或条件关联,运用演绎法排除其推论结果与事实不相符即不一致的推测与假说,运用回溯法在或然性意义上确证其推论结果与事实相符合即相融贯的推测与假说。确证或否证的关键在于从该推测与假说推论出一些待证命题即检验命题并对此加以检验。对于侦查人员来说,关键问题是从已有证据提出合理的假说,确定正确的侦查方向;对于法官及律师来说,关键问题是审查全部的证据能否确证或否证该事实主张。前者是从证据提出合理的假说,后者则是以证据检验事实的主张。

一般而言,为了确证推测或假说的真实性或可信性,就要推出尽可能多的检验命题并加以检验。为了确证一个假说命题成立,往往需要一系列的检验命题。假如从假说命题推出的检验命题都被证实,则该假说符合客观实际的可能性就较大,并且,如果各个检验命题被独立地证实,即各个疑点被独立地证实,那么该假说为真的可能性就更大。这是因为,尽管其中任何一种情况的出现都会有许多的其他可能性,但所有事实巧合地凑在一起的几率却非常之小。我们可以把上述检验命题看作是案件中的一系列必要条件,一个人具有其中一个必要条件的可能性很大,但同时具备几个必要条件的可能性就很小。例如,根据现场有某甲的脚印,还不能确证某甲是盗窃犯,因为,现场有某甲的脚印存在着路过或之前留下的等许多种可能性,然而,如果从某甲处搜到了被盗的钱包,在撬门的工具上发现有某甲的指纹,有人作证说看到某甲地拿了一个包从失主家出来,某甲关于自己案发时在异地的陈述已证明属于谎言等,那么,某甲实施盗窃的嫌疑就非常大了。

在 20 世纪初,美国曾经发生了一宗血案。[①] 一个邮局的老板亨利被杀死在自己的卧室里。死者家的地板上的灰尘中有一个鞋子后跟印痕。在这一印痕中隐约可见四个字母"VERE",这是鞋子的品牌名。警察调查了邮局的每一个雇员,结果发现一名叫杰西的雇员和老板有积怨,案发当晚,杰西回来时满身是血,身上还带有子弹。杰西成为重大嫌疑犯,警方将搜查到的杰西的一些衣服和鞋子交给爱德华教授进行检验。

爱德华教授首先分析了杰西的鞋,发现两只鞋底上有"VERE"四个字母,而且同时发现鞋子底的磨损程度也和现场的印痕相同,因此,断定杰西去过现场。因为无法确定这些鞋印就是案发当时留下的,所以,单凭这一点还无法定罪。

爱德华教授接着对衣服进行检查,发现这些衣服曾经被送到洗衣店洗过,非常干净,单凭肉眼无法确认有没有血迹。他将杰西那件洗的非常干净的衬衫放在一张桌子上,用紫外灯仔细的照射每一个部位,在衣服的前

---

① 王洪主编:《法律逻辑学案例教程》,知识产权出版社 2003 年版,第 85 页。

片,爱德华教授发现了许多蓝绿色的荧光,爱德华教授认定这是血迹所致。在法庭上爱德华教授提交了这些证据。辩护人反驳道:其他的印痕有些也能够在紫外灯的照射下发出蓝绿色的荧光,因此那些印痕并不是血迹。

爱德华教授指出:凡是在紫外灯的照射下发出蓝绿色的荧光的印痕都是血迹。因为血液中含有一些特殊蛋白质,是这些蛋白质在紫外灯的照射下发出了蓝绿色的荧光,目前在其他物质中还没有发现这种蛋白质。杰西无罪的辩护被粉碎了,只好认罪伏法。

在一起凶杀案中,公安部门发现现场浮土下的坚硬地面上还有足迹,其中一种足迹与嫌疑对象林某的鞋底花纹一致。公安部门据此将林某拘留。在初次讯问中,林某说该脚印是在被害人死后第三天他进屋时留下的。

为了弄清这个问题,公安部门作了调查,了解到被害人生前有个习惯,每天睡觉前都要洒水扫地,看来,林某的足迹,很可能是在被害人洒水后踏踩出来的。为了确定该足迹踏踩的时间,公安部门在相同土质的地面洒上水,选择一个在身高、体重与林某相同的人,穿同样种类的鞋,每隔半小时踩一次,拍下照片,连续实验35小时,然后将各个时间拍的照片与现场足迹照片对比。结果证明一至二小时内踩的足迹在图形特征等方面与现场足迹完全相同。这说明林某的足迹是在被害人被害的那天晚上洒水后不久留下的。林某不得不低头认罪。在本案中,侦查实验相当于自然科学研究中的模拟实验,公安部门把模拟实验的结果与现场勘查结果进行对比,从而得出林某的足迹是在被害人被害的那天晚上洒水后不久留下的结论。

1986年一个大雪纷飞的日子里,美国康州的一位名叫海莉的妇女失踪了。调查人员怀疑是她的丈夫杀了她,但是怎么也找不到证据,连死者的尸体都找不到。这时有人说在海莉失踪的那天晚上看见她的丈夫开着一辆碎木机在河边逗留。警察产生了一个令人不寒而栗的假设:海莉的丈夫用碎木机来对付她,所以连尸体都找不到。康州法庭科学实验室的李昌钰博士受聘主持侦破工作。

李博士认为海莉家的卧室是现场勘查的重点。在一张双人床的弹簧床垫外端面上,有一小块长条形的痕迹。对该痕迹的物质进行了联苯胺实验,结果呈阳性反应,这证明可能是血迹。李博士提取了一些被怀疑为血痕的微量物质,然后进行了一系列检验。首先,他们通过血痕种属检验肯定那些物质是人血;然后,他们通过血型检验确定为 O 型血,而这正好和失踪人的血型相同;接着,他们通过 PGM 酶型检验证明这血痕是比较新鲜的;最后,他们又通过对血痕物质成分检验表明确定那是循环血而不是经血。血痕检验证实了李博士的怀疑,卧室是杀人现场。

李博士组织警察们勘查了碎木机出现的河边。在积雪中,他们发现了一个残破的信封,信封上的收信人姓名是海莉。这封信给了李博士信心:河边是碎尸现场。

与此同时,警察局的潜水员在河床上发现了一台被拆卸的电锯。电锯被拆成很多截,电锯身上的号码也被人刮掉了。李博士断定这台电锯不是因为没有用了而被丢弃,而是因为有人想隐瞒些什么而被扔掉的。经过勘查发现电锯上有些微量的物质:毛发、人体组织和血痕物质。毫无疑问,这个油锯证实了李博士的推断。

随后,他们在融化了的雪水中相继找到了一些碎木片、毛发、纤维、骨头碎片、人体组织碎片,还有一小片带着指甲油的指甲、一小块像牙医们镶牙用的金属片和一小块牙齿。最后,他们找到了 56 片人骨碎片、两个牙套、2660 根头发、一块断指、五滴血迹、三盎司人体组织和两片指甲。每根头发都经过显微镜的分析,发现都是同一人的头发,而且是被从头皮上直接剃下去的,颜色呈黄色,这正好和海莉一样。人类学家从骨头脂肪含量推出这些骨头已经有几个月时间,这正好和海莉失踪的时间相同,用骨头所作的抗原、抗体实验表明骨头是 O 型血,和海莉的血型一致。决定性的证据是一个牙套,现场发现的牙套和海莉牙科医生那里的牙套模型相比较,两者完全吻合。这些证据证实了海莉丈夫是杀人者的怀疑。

在假说的确证中,"如果把这些证据一个个都孤立起来看,没有一个称得上是决定性的判罪证据,然而,当我们把所有作为罪证的事实、情况联系到一起来看,就能给陪审员们找到根据,证明判决被告有罪是逻辑推理的自然结果。"而且,正如尼察律师所言:这些"间接证据并不是像他们所说的那样像一根链条。你可让一根链条从加拿大的新斯科舍横越大西洋直接到法国波尔多,它可由亿万个环节组成,但只要有一个薄弱环节,链条则会断。与此相反,间接证据像一根绳子,而每一事实则是绳子的一股,当起诉人把事实堆积起来即增加了绳子的股数从而也增强了绳子的力度。假如其中一股断了——我不承认在此案中某一股已经断了——但即使有一股断了,绳子仍然没有断。绳子的力度几乎没有减弱,为什么? 因为还有许多其余各股如钢铁般有力,因此绳子仍然足以使被告受正义的惩罚"。[①]

还应当指出的是,推出的检验命题越多,假说命题被推翻的可能性也越大。因为只要有一个检验命题被否证,则该假说就会被彻底推翻。正如波普尔所言:"由于检验命题被认证不能导致假设的被认证,而检验命题的被否证则必然导致假设被否定,因此,对假设的认证和推翻这二者在逻辑上是不对称的。推翻优于认证。"[②]

推定的方法

在法庭上控辩双方各自陈述案件事实,有时是承认对方陈述的事实,有时是否认对方陈述的事实。当事人双方当然心中明了事实真相但常常又会作出截然相反的陈述,法官只能按照法律规定来认定或推定案件事实的真相。法律规定了控辩双方各自应当承担的证明责任以及证明要达到的标准或要求,法官的首要职责就是通过审查双方的陈述并判断其是否承担了证明责任以及是否达到了证明要求或证明标准来认定或推定案件事实的真相。"法官要进行事实推理,即要决定证据的取舍和证明力的大小,以及基于证据展开推理确认案件事实。"[③]

1898 年美国法学家詹姆斯·布拉德利·萨伊尔(Thayer)首先提出了证明责任的两个不同的概念:(1) 举证义务(the Production Burden or the Burden of Evidence):当事人为使案件得以审理而向法官提供证据的义务或责任;(2) 说服责任或不能说服的风险(Persuasion Burden or the Risk of Nonpersuasion Burden):当事人不能证明其主张或不能说服法庭相信其主张成立而承担败诉或诉讼不利结果的责任。[④]

在民事审判的全过程中一般由主张一方承担证明侵权或违约事实的责任,而且其证明要达到"盖然性占优势"的程度或要求。即负有证明责任的当事人必须以优势证据证明其侵权或违约事实的存在。在民事诉讼中,

---

① 蒙家乐等编译:《律师取胜的策略与技巧》,中国政法大学出版社 1993 年版,第 146—147 页。
② 北京政法学院哲学教研室逻辑组:"侦查与审判中的逻辑问题",载中山大学哲学系逻辑学教研室编:《逻辑在司法工作中的应用》(教学参考资料),第 140 页。
③ 王洪著:《司法判决与法律推理》,时事出版社 2002 年版,第 10 页。
④ 即在诉讼中如遇事实悬疑(即真伪不明),由负举证责任的一方承担败诉风险。

证据之优势在于其使人信服之力量,陪审团或法官其心如秤,把当事人双方之证据分置于左右之秤盘,从中权衡何者具有较大之重量。

在刑事审判的全过程中由控方承担证明犯罪的构成事实或构成要素的责任,而且其证明要达到排除合理怀疑(beyond reasonable doubt)的程度或要求。因此,控方要想使法庭认定被告人犯有指控的罪名,就必须使法庭相信犯罪的全部要素都已经得到排除合理怀疑的证明;如果任何构成事实或要素没有得到令法庭满意的证明,或者任何辩护意见没有得到控方的有力反驳,那么被告人就必须被判无罪。被告人有辩护的权利而不承担证明自己无罪的责任,而且积极抗辩(Affirmative Defense)即证明其"行为具有正当性、合理性或从轻情节"的抗辩只需要达到优势证据的程度或要求即可。

"排除合理怀疑"是英美法上一种重要的证明标准。"排除合理怀疑"是刑事案件作出定罪裁决的要求,亦是诉讼上证明的最高标准;在刑事诉讼中,控方必须将案件证明到"排除合理怀疑"的程度,指控才得以成立。排除一切合理怀疑的证明标准是来自于美国的证据法。[①] "陪审团宣告无罪判决不必要相信被告是无辜的。即使他们相信他有罪,但如果这种信念不十分坚定,他们仍应宣告无罪判决。如果宣告有罪,那么在他们的信念中就不存在合理的怀疑。在我国的每一个联邦法院,法官例行向陪审团作下列指示:如果要作出被告有罪的判决,他们则必须确定他所犯之罪,不存在合理的怀疑。"[②]对陪审团来说最重要的法律问题不是决定被告有罪还是无辜,也不是决定被告是否犯罪。他们的职责是决定起诉人是否履行了法律上的举证责任,证明对被告之罪不存在合理的怀疑。正如法官在 Mul-

---

① "美国的证据法理论和证据立法将证明标准所涉及的程度分为以下几种等级的情形,即:第一等为绝对确定,限于认识上的局限性所致,认为该认识程度根本无法实现,故此无论出自何种法律目的均无此等要求;第二等即为排除合理怀疑,为刑事案件作出定罪裁决的要求,亦是诉讼上证明的最高标准;第三等为清楚和有说服力的证据,在某些司法区的刑事案件中拒绝保释时,以及作出某些民事判决时有此等要求;第四等为优势证据,它是作出民事判决以及肯定刑事辩护时所求的;第五等为合理根据,适用于签发令状,无证逮捕、搜查和扣押,提起大陪审团起诉书和检察官司起诉书,撤销缓刑和假释,以及公民扭送等情况;第六等为有理由的相信,适用于'拦截和搜身'时的要求;第七等为有理由的怀疑,用于宣布某被告为无罪;第八等为怀疑,即据此可以开始行使侦查权;第九等为无线索,仅据此不足以采取任何法律行为。"转引自毕玉谦:《民事证据法判例实务研究》,法律出版社 1999 年版,第 426 页。
② 蒙家乐等编译:《律师取胜的策略与技巧》,中国政法大学出版社 1993 年版,第 147 页。

laney v. Wilbur 一案中指示陪审团所言[1]：

在你们考虑所有证据,进而确信本案被告人或者任何涉嫌谋杀的其他人有罪之前,你们必须相信并裁定公诉人已经通过证据证明此人用意开枪射杀被害人或其他人,而且达到了排除合理怀疑的程度。要时刻牢记,你们绝不能希望或要求辩方去证明被告人没有杀人的故意,并达到让你们满意的程度。虽然他可以通过各种证明方式,尽其所能地让你们相信被告人是无辜的或无罪的,但他并不是必须这么做,他没有证明任何事情的义务。证明被告人有罪永远是公诉人的责任,在本案中证明被告人有意谋杀,且达到排除合理怀疑的程度也同样只是公诉人的责任。辩方负有证明其所主张的积极抗辩且达到优势证据程度的责任。如果你们裁定公诉人已经成功证明被告人有杀死被害人的故意,且达到排除合理怀疑的程度,但同时辩方也成功地通过优势证据证明被告人是在情感冲动影响下行事的,那么你们就只能裁定被告人犯有一般杀人罪而不是谋杀罪。

在美国刑事诉讼中,"无罪"这一法律术语与"无辜"并不是同义的。当然,"无罪"是在起诉人没有履行其举证责任时陪审团所做的法律判决。一项基于证据不充分的"无罪"判决可以根源于陪审团两种心理状态中的一种:他们相信被告是无辜的且没有犯罪;另外,虽然他们认为他不是无辜的且倾向于认为他确实犯了罪,只是起诉人没有充分有力的证据使他们确信对他的罪行不存在合理的怀疑。比如,在美国"世纪审判"的辛普森案件中,陪审团达成了辛普森无罪的一致裁决,但陪审团成员之一艾辛巴克(女,白人)说道,她内心认为辛普很可能有罪,但是她又认为检方证据不足。

在我国诉讼过程中,对案件事实的证明要达到"确实与充分"的程度或要求。[2] "确实与充分"的证明要求可以具体化为"排除合理怀疑"与"盖然性占优势"的要求。如:(1) 据以定案的证据均已查证属实;(2) 案件事实均有必要的证据予以证明;(3) 证据之间、证据与案件事实之间的矛盾得

---

① Mullaney v. Wilbur, 421 U.S. 684, 95 S.Ct. 1881, 44L. ed. 2d. 508(1975).

② 我国刑事诉讼法第46条规定:没有被告人供述,证据充分确实的,可以认定被告人有罪和处以刑罚。

我国刑事诉讼法第162条规定:(一) 案件事实清楚,证据确实、充分,依据法律认定被告人有罪的,应当作出有罪判决;(二) 依据法律认定被告人无罪的,应当作出无罪判决;(三) 证据不足,不能认定被告人有罪的,应当作出证据不足、指控的犯罪不能成立的无罪判决。

到合理的排除；（4）得出的结论是唯一的，排除了其他可能性。即：$\Gamma \vdash \alpha \longleftrightarrow \neg (\Gamma \wedge \neg \alpha)$。倘若得出的结论不具有排他性或唯一性，结论就不是必然地得出来的，前提与结论之间就不具有逻辑上的必然联系，论证就没有达到充分的程度，或者说证明没有达到排除合理怀疑（beyond reasonable doubt）的程度，就不能排除对结论的真实性的合理怀疑，就不能确认其指控成立。

在福峡茶厂诉福州港务局马尾港务公司一案中[①]，原告自行装箱施封，交被告承运后，一直到收货人收货运至其仓库，集装箱都是清洁交接，而集装箱内的茶叶却因水湿致发生霉变、货损。由于集装箱运输的特点，是凭箱体和沿封交接。在箱体完好、沿封完整、清洁交接的情况下，箱内货物发生灭失、短少、变质、污染、损坏，只能是依据"谁装箱谁负责"的原则，推定由装箱人负责。在装箱人有充分证据证明货损是他人过错造成的情况下，或者说已发生的事实能充分说明箱内货物货损是装箱人以外的人造成的，就应由过错人承担责任。法院审理后认为：

本案茶叶霉变，系水湿所致。该批茶叶在装入集装箱前经检验合格，未受水湿。被告和第三人均举不出确实的证据来证明水湿系托运茶叶本身的质量问题。因此，只能推定湿损发生在装箱之后，而集装箱离开被告堆场直至收货人仓库期间，箱体均无受湿的可能。而在被告滞运期间，集装箱为露天堆放，其间有 3 次台风暴雨袭击，被告又未采取任何防护措施。因此，集装箱体受湿，只能推定发生在被告滞运期间。

在正常情况下，集装箱即使受雨淋，也不会发生渗漏。但是，如果集装箱水密性能不符合要求，在受水时就会发生渗漏致箱内货物水湿损坏。本案集装箱内的货物水湿受损，因排除了托运人（装箱人）的原因，且又有受到雨淋的事实，只能推定是集装箱的水密性能不符合要求所造成的。集装箱水密性能不符合要求属箱体本身潜在缺陷，是一般人用普通方法所不能发现的。因此，因箱体本身潜在缺陷，如透光检查无法发现渗漏等，造成货物湿损，由集装箱所属单位负责。由于集装箱属第三人所有，该货损就应由第三人负责。

在本案中，在诉前案涉集装箱被放回港区周转使用，已经无法对其装

---

① 《人民法院案例选编》，最高人民法院 1993 年第 1 期。

载茶叶时的状况进行检验,因此,法院认定集装箱体受湿发生在被告滞运期间以及第三人提供的集装箱水密性能不好的事实没有直接证据,只能是运用排除法及证明责任来进行推定。

2008 年 3 月 13 日纠缠近 10 年的香港律师谢伟俊因为杂志拍摄近乎全裸照片及过度宣传,而被律师会独立纪律审裁组裁定违反操守的案件,随着香港终审法院驳回其上诉而结束,谢伟俊被处执行停牌 1 年的处罚。

谢伟俊在终审法院的上诉中,指出由于律师会对他的指控及后果均十分严重,故认为纪律聆讯中应采取刑事案即较高举证标准,故需要在"毫无合理疑点下"始能裁定有罪。终审法院法官包致金在判词中指出,在纪律聆讯中应采取民事案"相对可能"的举证标准,又指由于愈严重的指控,便愈需要更有力的证据去支持,否则指控不能成立,故厘定采取那一种举证标准,并非取决于指控是否严重。终审法院又指出,若这举证标准被一个正常人正确运用的话,已足够维持业界专业水平,亦可避免业界成员被冠以不公平的定罪。①

法官根据上述证明责任与证明要求的规定来认定或推定案件事实。法官要考察证据是否达到证明案件事实的证明标准或要求,在案件事实处于真伪不明的情况下,法官更是要通过法律规定的证明责任之分配规则来解决事实认定问题。这样一来,在事实认定或事实推定中,就产生了所谓客观真实与法律真实的问题。

正像卡多佐大法官所说:我们不可能超越本我的限制而看清任何事物的本来面目,尽管如此,这却是一个在我们的能力限度之内应当努力争取的理想。上述证明责任及证明标准的规定正是在法律生活中实现这些理想的制度设计。

三、判决推理的方法

18 世纪苏格兰著名作家诺斯(Christopher North)曾经幽默地说:法律制定出来就是要被触犯的(Laws were made to be broken)。因此,任何一个国家不仅要立法,而且要有专门的执法与司法机关来保证法律的遵守和执

① 中新网 3 月 14 日电。

行,以保证以身试法者可以如愿品尝到法律的滋味。司法的职责就是弄清楚以身试法者找死的意思表示,然后给他一个精确的死的理由,再下一道准予他死的圣旨。

法官在司法过程中不可避免地要解决三个问题:其一,确认事实;其二,寻找法律;其三,将案件事实置于法律规范之下即根据事实和法律做出判决。司法判决结果的获得,必然要进行三种不同意义上的推论:事实推理(factual inference)、法律推理(legal reasoning)、判决推理(judicial reasoning)。① 判决推理是将法律适用或应用于具体案件的推论,是对案件事实进行司法归类的推论,是根据确定的法律规范解决具体案件或纠纷的推论,是根据已经确认的事实,结合与该事实相吻合的法律规定,得出裁判结论的推理过程。② 即使是再简单的案件也会有这样的推理过程。

在大陆法系或成文法系国家,要求法律面前人人平等,抑或同样的事情同样地对待,是通过制定与适用统一的成文法或制定法来实现的。以事实为根据,以法律为准绳,任何案件必须以法律为判决依据,而且同样的事情必须适用同样的法律依据。在大陆法系国家或成文法系国家,立法机关制定的成文法,以及其他的制定法,是唯一的法律渊源,是法官审理案件的唯一依据。③ 因此,在成文法系国家,法官的判决推理主要运用演绎推理的方法,其判决推理具有下面的基本结构:法官确认的制定法规定或规则是判决推理的大前提,法官确认的案件事实是判决推理的小前提,法官对具体案件作出的裁决是判决推理的结论。正如贝卡利亚所说:"法官对任何案件都进行三段论式的逻辑推理。大前提是一般法律,小前提是行为是否符合法律,结论是自由或者刑罚。"④

在成文法系国家,法官基于事实理由和法律理由得出司法判决结论的过程,是一个逻辑推论的过程,可以根据逻辑规则来建构。制定法规定或

① 王洪,论制定法推理,载《法哲学与法社会学论丛》第四期,2001 年。
② 新分析法学派代表人物拉兹(J. Raz)认识到除了事实推理之外还有两类推理:一类是有关法律的推理,另一类是根据法律的推理,即根据既定的法律规范如何解决问题或纠纷的推理。显然,拉兹所谓的"有关法律的推理"就是我们所说的"法律推理",拉兹所谓的"根据法律的推理"就是我们所说的"判决推理"。
③ 我国不承认判例是法律的渊源,即使是《最高人民法院公报》所刊登的判例,对以后的判决也不具有拘束力。
④ 〔意〕贝卡利亚:《论犯罪与刑罚》,黄风译,中国大百科全书出版社 1993 年版,第 12 页。

规则是人们的社会行为规范，它通过对违法行为进行制裁，来约束或保护社会成员的行为。如果把法律规范分析为一些类与类之间或者集合与集合之间的关系，把具备或满足法律规定的构成性质或构成条件的社会成员行为看作是一些类或集合，而把法律规范要约束或保护的社会成员的行为即要承担法律制裁或保护后果的行为看作是另外一些类或集合，就可以运用亚里士多德的三段论推理模式来分析制定法判决推理的形式或结构。把具备或满足某些构成性质或构成条件的社会成员行为看作是一些类或集合 M，把受法律规范约束或保护的社会成员的行为即需要承担法律制裁或保护后果的行为看作另外一些类或集合 P，把社会成员的行为看作 S，制定法判决推理即司法三段论就可以分析为亚里士多德的三段论模式的特例。如：

如果每一 M 是 P，如果某个 S 是 M，则某个 S 是 P（barbara 式的特例）。[①]

或者表述为：如果所有 M 是 P，某个 S 是 M，则某个 S 是 P。

上述 barbara 式是三段论的第一格第一式，其特例是指从一般到个别的推理。在此处把"M 是 P"解释为"M 属于 P"或"M 在 P 里"。正如穆勒所说，三段论公理是"曲全公例"，揭示了"全体都具有的其个体也具有"的逻辑规律，反映了由于事物存在着特殊与普遍、个别与一般之间的内在联系，全体都具有的共性与普遍性也是同类事物的任何个别事物都共同具有的。此处大前提是对某同类个别事物都具有某种性质的普遍性陈述，小前提是对某一事物是该同类中的个别事物的个别性陈述，结论是对该个别事物也具有在大前提中普遍性陈述所揭示的属性的个别性陈述。

亚里士多德将三段论形式加以系统化，建立了第一个演绎推理系统。三段论推理是演绎推理中常用的方法，为大陆法系国家所推崇与运用。正如西方逻辑史家黑尔蒙所言，三段论的逻辑形式早在古埃及和美索不达米亚的司法判决中就已经有所运用了。在巴比伦的《汉谟拉比法典》也是用逻辑的对立命题与省略三段论的方式来宣示法律规则的。在三段论模式下，制定法律规范是对社会成员及其行为进行立法分类或划分的过程，法官作出判决则是将案件事实纳入法律规范之中进行司法归类的过程。

---

① 〔英〕涅尔等：《逻辑学的发展》，张家龙等译，商务印书馆 1985 年版，第 93 页。

2001 年 8 月 13 日,最高人民法院作出的一项司法解释引起人们极大关注,这一司法解释是针对山东省高级人民法院(1999)鲁民经字第 258 号《关于齐玉苓与陈晓琪、陈克政、山东省济宁市商业学校、山东省滕州市教育委员会姓名权纠纷一案的请示》所进行的批复。

齐玉苓和陈晓琪同时报考山东省济宁市商业学校,陈晓琪在中专考试中落选。但齐玉苓的录取通知书却被陈晓琪领走,陈晓琪从此变成了"齐玉苓",到商业学校报到就读。1993 年毕业后,继续以齐的名义分配到中国银行滕州市支行工作。而齐玉苓进了工厂,后又下岗,不得不靠卖早点维持生计。据查,陈晓琪是原村党支部书记陈克政之女,她考试落选之后,在有关人员参与下采取了一系列冒充齐玉苓上学、工作的行动。直到 1999 年,得知真相的齐玉苓以侵害其姓名权和教育权为由,将陈晓琪、陈克政、山东省济宁市商业学校、山东省滕州市第八中学、山东省腾州市教育委员会告上法庭,要求被告停止侵害,并赔偿经济损失和精神损失。

最高人民法院针对山东省高级人民法院《关于齐玉苓与陈晓琪、陈克政、山东省济宁市商业学校、山东省滕州市教育委员会姓名权纠纷一案的请示》作出如下批复:

"根据本案事实,陈晓琪等以侵犯姓名权的手段,侵犯了齐玉苓依据宪法规定所享有的受教育的基本权利,并造成了具体的损害后果,应承担相应的民事责任。"

最高人民法院所作的批复中隐含着这样一个前提,以侵犯姓名权的手段、侵害他人依据宪法规定所享有的受教育的基本权利,并造成了具体的损害后果,应当承担相应的民事责任。最高人民法院的批复根据本案的事实和隐含的前提进行了如下的推论:

以侵犯姓名权的手段、侵害他人受教育的权利、并造成了具体的损害后果的是应当承担民事责任的;陈晓琪等是冒用他人姓名上学、侵害他人受教育的权利、并造成了具体的损害后果的;所以,陈晓琪等是应承担相应的民事责任的。

上述推理可以分析为一个三段论推理:"以侵犯姓名权的手段、侵害他人受教育的权利、并造成了具体的损害后果的应当承担民事责任"是大前提,"陈晓琪等是冒用他人姓名上学、侵害他人受教育的权利、并造成了具体的损害后果的"是小前提,"陈晓琪等是应承担相应的民事责任的"是结论。其推理形式如下：所有 M 是 P，某个 S 是 M，所以，某个 S 是 P。

三段论推理是演绎推理（deductive inference）。演绎推理的特点在于，结论为前提所包含或蕴涵（imply），结论是从前提中必然地得出来的。运用演绎推理从前提得出结论在逻辑上是无懈可击的，只要前提真实，推理合乎逻辑规则，推理的结论就是可靠的。在法律规定明确且事实清楚的情况下，只要运用演绎推理就可必然地得出判决结论。"三段论的推理非常有力，又为人熟知。因此，渴求自己的活动看上去尽量客观的律师和法官都花费了很大力气使法律推理看上去尽可能像是三段论。"①当然，仅仅在逻辑上保证三段论推理无懈可击是不够的，还需要保证其前提的正确性，否则是得不出正确结论的。

李某因患"易性癖"做了变性手术。某晨报记者郝某经李某同意对其作了采访，并为李某拍了照片。后来郝某将采访后写的文章以李某的真实姓名发表在该晨报上，并配发了为李某拍摄的照片。文章见报后，郝某又将此文投到某杂志发表。此文在李某工作所在地引起轰动，李某承受不了来自各方的舆论压力，被迫离开了该地。李某向法院起诉，称郝某文章的两次发表是对其个人隐私的大曝光，使其无法工作生活，侵害了他的名誉权。郝某答辩称：文章所涉及的情节和事实都是真实的，谈不上侵犯名誉权。人民法院根据《关于贯彻执行〈民法通则〉若干问题的意见（试行）》第140 条规定："以书面、口头等形式宣扬他人的隐私，或者捏造事实公然丑化他人人格，以及用侮辱、诽谤等形式损害他人名誉，造成一定影响的，应当认定为侵害公民名誉权的行为"，认定郝某的行为侵犯了李某的名誉权。

郝某在答辩中以文章所涉及的情节和事实都是真实的为由，称自己的行为谈不上侵犯名誉权，郝某的答辩暗含这样一个前提，凡是宣扬他人真实情况的行为都不构成名誉侵权。郝某的答辩构成这样一个三段论推理：凡是宣扬他人真实情况的行为都不构成名誉侵权，郝某的行为是宣扬他人真实情况的行为；所以，郝某的行为不构成名誉侵权。郝某上述三段论推理是有效的，但三段论推理的大前提，即郝某答辩隐含的前提是不符合法律规定的。《关于贯彻执行〈民法通则〉若干问题的意见（试行）》第 140 条规定："以书面、口头等形式宣扬他人的隐私，或者捏造事实公然丑化他人

---

① 〔美〕波斯纳：《法理学问题》，苏力译，中国政法大学出版社 2002 年 11 月版，第 50 页。

人格,以及用侮辱、诽谤等形式损害他人名誉,造成一定影响的,应当认定为侵害公民名誉权的行为。"根据这一法律规定可以得知以书面、口头等形式宣扬他人隐私损害他人名誉,造成一定影响的,也是侵害公民名誉权的一种方式。所谓隐私,是指他人所不愿意公开的真实情况。因此,郝某的说法与法律的有关规定是相互矛盾的,是不符合法律规定的。从错误的前提出发也可以合乎逻辑地进行三段论推理,因此,在成文法系国家,仅仅依靠司法三段论还不足以确保判决的正确与统一。

李某与王某双方签订了房屋买卖协议,协议载明:李某自愿把个人坐落在某居委会的 150 平方米的二层七间楼房,实占土地总面积 216 平方米,作价一百万元卖给王某。买方先预付八十万元,待李某将房内维修完毕,经王某验收后,付清余款二十万元,李某把房地产证交给王某。在办理房屋产权过户手续时,李某必须大办协助。协议签订后,李某如约将房屋维修完毕,王某验收后,即搬进居住,并将余款付清。李某将房产证交给王某。由于当时王某户口不在本市,而未办理房产过户手续。一年半以后,王某将户口迁至本市,即向李某提出办理过户手续,李某拒绝,并向法院起诉,请求法院判令王某归还房屋,同时自己退还房款。

一审法院认为,任何单位或个人不得私自买卖城市私有房屋;买卖城市私有房屋,卖方须持房屋的所有权证和身份证明,买主须持购买房屋证明和身份证明,到房屋所在地房地产管理机关办理产权变更手续;李某与王某虽已房款两清,但未根据《城市私有房屋管理条例》规定,办理房屋产权变更手续,因此该买卖行为属无效民事行为。因此房屋所有权仍归李某,李某退还王某房款。王某不服一审判决,提起上诉。

二审法院认为,李某与王某之间的房屋买卖符合平等、自愿、等价有偿原则,其意思表示真实,并立有契约。买方业已交付了房款,并实际使用和管理了房屋,且没有其他违法行为,只是买卖手续不完善,应认定买卖关系有效,但应责令其补办房屋买卖手续。李某为获得更高房屋价款而反悔,要求退房退款的请求,损害了王某的利益,应不予支持。该院依据《中华人民共和国民法通则》第 4 条和最高人民法院 1984 年 8 月 30 日《关于贯彻执行民事政策法律若干问题的意见》第 56 条之规定,判决撤销原判决,认定王某与李某的买卖协议有效,李某应按协议约定于判决生效后两个月内协助王某办理产权登记手续。①

我国《城市私有房屋管理条例》规定,买卖房屋双方应到房产管理部门进行房屋产权登记,这一规定体现了国家对不动产的监督和管理,以此保障人们基本生活资料和生产资料的安全以及交易的安全,防止房屋交易中的偷税行为,这一规定是对房屋买卖合同的形式要件所作的规定。一审法院依此规定而做出推论,认为所有未办理房屋产权变更手续的买卖行为都属无效民事行为,并以此为大前提,构成三段论:所有未办理房屋产权变更手续的买卖行为都属无效民事行为,王某和李某的房屋买卖合同未办理产权变更手续;所以,王某和李某的房屋买卖合同属无效民事行为。该三段论推理形式无懈可击,完全符合三段论的规则。

二审法院针对其大前提提出质疑,是否所有未办理房屋产权变更手续的买卖行为都属无效民事行为呢? 根据最高人民法院1984年8月30日发布的《关于贯彻执行民事政策法律若干问题的意见》第56条规定:"买卖双方自愿,并立有契约,买方已交付了房款,并实际使用和管理了房屋,又没有其他违法行为,只是买卖手续不完善,应认为买卖关系有效,但应着其补办房屋买卖手续";1993年11月24日最高人民法院印发的《全国民事审判工作座谈会纪要》指出:"审理房地产案件,应尊重合同双方当事人的意思表示。只要双方当事人的约定不违反法律政策,不损害国家利益、公共利益和他人利益,就应维护合同的效力。"因此,符合上述规定而没有办理房屋产权变更手续的买卖合同,依然是有效的合同。二审法院以此为大前提,以"李某与王某之间的房屋买卖合同是在平等、自愿、等价有偿的条件下订立的,李某已将房屋及产权证交给王某,王某已付清房款,且已实际使用和管理了房屋达一年半之久,又没有其他违法行为,只是买卖手续不完善"为小前提,推导出"王某和李某的房屋买卖合同有效"的结论。对一审判决予以改判。

人们可以从不同的前提出发合乎逻辑地得出完全相反的结论。"前提的不同对于在这两种情况下产生三段论是没有区别的,因为证明者和论辩者在陈述了一种东西属于或不属于另外一种东西之后,都以三段论的方式

---

① 王洪主编:《法律逻辑学案例教程》,知识产权出版社2003年版,第81—82页。

进行论证。"①法官们有可能在同一法律体系中识别完全不同的权威性的大前提,以完全不同的法律规则作为推论的前提与基点;有可能对同一法律条文作出完全不同的解释,对制定法条文的含义或意思即所蕴含的"事物本然之理"或"事物的本质"(Natur der Sache)作出完全不同的探寻;有可能对案件事实的重要程度作出完全不同的判断,对案件事实作出完全不同的司法归类。因此,在成文法系国家,仅仅依靠司法三段论还不足以确保法制的统一。正因为如此,就有了不同的法院甚至同一个法院都依据《中华人民共和国消费者权益保护法》判案,但是,对于王海是不是"消费者"、以及"知假买假"行为是不是"消费行为",法官的判决却大相径庭。

司法三段论的大小前提是可争议的、可争辩的、可修正的,因而是开放的或不确定的。它们有可能是需要进一步说明、确立或证明的,法官必须完成对这些前提的必要的外部证成。图尔敏(Toulmin)的论证构造理论实质上是揭示了论证大小前提的可争议性或开放性。图尔敏认为:"在所有这些领域当中,作出主张的同时提出应予承认的要求。如果这个主张受到怀疑,那它就必须要进行证立。把事实作为理由提出来,由此就可以进行这个活动。"②如:

Harry 是英国人(结论),因为 Harry 出生在百慕大群岛(小前提),且在百慕大群岛出生的人就是英国人(大前提)。

为什么在百慕大群岛出生的人就是英国人呢?因为就殖民地出生者的国籍在英国的制定法中有明文规定(小前提),且在英国的制定法中有明文规定的就依规定成立(省略的大前提)。

在百慕大群岛出生的人都是英国人吗?不,在百慕大群岛出生的人是在一般条件之下大概就是英国人(结论),因为就殖民地出生者的国籍在英国的制定法中有明文规定双亲均为外国人的除外(小前提),且在英国的制定法中有明文规定的就依规定成立(省略的大前提)。

再如,某先生偷用了其所在城市 Hague 的电力;占有了电力者即是占有了某个有价值的东西;占有了某个有特定价值的东西者即是占有了一项财产;占有了一项财产者即是占有了利益;而故意侵占了属于的他人利益

---

① The works of Aristotle, 24a25—28。同上,第 25 页。

② 〔德〕罗伯特·阿列克西:《法律论证理论》,舒国滢译,中国法制出版社 2002 年版,第 106 页。

应判 4 年以下监禁①;因此,某先生应判 4 年以下监禁。

　　制定法的规定或规则即法律规范自身是有逻辑结构的,可以进行整体性考察或结构性分析。考察这些法律规范是由哪些部分或要素来组成的,以及这些部分或要素之间是如何联结在一起的。这种考察不是亚里士多德的事物的类的逻辑分析,而是事物的条件关系分析或句子的结构性分析。如果把能够引起特定法律后果的事件和行为即法律事实看作是前件,把随之规定而来的法律后果看作是后件,把法律规范分析为前件与后件之间具有蕴涵关系的假言命题或条件命题,就可以运用命题逻辑理论来分析制定法判决推理的模式。

　　如果把能够引起特定法律后果的事件和行为看作是一些条件 P、Q、R 等,把引起的法律后果看作是一些结果 U、V、W 等,制定法判决推理即司法三段论就可以分析为命题逻辑推理模式的特例。即:

　　如果任何一个事件或行为 S 满足了条件 T,则 S 有法律后果 R(大前提);

　　某个事件或行为 S 满足了条件 T(小前提);

　　所以,S 有法律后果 R(结论)。

　　上述推推理的形式可以表达为:T→R,T⊢R

　　如:以侵犯姓名权的手段、侵害他人受教育的权利、并造成了具体的损害后果的(T)是应当承担民事责任的(R);陈晓琪等是冒用他人姓名上学、侵害他人受教育的权利、并造成了具体的损害后果的(T);所以,陈晓琪等是应承担相应的民事责任的(R)。

　　如果引进量词,引进个体词 x,引进谓词 P、Q、R 等表达对象的性质或关系,制定法判决推理即司法三段论就可以分析为谓词逻辑推理模式的特例。即:

　　如果任何一个事件或行为 x 满足了条件 T,则 x 有法律后果 R(大前提);

　　某个事件或行为 a 满足了条件 T(小前提);

　　所以,a 有法律后果 R(结论)。

　　上述推理的形式可以表达为:

---

① 《荷兰刑法典》第 310 条。

（1）（x）（Tx → Rx）

（2）Ta

（3）Ra （1）&（2）

其中（1）是一个法律规范，（2）是对某个事件或行为的事实情况的确认，而（3）陈述有关法律后果。"x"是个体变项，可以是行为主体，也可以是主体的行为，还可以是事件等；"a"是个体常项；"T"是任一复合谓词，它将规范（1）的法律事实表达为个体具有某种属性或满足某种条件；"R"也是任一复合谓词，它表达的是规范所涉个体应当承担的法律后果。如：

（1）正当行为不负刑事责任（我国《刑法》第20条第1款）；

（2）M先生是正当行为；

（3）M先生不负刑事责任。 （1）&（2）

人们很早就重视演绎推导在法律中的应用，并对判决推理中的逻辑推导规则和规律进行了多角度研究。对于演绎推理而言，"事实上虽有不同的逻辑系统，理论上没有不同的逻辑"。"两逻辑系统之所以为'两'个逻辑系统，不是因为他们的'义'不同，而是因为他们的'词'不同"①。

在普通法系国家，判例法与制定法是法律渊源，是法官审理案件的依据。判决汇编是原始资料，从中可以推导出普通法的原则，这些原则用来指导具体案件的判决。判例法之所以能够实现"同样的事项同等的对待"，其关键在于遵循先例原则（the principle of stare decisis）即"同样的案件要遵从相同前例的判决"的严格运用，在具体个案的处理中寻求法律的统一之道。

在普通法系国家，判例法是主要的法律渊源，法官的判决推理主要运用的是类比推理的方法。通过判例法推理从先例中获得法律原则，然后把这个判例法原则贯彻到当前的具体案件之中。正如美国法学家列维说：判例法中的判决推理的基本类型是例推法（reasoning by example），就是从个案到个案的推理。这一推理过程的运用的是"先例原则"，也就是将一项由先例提炼出的论断视同一项法则并将之适用于后一个类似情境之中。这一过程分为三步：首先，提炼个案之间的相似之处；然后，总结先例中蕴含

---

① 《金岳霖学术论文选》，中国社会科学出版社1990年版，第517页。

的相关规则;最后,将此相关规则适用于当下的个案之中作出裁决。①

例推法它既不同于从部分到整体的推理,也不同于从整体到部分的推理,而实际上是在两种具体情况(both particulars)都从属于同一个项(term)并且其中一个具体情况已知的条件下从部分到部分的推理。② 例推法可以分析为类比推理模式的特例:当下个案与以往先例有重要的相似性或相同点;先例的解决蕴含着某个相关规则;所以,应当运用此相关规则解决当下个案。

在判例法判决推理中,是把不同事物因其在被法律之评价视为重要性或关键性的点上有相同性而加以等而视之。因此,对类比推理的应用需要对两种情况的相同点和不同点同时进行细致的考察,其中的关键就在于判断相同点和不同点两者何者更重要。正如伯顿所言,进行判例法判决推理至少需要三个步骤:"第一,你要识别出进行推理的一个基本情况(如哥哥的上床时间)。这一基点由相关的事实加上一个关于某人应该做什么的决定所组成。第二,你要描述基点情况与问题情况(弟弟的上床时间)相同或相似(儿子的地位)和不同或不相似(年龄)的那些事实方面。第三,你要判断这些事实上的相同点或不同点在这种情况下是更加重要的。"③个案之间的相同点或不同点能否被视为在法律之评价上是重要的或关键的,这种区别性判断(distinguishing)可以说是司法过程中最关键的一步,也是最困难的一步。"一旦选择了前提,普通法法官也可以在同样程度上使用演绎——这并非是说在一个很高的程度上——就像成文法法官解释一旦产生了一个供适用的概念后,成文法法官所能做的那样。"④

法官将不完全相同的两个案件依同样的方式来处理,必然是认为其相异之处是法律上无足轻重的,而其相同点在法律上是重要的。但是,事实上天下没有两件事情是完全相同的,法官们对个案之间的相同点或不同点的重要性的判断会存在分歧,对当下个案应当归于哪一类问题上人们常常存在争议。例如:

---

① 〔美〕列维:《法律推理引论》,中国政法大学出版社 2002 年第 1 版,第 3 页。

② Aristotle, Analytica Priora 69a (Mckeon ed. ,1941).

③ 〔美〕伯顿:《法律和法律推理导论》,张志铭、谢兴权译,中国政法大学出版社 2000 年版,第 31—32 页。

④ 〔美〕波斯纳:《法理学问题》,苏力译,中国政法大学出版社 1994 年 7 月第 1 版,第 323 页。

以美国堕胎案为例,赞成者在街头上大喊妇女争取"自决权";相反地,一位反对堕胎的妇女在受访时说,堕胎和"自决"一点也扯不上关系,因为堕胎是涉及另一人的生命,是"他决"。这种争议可能是无休止的。

在美国有人认为允许使用避孕药的判例是允许堕胎的法律基础,而再后来也是不歧视同性恋的基础,如此像滚雪球一样,权利越来越多。但也有人马上就问,使用避孕药和堕胎这两件事有什么关系?堕胎关涉的是"生命权保护"的问题,而使用避孕药只涉及"私生活的自由行使权",两者根本风马牛不相及,根本非同类的案件,怎能将之归为顺理成章的同一类呢?

在天底下没有相同的两件事的情形下,所谓"相同"的案件只不过是在某些法律评价意义上有相同的事态或是具有相同的"道理"而已。所以,法官要判定个案是否相同,这种工作是"一种由一个案子到另一个案子小心翼翼地向前探触"的工作,所要探寻的当然是每个案子所蕴含的"事物之本质",或者说是"事物本然之理"。

第四章 最好的论证

一、直接论证的方法

论证是运用理由证明或支持观点的过程,是说服及影响他人的过程。被证明的观点或主张称为论题,援用的理由或根据称为论据。法庭上的论证是基于事实理由或法律理由说服法官或公众接受自己主张或观点的过程。① 在法庭上,控方提出诉讼主张,辩方提出答辩意见,双方都要论证各自的主张或意见,说服法庭接受其主张或意见。这些论证贯穿于双方的开庭陈述、举证、质证、辩论、最后陈述等过程之中。② 法官审查双方的论证,并在此基础上作出判决,并要公开判决理由来论证自己的判决。法庭上的论证是逻辑论证在法庭上的运用,逻辑论证方法就成为法庭上论证不可缺少的工具。"在实际适用法律中,逻辑是与确定某项法律是否可适用某个问题,试图通过辩论说服他人,以及决定某项争

① Aulius Aarnio, Systematisation and interpretation of statutes, Some thoughts on theoretical and practical legal science, in *The law in philosophical perspectives*:*my philosophy of Law*, edited by Luc J., Wintgens. Dordrecht: Kluwer Academic Publishers, 1999, p.17.
② 在英美法系中正式庭审程序为:起诉方陈述和提出证据、被告方陈述和提出证据(均包括开庭陈述、主询问、交叉询问、再询问)、双方最后陈述、法官总结提示、陪审团评议裁决。庭审程序没有独立的法庭辩论阶段。法庭辩论贯穿于双方的开庭陈述、提证、质证、最后陈述之中。

LOGIC

执等问题相关联的。"①

亚里士多德研究过议会里与法庭上进行包括论证在内的争辩的方式与方法。论证的逻辑方法可以分为直接论证与间接论证两种。直接论证就是从论据的真实性直接推论出论题的真实性。它只不过是逻辑上的演绎法的应用而已。直接论证的逻辑基础是演绎法则或连贯性法则,根据充分条件关系之必然性法则或连贯性法则可以展开直接论证。倘若论据 A 是论题 B 成立的充分条件或充足理由,那么一旦论据 A 成立就必然有论题 B 成立。直接论证可以分析为以下推论模式的组合及运用:有 A 成立就有 B 成立,有 A 成立;所以,有 B 成立。即:A→B,A ⊢ B。

直接证明的关键就在于找到足以确认论题成立的论据或理由,从这些论据或理由出发合乎逻辑地或合理地得出论题。在法庭上,要证明其诉讼主张或答辩观点,就要掌握一个案子的全部事实及把握它们的全部关系与意义,并找出能使你胜诉的几个具有法律意义的事实,剔除大量没有意义的、不相干的和没有必要的事实与细节,任何关键之处都不应当被遗漏,所有无关的东西都应当被删去。要提供有说服力的证据、足够的证据、有优势的证据来证明对方有罪或有过错。正如丘吉尔所言,最有力的雄辩,不是冗长的论证,而是要举出足够多的事实并且所有事实都指向同一个方向。

在北京一起捞鱼坠河身亡案中②,白某的父母起诉称,2003 年 4 月 29 日晚 8 时左右,白某在昆玉河码头西侧倚石护栏捞鱼时,其身下石护栏突然松动断裂,白某栽入水中,被捞救上岸后,经抢救无效,溺水身亡。白某的父母认为,河湖管理处作为昆玉河道的直接管理机关,没有尽到有关管理责任,造成这场悲剧的发生。所以请求法院判令,河湖管理处给付赔偿金等相关费用共计 236520 元。但河湖管理处则称,白某是在昆玉河进行捕捞,其动作是危险的,导致石护栏损坏,根本原因是其本人造成的,所以他本人应承担责任。

栏杆断裂是因为早已松动还是被白某压坏,这是本案的关键问题。白某落水身亡的第二天起,他的亲人们就踏上了漫长的取证之路。白某的姑

① David M. Walker: The Oxford Companion to Law, Published in the United States of America by Oxford University Press, New York, 1980.

② 《北京信报·北京·都市》2003 年 6 月 21 日。

姑从 5 月初开始,每天都到事发地点"上班"。她手持录音机、摄像机走访了上百位附近居民、河道清洁工和捞鱼的"渔翁",就为了能找到证人证明护栏早在事发前松动。5 月 10 日,3 个外地来京务工的青年路过此地时,碰巧遇到白某的姑姑,3 人说他们曾于 4 月 26 日中午来这里捞泥鳅,当时就已发现栏杆出现松动的迹象,栏杆的一根立柱轻轻一推就能露出一拇指宽的缝隙,害得他们也差点落水。3 名青年最终同意出庭作证。法院据此采信了这一证据,认定事故发生前该护栏已存在不牢固的状况。法院判决指出:

自然人在社会活动中,经常会使用、经过、接触公共设施,在此情况下发生事故,造成人身、财产损害时,首先应界定公共设施是否存在危及人身、财产安全的隐患,公共设施管理人是否尽到管理义务和自然人行为有无过错。

本案中,昆玉河两岸的石护栏属于公共设施,因此,管理人应对石护栏进行必要的检查和维护。后经调查发现,事故发生前石护栏已存在不牢固的状况,存在危险隐患,因此,河湖管理处未尽到使石护栏符合安全标准的管理义务。河湖管理处行为有过错,应当承担 70% 的责任。

白某在昆玉河中捞鱼的行为是否违反法律法规,这不属于民事法律调整范围,捞鱼是否具有违法性与人身损害赔偿没有因果关系,但白某身体依在石护栏上,身体向前探向河面,超越了正常利用石护栏的限度,石护栏早在以前就存在危险隐患,这些原因共同导致石护栏断裂。所以白某也应该承担相应的责任。

"一个拥有优势的官司可能会输,而一个处于劣势的官司可能会赢,不是因为审判混乱或糟糕,或者审判程序的不公正,它仅仅因为陪审团或法官只对他们感受到的刺激发生反应,而这些刺激是来源于证据的。如果律师没有把所有的证据提交法庭,那么有错的一方可能会因为证据方面占优势赢得这场官司,因为这些证据没有得到回答与反驳。事实不会从法庭的窗口飞进来,而是用脚把它拖进来的,而把证据拖进法庭的正是律师。这就是为什么一个很有把握赢的官司惨遭失败的原因。同样,一场本要输的官司反而取胜,因为对方没有作充分的准备,故而不能将全部事实提交法庭。"①

　　在法庭上,合理的组织事实与理由就是论证。不但要运用自己的论据,还要充分地利用对方的陈述与证据。在关键之处,从对方的陈述中进行引证使之成为对自己有利的陈述;或从中寻找和引出新的事实材料,使对方说出事实真相,使对方承认有利于本方的事实;或者从对方的陈述中引出相反的结论,将对方的陈述变成自己的优势。正如尼察律师所言,"不仅利用我们的证人说的,而且用对方及对方的证人的陈述,我将向你们证明我们是有理的。"②将这些事实和理由加以适当的整理与综合,把各种事实和理由编织成一张严密的逻辑之网,使其主张或观点事实确凿与理由充分,一旦出击就没有几个对手能侥幸逃脱。这是论证中的援推与反推方法③,将其运用自如是直接证明的最高境界。

　　在远东国际军事法庭东京大审判中,中国检察组错过了第一个阶段可以不受限制地提出所有证据的机会,倪徵燠只有在第三阶段利用对被告的自我辩护进行反诘的机会,在法庭上提出板垣与土肥原的犯罪证据从而证明他们的犯罪事实。

　　倪徵燠手中的证据除了吴佩孚夫人张佩兰的证词之外,还缺乏有针对性的、更为有力的证据。中国检察组成员一次次开会、讨论,最后决定到日本前陆军省档案库,去寻找土肥原和板垣的罪证。他们知道日军临败前烧毁了大量文件,但总还是会有遗漏的。此时陆军省档案库已经被盟军驻日总部封存。盟军驻日统帅麦克阿瑟同意了中国检察组的请求,下令打开了日本陆军省档案库。倪徵燠和同事们在成堆的纸片中一张张寻找板垣和土肥原的犯罪证据,这是他们最后的希望了。倪徵燠他们查阅了日本内阁、陆军省、外务省的现存材料,其中包括御前会议文件、内阁会议文件、五相会议文件、关东军报告和动员令、关东军与陆军省的往来密件、汪伪档案等等,甚至还有大量的旧报纸。在很多档案里,倪徵燠都发现板垣和土肥原被大肆吹捧。倪徵燠说:"他们越吹,对我们越有利——他们越吹就证明他们的罪名越大。"比如,陆军省里的一份驻华日军的报告,提到许多被替

---

①　蒙家乐等编译:《律师取胜的策略与技巧》,中国政法大学出版社1993年版,第113页。
②　蒙家乐等编译:《律师取胜的策略与技巧》,中国政法大学出版社1993年版,第120页。
③　反推是指从同一事实或同一前提推出与对方截然相反的结论或主张,援推是指以对方的材料为根据和理由证明自己的观点或者反驳对方的主张。

换回国的日本兵在回到家乡后,吹嘘他们如何杀害中国百姓,如何强奸,如何抢劫。然而这样的报告,却正好成为新的证据。战犯们在法庭审理开始时,个个声称"不认罪"。如今在这些他们自己的文件、报告面前,看他们怎样狡辩?①

1947 年 9 月 10 日,东京审判的第三阶段,即被告个人辩护阶段开始了。土肥原排在第二个出场自我辩护。9 月 16 日,在辩护律师简述案情后,由土肥原所举证人出庭受讯。第一个出庭作证的是土肥原任关东军特务机关长时的新闻课长爱泽诚。他的供词主要是说沈阳特务机关仅仅负责采集新闻情报,并无其他针对中国人的秘密活动,并说土肥原为人忠厚老实又坦白。

倪徵燠反诘道:"你是否知道土肥原 1935 年阴谋发动军事政治攻势,企图在平津组织'华北五省自治'?"爱泽诚无言以对。

倪徵燠赶在他开口之前,进一步质问:"对于此事,当时的外国报纸均有报道,你这个新闻课长难道会一无所知?"

倪徵燠仍然不给爱泽诚开口的机会,稍稍停顿,又接着盘问:"你作为新闻课长,曾经亲自签署文件向上级报告外国报纸关于此事的报道。你否认吗?"爱泽诚知道眼前的这个中国检察官手里有他签署的那份文件作为证据,否则他是不会这么胸有成竹的。他只能沉默着。

倪徵燠又提交给法庭一份关东军的《奉天特务机关报》,该报告的首页盖有土肥原的名章,其中一页这样记道:"华南人士一闻土肥原和板垣之名,有谈虎色变之慨。"虽然这时他针对的主要是土肥原,但他却不失时机地连带出板垣。这是倪徵燠的策略。土肥原是一个"中国通",连中国成语他都能娴熟运用。这恰恰又是他们在中国作恶多端的证据。爱泽诚仍然没有话说。土肥原的美籍律师华伦说:"我反对检控方谈论与本案无关的、关于一只老虎的事。我请求法庭拒绝接纳这份文件作为证据。"

在审判战犯的军事法庭上,倪徵燠解释"谈虎色变"这句中国成语:"在中国,有的家庭里,小孩子不肯睡觉时,他的父母就会用'再不睡觉,老虎就要来了'吓唬他。小孩子害怕老虎,就会乖乖地睡觉。这句中国成语的意思是,一谈起老虎,因为害怕,脸色就变。在这里的意思是,中国人一谈起

---

① 参见李伶伶:《他将战犯送上绞架》中国青年出版社 2005 年版第 41—45 页。

土肥原、板垣两人,有如提到猛虎,都很害怕,足见这两人的凶恶。"华伦:"我反对检控方的语言带有侮辱性,侵犯了我当事人的人格。"

倪徵燠立即反驳:"证人爱泽诚作证说被告土肥原为人忠厚老实又坦白。在证据法则中,这叫'品格证据'。我现在针对这一陈述,提出被告的为人如同猛虎,完全符合证据法则内'反诘'时提出的证据必须有针对性的要求。"华伦返回律师席。爱泽诚低下了头。

土肥原的另一个证人是日本前驻天津总领事桑岛。"九·一八"事变后不久,土肥原为扶植溥仪去东北成立伪满洲国而去天津活动。当时,日本外务省曾担心此举可能会在外交上处于被动,指示桑岛就地劝阻。但是,土肥原一意孤行,为此,桑岛多次电告外务省。

在倪徵燠手中的一份桑岛致外务大臣币原的专电中,详述土肥原不听劝告,煽动天津保安队起事,将溥仪装在箱内运往塘沽登船去东北等事实。然而,面对这份证据,证人桑岛却说:"我那是听信了流言。并不可靠。"

倪徵燠反诘道:"可是在你的电报中,明白无误地记录说,你是与土肥原进行了数次会谈,但他仍然不听劝,一意孤行。这还能说是听信了流言吗?"

土肥原的辩护律师拿着一份《李顿报告》(前国际联盟于"九·一八"后派了以英国的李顿爵士为首的调查团到中国调查后写的一份调查报告),称"九·一八"发生后的当夜,沈阳全市混乱不堪,土肥原出任"沈阳市长",维持秩序有功。

倪徵燠:"一个受外国驻军委派的外国人来中国当市长',这不是侵略,又是什么?"律师无话可说。

土肥原在他的证人一个个被倪徵燠驳下的时候,他更清楚地意识到,这个中国检察官不好对付,为避免中国检察团反诘时集中攻击,土肥原放弃了自辩权利。按照英美法诉讼法则,被告有权保持沉默。对于倪徵燠来说,土肥原不开口,使他失去了当面反诘他的可能,也失去了提出新证据的机会。他只好再等待机会。

板垣的个人辩护阶段是从1947年10月6日开始的。他向法庭提供了15名证人。岛本是"九·一八"事变发生时在沈阳附近柳条沟指挥日军的联队长。他作证说,当晚,他赴友人宴请,回来后听说柳条沟发生了事情……

倪徵噢打断了他的话,问:"你说你赴友人宴请,宴请必有酒啊。你喝酒了吗?"岛本毫无防备:"喝了! 而且是酒醉而归。"

倪徵噢说:"你当时喝了酒,你今天跑到法庭上来作证人,你没有资格,下去!"然后,他向法庭声明:"该证人自称当晚酒醉而归,就没有作证资格,不应让他继续陈述当晚发生的情况,请法庭拒绝他继续作证。"法庭认可。

岛本之后的第二个证人是 1938 年—1939 年板垣任陆相时的次官山胁。他作证说板垣在其任陆相时一贯整饬军纪,故而他手下的日本军无不良之举。他还说板垣不但不是战争狂人,而且始终坚定主张撤退在华日军,以期尽早结束战争等等。

倪徵噢问:"你身为陆军省次官,是必然要以陆相的意旨为意旨。换言之,你所经办的事情,是否也必须为陆相所认可?"山胁回答:"那是自然。"

倪徵噢拿出一份山胁于 1939 年 2 月以陆军省次官名义签发的《限制由支(那)返日军人言论》通令。该通令列举了返国军人向亲友谈话若干种,并明令禁止传播。他宣读了通令中的部分内容:"作战军人,如经个别侦查,无一不犯杀人、强盗或强奸罪。""强奸后如欲无事,或则给以金钱遣去,或则于事后杀之以灭口。""我等有时将中国战俘排列成行,然后以机枪扫射,以测验军火的效力。"

倪徵噢问:"对于这份通令的真实性,证人有何异议?"

倪徵噢又说:"既然证人方才已经承认,你所承办的一切,都必须经陆相所认可,那么,这份通令中所显示的日军在华暴行,被告应当也是认可的。你还能说被告一贯整饬军纪,并主张撤军的吗?"山胁更加无话可说。在倪徵噢的逐一反诘之下,板垣的辩护律师和证人们向法庭提供的大量文件或证据,不被法庭采信的达四分之三多。

板垣这个"九·一八"事变的元凶、伪满洲国的制造者、溥仪"执政"时期的高级顾问,他一直号称要"与中国检察官大战三百回合",因此他没有像土肥原那样放弃自辩权,而是准备了长达 48 页的书面证词。长篇证词的重点集中在:"满洲国"是根据"民意"成立的。

11 月 9 日,是东京审判最精彩的一天。在板垣谈到"皇姑屯事件"的导火索,是因为关东军与张作霖的东北军相比,明显处于一对二的劣势时所必须采取的自卫行动。

倪徵噢质问:"关东军在皇姑屯事件前,就已经制定了作战计划,这在

 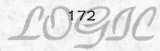

你的证词里,是承认的。那么,就你本人而言,你是否同意这个作战计划?"板垣并不直接回答:"我有必要向你说明一下,这个作战计划……"

倪徵燠打断他的话:"你只要回答我'是'或'不是'。"板垣不甘心辩解道:"如果你仔细地读一读我的口供书,就会明白。我在口供书的前面讲到了,尽管关东军向军部提出许多希望,但军部根本未予采纳。因此,关东军要根据现有的兵力以及各方面的情况制订计划。这是对口供书的正确解释。"

倪徵燠并不应对板垣的这番解释:"我不想听你的说明,我要问的是,这个作战计划,是报告给了军部并征得同意了吗?是那样的吗?"板垣不得不回答:"是那样的。"

对于板垣一再声称他是主张撤退在华军队的说辞,倪徵燠反诘道:"日本占领广州、汉口,是否在你任陆相后才完成的?"板垣老实作答:"是。"

倪徵燠步步紧逼:"那么,这是撤军,还是进军?"说"撤军",明摆着是撒谎,说"进军",又开不了口,板垣进退两难,只能选择沉默。

板垣的答辩词中还涉及两件事:一是他自辩说在日政府与德、意商讨《三国公约》时,他本人是不主张扩大战事的;二是在苏边境的"张鼓峰事件"中,他是竭力设法就地解决的。

对此,倪徵燠问:"你是否曾经为此两事,受到日本天皇的谴责?"板垣他怎么能够当众承认他曾受天皇谴责。他恼羞成怒地反过来质问倪徵燠:"你如何知道?"

倪徵燠不容置疑:"此时是我在向你进行反诘,不是你来问我。即刻回答我的问题。"板垣犹豫了很长时间撒谎了:"并无此事。"倪徵燠自然不是平白无故这么说的,不怕被告反诬检察官恶意套供,他有证据:日本元老西园寺原田的日记里,有明确记载。

对板垣的反诘,倪徵燠持续了整整 3 天。板垣 48 页的自辩词中涉及的所有事情,倪徵燠几乎一个也没有放过,件件盘问、反诘、驳斥。

倪徵燠在与板垣的针锋相对中,他的心里还始终惦记着另外一个人:土肥原。早在得悉板垣将亲自出庭自辩时,新的计划就在倪徵燠的内心生成。这是他久久等待着的机会。板垣的出场,却让土肥原暗自叫苦,他很清楚,有很多事情,他和板垣是被拴在一起的。一旦板垣的自辩有漏洞被抓住,他土肥原就脱不了干系。倪徵燠的计划也正是如此,他要利用板垣打击土肥原。指东连西,一箭双雕。他的目的是为了使法庭不因土肥原不

173

上证人席亮相而对他不加以重视。倪徵噢说道："这是 art of question（答辩的艺术），在质问的时候这是一种艺术。"

倪徵噢利用板垣自辩阶段最后的总结发言，对板垣和土肥原发起新的攻击。他在提到"吴唐合作"时，面对板垣，手却指着被告席上的土肥原，问："你在陆相任内后期派往中国去拉拢吴唐合作的土肥原，是不是就是当年僭充沈阳市长、扶植傀儡溥仪称帝、勾结关东军、阴谋华北自治、煽动内蒙独立、到处唆使汉奸成立伪政权和维持会、显赫一时、无恶不作，而今却危坐在被告席右端第一排第一个的土肥原？"按照规则，控辩双方的盘问，都不得带有结论性的、侮辱性的、诱导性的言词。倪徵噢自己十分清楚，他是故意这么说的。他的这个问题，并不是真的要求板垣作答。他不过是在运用他的指东连西的答辩艺术，他是为了达到加深法庭对土肥原罪行的印象的目的。此时即便有律师站起来反对，他的话也已说过了，法庭上的所有人也都已经听过了，他的目的也达到了。板垣不知道该如何正面回答。土肥原脸上的肌肉绷得更紧了。[①]

倪徵噢对板垣个人辩护阶段的盘问和反诘，彻底击垮了被告的辩护防线，也创造了他个人法律生涯的辉煌。1948 年 11 月 4 日，共有 7 名被告被判处死刑，其中包括中国人民最为痛恨的土肥原、板垣、松井石根、东条英机。远东国际军事法庭判决书在认定土肥原的罪行时，明确指出："他对于满洲所进行的对华侵略战争的发动和进展，以及嗣后受日本支配的伪'满洲国'之设立，都具有密切关系。在日本军部对中国其他地区所采取的侵略政策上，土肥原也担任了显著的任务。"因此，法庭判决他有罪。对板垣的罪行认定："自 1931 年以大佐地位在关东军参谋部参加了当时以武力占领'满洲'为直接目的之阴谋，进行了支持这项目标的煽动，协助制造引起所谓'满洲事变'的口实，压制了若干防止这项军事行动的企图，同意和指导了这种军事行动。嗣后，他在鼓励'满洲'独立的欺骗运动中以及作为其结果的扶立傀儡伪'满洲国'的阴谋中，都担任了主要任务……在 1937 年 7 月卢沟桥战事发生时，他从日本被派至中国，以师团长地位参加战斗。他对于扩大在中国的侵略地区曾表示赞成……因此，法庭判决他有罪。"

倪徵噢的智慧在于从对方的材料中寻找支持本方指控的证据，充分利

---

① 参见李伶伶：《他将战犯送上绞架》中国青年出版社 2005 年版第 46—61 页。

用对方的这些文件材料,在第三阶段对被告进行反诘时向法庭提出这些犯罪证据,最终证明了板垣与土肥原的犯罪事实。这场充满论证意味的盘诘真是惊心动魄,倪徵燠辩锋之犀利势不可挡,他没有放过任何一个事实,没有放过任何一个机会,他的"论证艺术"为中国人民赢得了诉讼的胜利,也作为法庭经典被人们传颂。正如刘勰所言:"一人之辩,重于九鼎之宝,三寸之舌,强于百万之师。"①

二、排　除　法

　　排除法是通过否定或反驳其他可能的观点以此证明自己的观点或主张的间接证明方法。排除法的逻辑基础是排中律即互相矛盾的命题不可同假。排除法的论证过程可以表达为:

　　由于 P 与 Q 不可同假,证明 Q 不成立;所以,确认 P 成立。

　　排除法是法庭内外的一种重要的论证方法。排除法的关键在于展开一切可能的论点而又驳倒其中的一些论点。排除法是一种有说服力的证明方法,特别是当直接证明难以奏效时,排除法是一种比较便捷的方法。对于不能从正面来把握的问题,我们可以从侧面来把握。一个结论如果能够排除其他可能性的合理疑问,它就具有确定性。"这种确定性对于一个具有正常理智的人来说,显然具有合理的可接受性。"②

　　在广州市东风广场大厦"女尸案"中③,警方就是通过排除法来认定谭某系自行高坠死亡的。广州市公安局新闻办公室向媒体通报:

　　经过警方调查,死者谭某在广州某模特经纪公司任职,4 月 4 日晚上从东风广场某幢 30 楼的卫生间窗口坠落。经警方勘查,死者死亡前与室内人员无打斗痕迹,尸检发现死者血液酒精浓度极高。目前,警方已经排除他杀可能性,初步认定谭某系自行高坠死亡。④

　　广州警方称:只要在现场找到一小块生物样本,无论是唾沫痕迹、头发,还是头屑、碎骨、指甲、烟头等,就能让物证自己"说话"。回到本案,如

---

① 《文心雕龙·论说》。
② 〔美〕《布莱克法律辞典》,第 214—215 页。
③ 南方网 2008 年 4 月 6 日报道。
④ 广州金盾网 2008 年 4 月 14 日报道。

果谭某出事现场有打斗痕迹，或是窗台留有凌乱的蹬踏脚印，或有他人的手指抓挠痕迹，或谭某本人有抓挠痕迹等等，都可通过现场 DNA 检测勘查出来。就算是有人故意毁灭痕迹，仍然可以发现。但事实上，现场 DNA 检测表明，谭某出事现场的证据不能直接证明三名韩国人有犯罪过程，也即谭某被逼杀的可能性不存在。①

谭某死亡，或者是"自杀"，或者是"他杀"，或者是"不幸事故"。在本案中要查清的问题，一是谭某是不是死于"高空坠楼"？二是谭某是不是"自杀"或"不幸事故"？广州警方排除他杀可能性，确认谭某系自行高坠死亡。这就意味着，在广州警方看来，谭某是"高空坠楼死亡"，而且是"自行坠楼死亡"，不是受到外界环境的某种影响被迫跳楼死亡。谭某"自行坠楼死亡"可能是"自杀"，也有可能是大量饮酒后，自控能力降低，不小心滑下去、掉下去，其"自行坠楼死亡"是"不幸事故"。

1997 年香港回归祖国以后法律制度保持不变，但香港回归祖国前并不享有司法终审权，香港特别行政区是否享有司法终审权呢？全国人大认为，香港特别行政区应该享有司法终审权。香港特别行政区成立后，香港的司法终审权的归属，不外乎三种可能性：或者仍留在英国政府，或者转交中国北京，或者交给香港政府。我国恢复对香港行使主权后，虽然香港现行法律基本不变，但有损我国主权的条文已经撤销，终审权当然不能继续留在伦敦；另一方面，由于香港采用的仍是英国式的法律制度，同我国内地法律制度根本不同，法院组织与内地法院也不是同一个体系，显然也不宜由北京来行使终审权。所以，司法终审权应由香港特别行政区行使。

上述论证就是运用排除法。论证中列举了全部的可能情况，然后否定其中一些可能情况，从而确认论题成立。

三、反证法："归于不可能"

反证法是通过从相反的观点推出矛盾或导致荒谬，以此否定或反驳相反的观点从而证明自己的观点或主张的间接证明方法。反证法是发端于古希腊时期的"归于不可能"方法的运用。反证法的论证过程可以表达为：

---

① 金羊网—羊城晚报 2008 年 4 月 25 日报道。

从反论题¬P推出矛盾或导出荒谬的结果,从而反论题¬P不能成立,由此,确认原论题P成立。

反证法是法庭上的一种重要论证方法。反证法的关键在于从反论题导出矛盾的或荒谬的结果。其步骤是:首先,假设一个与原论题相矛盾的反论题;然后,由这个假设前提推出矛盾或者导致荒谬;最后,由反论题不成立来确认原论题成立。反证法是一种非常有说服力的证明方法,特别是当直接证明难以奏效时,反证法是一种比较便捷的方法。"对于不能从正面来把握的问题,我们可以从反面来把握。可以这样说,一个结论如果能够排除对它的合理疑问,它就具有确定性。这种确定性对于一个具有正常理智的人来说,显然具有合理的可接受性。"①

罗伯斯庇尔针对前法国国王路易十六诉讼案引起的争议而发表论辩演说:路易曾经是国王,而现在共和国已经成立。仅凭这两句话,已经决定了你们正在讨论的这个著名的问题。路易由于他的罪行而被废黜;路易指责法国人民是叛乱者;为了惩罚人民,他曾召唤他的同僚——暴君们的军队;胜利和人民决定了只有他是叛乱者,因此,路易不能再受审,他已经被定罪,而共和国也并未死亡。提出起诉路易十六,不管可能出现什么方式,都是向君主的和立宪的专制的倒退,这是一种反革命思想,因为它把革命弄成有争议的事情了。事实上,如果路易还可以成为一个诉讼案的对象的话,那么他可以被赦免,他可以是无罪者。我说什么呢?他在被审判以前就已被假定为无罪者了。然而,如果路易可以被赦免,可以被假定为无罪者,那么革命又成了什么呢?如果路易是无罪者,那么自由的一切保卫者倒成了恶意中伤者了,叛乱者倒是真理的朋友和被迫害的无辜者的保护人了,外国宫廷的所有声明倒只是反对一个执政的捣乱集团的合法抗议了。到目前为止,路易受到的监禁本身也是一种不公正的欺负;结盟军、巴黎人民、广大法国的所有爱国者都是罪人了;而在这个合乎常理的法庭里进行的罪行和美德、自由和暴政之间的巨大诉讼案,最终的判决竟会是有利于罪行和暴政的了。

在罗伯斯庇尔的演说中,他使用了反证法。罗伯斯庇尔首先假设路易可以成为一个诉讼案的对象,可以被假定为无罪者,是可以被赦免的。然

---

① 〔美〕《布莱克法律辞典》,第214—215页。

后,他基于这样的假设作了一系列的推论:结盟军、巴黎人民、广大法国的所有爱国者都是罪人;叛乱者是真理的朋友和被迫害的无辜者的保护人;等等。但是这样一些结论是显然不能成立的,是人们所不能接受的。因此,这一假设命题是不成立的。罗伯斯庇尔使用反证法,无可置疑地证明了自己的观点,击败那无所不在的幽灵。罗伯斯庇尔造诣很深,闻名遐迩,是法庭上的佼佼者。他的辩词是正义和理智的杰作。

在一件涉及上亿金额的诈骗案中①,辩护人为了证明被告方所在的公司具有大宗生产交易条件做出了如下陈述:本案涉案的 A 公司成立于 1974年,至今已有 25 年的经营历史,有良好的经营业绩和商业信誉。在香港这一世界上最繁华、竞争最激烈的经济贸易区里生存长达 25 年的公司,如果没有良好的商业信誉和经营业绩是不可想象的。与此同时,A 公司作为专业经营服装的公司有丰富的商业信息资源与较强的接单能力。这一点从提交给法庭的 1996 年 8 月到 10 月见意大利某公司开具的价值 3565387.49 美元的买卖合同的信用证就能得到充分的证实。如此已充分证明 A 公司具备大宗交易的条件。值得提及的是,作为有证明义务的控方并没有向法庭出示任何有关 A 公司在 25 年的历史中曾经有不良商业行为的记录证明资料,更没有向法庭出示任何有关 A 公司不具备大宗生产交易条件的证据。

本案中,辩护人为了证明 A 公司具备大宗交易条件,辩护人提出了两个论据:A 公司有良好的经营业绩和商业信誉;A 公司作为专业经营服装的公司有丰富的商业信息资源与较强的接单能力。这两个论据可以直接证明 A 公司具备大宗交易条件。在证明 A 公司有良好的经营业绩和商业信誉时,辩护人运用了间接证明中的反证法:首先,假设"A 公司没有良好的经营业绩和商业信誉"。接下来,作出推论:如果 A 公司没有良好的经营业绩和商业信誉,那么 A 公司在香港这一世界上最繁华、竞争最激烈的经济贸易区里不可能生存长达 25 年;A 公司在香港这一世界上最繁华、竞争最激烈的经济贸易区里生存长达 25 年;所以,A 公司没有良好的经营业绩和商业信誉的观点是不成立的。最后,根据排中律,得出"A 公司有良好的经营业绩和商业信誉"的观点是成立的。辩护人策略是以退为进,论证是有力的,是无懈可击的。

---

① 王洪主编:《法律逻辑学案例教程》,知识产权出版社 2003 年版,第 209 页。

第五章　最好的反驳

一、击中要害:"不战而屈人之兵"

在法庭上,两军对垒,各逞其能,各显其威,这是律师叱咤风云大显身手的用武之地。正如丹诺律师说道,法庭里生气勃勃的辩论和诉讼景象,却不能和晴朗的夜晚所看到的天空的瑰丽景象相比,因为后者毕竟是赏心悦目的。法庭上的争辩如同战场上的厮杀一样,是一场你死我活的生死搏斗。你必须从中获胜,必须击败对手,而不能被对手击败而垮下来。

丘吉尔说过,取得辩论胜利的途径就是一举击中要害,而且要两次、三次地击打要害——这就是论辩取胜的方法。任何一个论证都包括论题与论据两个部分。论据或理由是论证的前提与基石,任何一个论题证立的先决条件是其理由确实而且充分。一旦论证的基石发生动摇,整个大厦就会随之而倒塌。正如笛卡儿所言:"拆掉基础就必然引起大厦的其余部分随之而倒塌,所以我首先将从我的全部旧见解所根据的那些原则下手。"[①]因此,通过反驳论据或理由的确实性或充分性而反驳或怀疑对方论题的真实性就是一种重要的

---

① 〔法〕笛卡儿:《第一哲学沉思录》,商务印书馆 1986 年版,第 15 页。

反驳手段与策略。

在刑事审判的全过程中,控方承担证明犯罪的构成事实或构成要素的责任,而且其证明要达到排除合理怀疑(beyond reasonable doubt)的程度或要求。如果任何构成事实或要素没有得到令法庭满意的证明,或者任何合理的怀疑没有得到控方的有力反驳,那么被告人就必须被判无罪。这就为辩方提供了辩护的空间。被告人可以进行积极抗辩(Affirmative Defense)即证明其"行为具有正当性、合理性或从轻情节";他也可以采取"主动进攻"的抗辩形式即针对控方的证据提出"合理的怀疑",指出对方还没能证明他们的指控,要求对方对他们的指控提出进一步的证明,目的是彻底摧毁对方的指控。最好的辩护就是"主动进攻",这是最常见的一种抗辩形式。在危机四伏、险象环生的法庭上,只要发现对手的漏洞,然后在此打入楔子,他的谎言就会完全崩溃。主动进攻的关键就是,捕捉到对方的破绽,拣几个最能置对方于死地的问题进行反击。"律师必须在紧紧包围那个不幸之人的大网上发现漏洞与缝隙,并且尽量利用这些漏洞与缝隙以挽救这个不幸的人。"

在"世纪审判"辛普森案中①,辩方采取"主动进攻"的抗辩方式,针对控方的证据提出了"合理的怀疑",而没有得到控方的有力反驳。陪审团认定辛普森无罪。在本案中,警察采集到以下与辛普森有关的有罪证据:

血手套:最早到达现场的警官罗伯特·里斯克发现隆纳的脚下有一只血手套,随后,最早进入辛普森住宅的福尔曼警官也在辛普森客厅外墙和院墙之间的走道上发现一只沾满血迹的皮手套,这两只手套是配对的。检方指出,皮手套的品牌与辛普森平常所戴手套的品牌相同,妮可离婚前使用的信用卡购物记录证明她为辛普森购买了这种品牌的手套。辛宅的手套上血迹的血型和血酶都与辛普森的相同,而辛普森的左手中指确实被割伤过,这只手套上还有妮可和隆纳的头发、隆纳衬衫的纤维和辛普森车毯的纤维。血手套是一个极其重要的证据,但是正因为如此,它也是必须经受严格质疑的对象。

深色编织帽:在隆纳脚下发现的血手套旁还有一顶深色编织帽,上有

---

① 辛普森被指控杀害了前妻妮可及男友隆纳。《光明日报》1995年10月连载《"世纪审判"案法庭内外》,叶童:《世界著名律师的生死之战》,中国法制出版社1996年版。

黑人的头发和辛普森车毯的纤维。警方的微物证据分析表明毛发是染过色的。

血迹证据：除了辛宅手套上有辛普森的血迹外，警方在班迪街案发现场的前院大门上找到几滴血滴，经 DNA 鉴定为辛普森的血迹。DNA 鉴定结论显示死者的血在班迪街大量存在。在北洛金汉街 360 号辛普森住宅前门车道、通往住宅大门的走道以及住宅大门、院内辛普森白色福特野马型越野车驾驶位置的车门把手、车门下都有死者的血迹。

血袜：在辛普森卧室里的不同地方发现一双深蓝色的袜子，后来检验时发现有血迹，DNA 检验证明是妮可的血迹。

鞋印：在班迪街现场，警方发现了可疑鞋印，检方请来的联邦调查局的鞋印专家作证称，在现场收集到的鞋印为意大利出产的布鲁诺·马格利名牌鞋，规格为 12 号，与辛普森的鞋号相同，这一型号的布鲁诺·马格利名牌鞋在全球只有 299 双的销量，销售地点有限，在美国的销量更有限。

其他证据：这些物证还包括野马车乘客门上、工具箱、司机一侧地毯、座位、车轮、车库墙壁以及浴室地上的血迹，草地的一根木棒，街上的万宝路烟蒂等。

主控检察官克拉克女士称：辛普森有罪相关证据达 488 件之多。"数学、物理以及其他科学的证据都直指辛普森"——他是杀人犯。

辛普森请了一些最好的律师来为自己作无罪辩护，律师团主要成员包括：罗伯特·L.夏皮罗，首席律师，51 岁，足智多谋，机智善辩，曾因给许多富豪委托人担任辩护律师而闻名全美；艾伦·德肖微茨，56 岁，哈佛大学法学院教授，声誉卓著的辩护策略专家；夏皮罗·李·贝利，61 岁，夏皮罗的好友，以夸张尖刻的法庭论辩特色驰骋法律行业多年，他对一桩谋杀案的成功辩护已被列为辩护史上的经典之作；杰拉尔德·夏皮罗·杰尔曼，59 岁，颇有造诣的法医学权威；亨利·克拉克·李，55 岁，华裔法医学专家，中文名李昌钰，康涅狄克州警察局犯罪实验室主任。

1995 年 1 月，"世纪审判"正式开庭。法庭审理刚一开始，检方和辩方就分别抛出一系列证据和反证，展开一次次异常激烈的交锋。

检方指出，白人警察福尔曼 6 月 13 日在辛住宅后院通道上发现沾满被害人血迹的一只皮手套，而另一只则在杀人现场被发现。这种皮手套与辛平时所戴手套品牌相同，而且从妮可以往使用信用卡购物的记录上表明，她曾为辛购买过同样品牌手套。

然而辩方在法庭让辛普森当场试戴这副手套时，人们发现，辛费了很大劲才勉强戴上。辩方指出，戴着这么小的手套，连手的正常屈伸都受到限制，还要再持刀杀人，那是难以令人相信的。辩方认为，血手套是白人警察福尔曼制造的假证据。

检方指出，在 6 月 13 日搜查辛普森住宅时，曾在辛的床上发现带有两名被害人血迹的袜子，这是辛杀人的有力证据。

李昌钰先选定一个主攻的目标，然后以旁敲侧击的方式，促使人们对那双有血痕的袜子产生怀疑。他指出：血痕作为物证，应当说是有若干可疑之处的。警方在辛普森家中发现的那双袜子上的血痕就颇为奇怪，一只袜子上两侧上的血痕形状居然完全一样。这说明什么呢？只能说明当血液从这一侧浸透到另一侧时，袜子并没有套在人的脚上。

辩方还指出，警方进入辛住宅搜查时摄下的录像带上标明的时间是下午 4 时 13 分，当时床上并没有袜子，而记录在案的警方在室内采集证据的时间是在下午 4 时 13 分以后，这足以表明床上从来没有袜子，而是警方在搞鬼。这显然有别的人"安置"罪证的嫌疑。

检方把现场采集的血迹及化验结果作为最强有力的证据。检方指出，杀人现场，辛的吉普车及辛的家里都发现辛本人和两名被害者的血迹，准确无误的长期血液遗传基因化验更表明，辛为杀人凶手无可置疑。而辩方请到的几位刑事犯罪问题专家当庭作证时却都认为，警方在杀人现场采集到的血样受到污染，这会影响血液化验结果。

丹尼斯·方是案发后警方的主要证据收集人。克拉克女士让他出庭，向陪审团提供了本案的实物证据——血滴、毛发样本、脚印、滑雪帽、皮手套等。他没有料到，一直在法庭上不声不响的谢克，一个来自纽约的 DNA 专家，正像猎豹一样等待着他的出现。

谢克出庭对洛杉矶警察局的一流犯罪学家丹尼斯·方进行交互询问。他指责警方的助手玛祖拉女士采集血样的方法。他在法庭上播放了一段录像，其中显示在犯罪现场，玛祖拉女士在将手套和帽子放入纸袋时，未曾更换她的乳胶手套。"你没有告诉大陪审团，玛祖拉是收取手套和帽子的人之一？""你没告诉大陪审团玛祖拉参与的全部事实？你对大陪审团的证词是否曾经宣过誓？"丹尼斯·方承认了这三点。

　　谢克先生给这位犯罪学家讲起了收集证据的原则:证据必须保存良好,防止污染和窜改;工作要迅速而不忙乱;笔记要记得精确。他问方先生是否同意他所讲的每一条原则。丹尼斯·方显得非常尴尬。

　　谢克的交互询问则异常干净有力。他一针见血地质问,起诉方用来对付辛普森的那堆证据,是否已经被这种收集过程的过失破坏得一塌糊涂呢?

　　谢克继续对犯罪学家丹尼斯·方进行交互询问。谢克死死地把丹尼斯·方先生咬在证人席上,不让他轻易脱身。他把攻击的重点放在警员和犯罪学家们收集和保存证据的态度和方法之上。

　　在警探朗格作证时,他曾经承认在6月13日上午七点半,命令从辛普森太太家取出一张毛毯盖住辛普森太太的尸体——用他的话说,目的在于防止窥淫癖偷看。然而那时,验尸官和犯罪学家们还没赶到现场。在谢克的质问下,尽管丹尼斯·方态度强硬,也不能不承认这是"一个致命的错误。"

　　在谢克强有力的攻击下,丹尼斯·方承认了警方的其他严重失误:警察在很长时间以后才召集犯罪学家赶到犯罪现场;他们没有用黄色警带围起辛普森的野马车;朗格警探命令把辛普森家发现的手套带到犯罪现场;还有一张纸,谢克所谓"足以追寻凶手手印"的纸,却从犯罪现场失踪了。

　　谢克放映了另外一段录像,画面显示一点棕色的物质,正位于那床盖住辛普森太太尸体的白毛毯边缘。谢克说,这块棕色的东西,正是尸体旁边发现的那只手套。无意之间,手套被移到毛毯的顶端,于是它带上了毛发和纤维。犯罪学家把画面仔细看了一下。的确,那里有一块黑色的斑点,他承认道。

　　谢克又取出另一段录像,而且把它播放了一遍又一遍。那上面显示的正是这位丹尼斯·方先生,他用手拿着犯罪现场发现的信封,他根本没戴什么乳胶手套。"你有何评论,方先生?""我闹不清这是什么东西。可我知道它不是那个信封!"丹尼斯·方争辩道。

　　在预审作证时,福尔曼警探曾经说在辛普森汽车的车门台阶处发现了四滴血迹;而且在审判时,他还说他曾叫方先生注意这些。然而遍查丹尼斯·方的笔记,却丝毫未提及血迹,也未提及福尔曼讲过什么话。对此,犯罪学家承认说,他自己也发现少了至少一、两滴血迹,然而并未记在笔记本上。

在警探温内特作证时,他曾宣称,6月13日下午,专家离开辛普森家的时候,他便将血样交给了丹尼斯·方。但丹尼斯·方接受交互询问时宣称,在6月13日那天,他亲手把一管辛普森的血样拿出被告家,放到了警车上面。然而这一点,显然同先前温内特的说法矛盾——丹尼斯·方曾经被这位警探说成从他的手里得到了血样。

谢克再次取出两段录像播放,只见方先生从房里走出来,手里拿了些纸包放进了一个背包;第二个是他的最后一个镜头——他的双手已经腾空了。"你意识到你说了谎话,不是吗?事实是它在那个背包里,而你歪曲了事实,不是吗?""今天上午以前,我真忘了那个背包,"方先生马上答道。"这录像带让我想起来啦。"然而用谢克的话说,次日早晨,方先生才收到了这些血样——这不能不让人对那名关键证人的诚实程度产生怀疑。

起诉方传唤证人科顿博士,这位塞尔马克公司的实验室主管。对科顿博士的交叉询问由纽约律师纽菲尔德先生负责。纽菲尔德律师发起进攻,认为对DNA进行检验的实验室程序也存在着缺陷,因此,该案的DNA检验结果未必可靠。

纽菲尔德:"如果有一点样本,在6月天被放进很热的卡车,隔绝空气长达七个小时,而且这七小时样本又一直湿乎乎的,那么,败坏的过程能否持续下去?"证人脱口问他:"你说的有多热?"这句话比真正给他个明确回答还要有效!

谢克向证人追问旨在证明血样极易于被错误的处置方式弄得脏污难辨。如果警察把尚未凝结的血样放进背包,再扔进闷热难当的卡车,血液样本会变成怎样?警方后来为什么又对血样强行扣留?如果实验人员在处理血样和处理其他物品的过程中间不换手套,那会造成怎样的后果?

纽菲尔德律师乘势追击,一举摧毁塞尔马克权威证人的防线。纽菲尔德提到1988年对塞尔马克实验室的测试,当时涉及两、三种样本装入一个试管,非常类似于本案的情形,该公司在无人出现在现场的50次样本里发生了一例DNA失误,足以把无罪的人送进监狱。科顿博士立刻反对,"我并不认为,由于我们的一些检验出现了错误,我们的其他工作就无法适用。"纽菲尔德窃笑着问:"是不是可以说,塞尔马克的差错率达到了五十比一?"起诉方又是一片反对声。但他已经达到了自己的目的。

全美知名的华裔刑事科学鉴定专家李昌钰作为辩方证人，认为检方提供的血液和其他证据有重大疑点，可信度很成问题。李昌钰从警方的工作入手。他指出：洛杉矶市警察局的实验室人员，工作纪律十分松弛混乱。不难发现，警方人员在提取和保管那些现场滴落的血痕的过程中，有不少的疏漏之处。比如，本来应该用那种包装干的血迹样本的纸袋，被用来包装新鲜的血痕，这样就很容易使血痕受到污染。警方在杀人现场采集到的唯一一滴据说属于辛的血，是在放置一夜已风干之后才用一张纸包起来的，而在复检时发现，这张纸上有一滴鲜血浸透的痕迹，这很像有人做了手脚。

辩方律师因此认为，检方所提出的血液证据极可能是主持证据采集工作的两名白人警官故意栽赃。指责警方工作上的混乱和失误，既出人意料又实在是一着迂回包抄的妙棋。既然警方工作有疏漏又混乱，那样得来的证据就足以使人怀疑了。李昌钰的证词成为辩方继续杀伤警方信誉的武器。他接着指出：

当时现场有隆纳的随身物品，如一个信封、一堆钥匙、一张撕破的纸片以及一只呼叫器，散落在不同的地方，从照片里的纸片上看到一些血痕，这些痕迹虽不明显，但经过放大可以隐约看出一段鞋印，如果收集到这张纸片，就可以找出清楚的纹路，也许还可以在纸片正面及背面找到指纹。那么这张纸片哪里去了呢？检方和警方却不知道其下落，不翼而飞了？

隆纳尸体的照片显示出附近的沙土上有一些杂乱的可疑脚印，这些脚印在几个星期后我到达现场时，已经不可能找到了，那么警方收集这些脚印了吗？没有。

从另一张警方所拍摄的照片，显示出隆纳的呼叫器面板上沾满了血，可以推论这些血如果不是隆纳的，一定是凶手的。那么警方化验了这些血迹吗？没有。

从妮可尸体的照片，可以看到妮可身穿黑色的无袖短洋装，肩膀露在外面，现场尸体照片上显示出肩膀上有七点血滴。从这些血滴的形状及方向来看，这些血滴是在妮可倒地后，有人流着血从她尸体旁走过滴落的，因此，上面的血滴不是隆纳的就是凶手的，这样重要的证据，警方收集了吗？没有，妮可尸体解剖时已经清洗掉了。

警方在现场收集到许多指纹，到结案为止，仍有九枚指纹无法辨认出来,那么它们是谁的呢?

　　在杀人现场曾发现除布鲁诺·马格利牌子的鞋印外,现场还有两只沾有血迹、纹路是平行线的鞋印,在隆纳和妮可两人的尸体中间出现了这样的半只鞋印,同时在隆纳的牛仔裤上也有同样纹路的鞋印。既不是辛的,也不是被害人的,这意味着现场有两位凶手,一位穿着布鲁诺·马格利鞋,另一位穿着鞋底纹路是平行线的鞋。警方对此却根本未做查证,这恰恰可能是杀人凶手留下的脚印。

　　最初检方的专家否定这种说法,说美国没有鞋底为平行线纹路的鞋。但是在一个多星期后,全美各地的好事者向李昌钰寄了 70 多双有平行线纹路鞋底的鞋。李昌钰甚至不得不召开记者会,呼吁大家不要再寄鞋了。最终,曾经提出质疑的联邦调查局的鞋印专家也同意了李昌钰的看法,承认可能有第二双可疑鞋印。

　　李昌钰接着说:"警方叫我和两位辩护律师在上午 9 时 30 分到达化验室,我们都准时到达,但是,警方及检察官却故意拖延,让我们在走廊上足足等了 3 个多小时,到了 12 时 45 分左右才让我们进入化验室,进入化验室时他们又限制时间,声称这双袜子要在下午 1 点多钟送到 FBI 化验,我们只有 20 多分钟来检验这些重要物证……请求借用警方的设备,当时他们一口答应,并表示将会准备好各种仪器,不料在进入化验室后,我只有一台十分差劲的显微镜,调焦不准,底部不稳,检察官和化验员又拼命催促,检验工作十分困难。警方故意刁难,将职业道德抛在一边,我十分生气,当面向化验室主任抗议。但是抗议也无效,为了确定检验结果的准确性,我们要求检方提供一些重要证据来重新检验,但是检方千方百计不让辩方来进行复验。以现场血迹的检验为例,警方在现场收集到大量的血迹,检方却坚持血迹太少而不能分出部分给辩方来检验,但是辩方律师据理力争,因为辩方有权去检验检方的证据是否可靠,最后法官也同意辩方分割出 10% 的检体来检查,同时允许我们到韶玛化验室检验这些重要证据……但是我们还得不断地与洛杉矶的法官联络,查清楚 10% 的血迹检验所指的范围,原本分割检体只需要半个多小时,但是由于检辩双方不断地谈判,不时请示法官来解释他的法令,就这样拖了 7 个多小时,到了傍晚才离开化验室。

　　警方从辛普森身上抽走了 8CC 血液作为检验样本,根据检验记录,检方用了 3CC 的血液样本,这样试管还应当存留 5CC 血样,但是实际上现在试管中只有3.5CC血样,那么剩余的1.5CC跑到哪里去了呢?"

事后证明,李昌钰的作证对陪审团的裁决起了最具有权威和至关重要影响和作用。

血案发生当夜,白人警察福尔曼就参与处理此案,并在现场和辛家里发现几个重要证据,因此检方一直把福尔曼作为最主要的证人,福尔曼也确实在本案中起着关键的作用。

辩方从一开始就了解到福尔曼是种族主义者。对福尔曼的第一次质询是在1995年3月,由经验丰富的大律师李·贝利进行的。他要让证人可疑的一面暴露在陪审团面前——这样他的目的就算达到了。福尔曼警探承认:"在失去一个很有趣、很复杂的案子时,会很失望的。"贝利律师的机会来了。"作为这种失望的结果,你会决定做些什么吗?"福尔曼抬眼瞧一下律师那不怀好意的目光,"不,"他尽可能清晰地答道。

贝利律师要求警探逐分钟讲清楚他在南邦迪街875号辛普森太太的住宅以及北洛金汉街360号辛普森先生的家里所做的一切。对此,克拉克立刻表示反对。"庭上,"她对伊藤法官说,"被告方表现出一种事实上的不可能性,他们从来没有,也从来不会表现出任何机会,提供出任何证据,表明警探福尔曼先生栽赃过任何东西!"

贝利律师紧紧盯住了福尔曼宣称自己在那天凌晨三点半时从邻居院里观察隆纳尸体的那五秒钟。他暗示,在那个晚上,警探有足够的时间赶过去拾起手套。

至于野马车上的血迹,律师并没有指责福尔曼故意栽赃。他只是提出了这样的问题:"那时你知道野马车上有血吗?""不知道。"福尔曼答道。"你用手套在野马车上擦过吗,福尔曼警探?""没有。"

福尔曼说,在对隆纳的尸体进行检验时,他所看到的只有那一条伤口。"那一双手套又怎么样呢,警探?"贝利立刻追问道,"你在那里看到了一双手套?""我看到的是一只手套。"警探答道。他接着讲到在辛普森家里发现的另一只:那个地方很黑,早上六点钟天还没亮,头顶又罩着浓密的树叶。"那么,你预感到会发现什么吗?"律师问道。"我不知道,"福尔曼说,"我想兴许有什么塌了下来……我往前走,走了约摸十五到二十英尺,我见到个黑东西,就走近它……"他用手指着一张标有"北洛金汉街360号发现的手套"字样的照片,"后来,我看清了,那是只手套。""为什么你要独自到那里去,如果有什么危险的疑犯躲在辛普森家的阴影里呢?""你的用意难道不是独自走到南边的墙下?""不是的。""只是走过去做事,不是吗?""我还不知道南墙能不能走过去。""不,你离开那房子,独自呆了十五分钟,只是要去做事?""我确实是这样做的。"

贝利凑近证人的脸问道:"想想你去年 7 月的证词,福尔曼警探。那时你说,你在辛普森先生的野马车里面——不仅是外面,还有里面——发现了血迹。现在,我们怎么又听你说,你没有朝凯林先生要汽车的钥匙?"他嗫嚅了半晌,终于无力地答道:"那时我说错了……"贝利律师停顿了片刻,给陪审团充分接受的时间。

贝利提出更有威胁的问题:"在描述别人时,你用过'黑鬼'一词吗?""没有,先生。""近十年来,你用过这个词吗?""我没想起来。没有。""那么,你是在说,近十年来你没有用过这个词,福尔曼警探?""是的,我是这样说的。"人人都发现那警探显得有些犹豫。

贝利挺直身子,面向陪审团。他提高声调,仍然向警探追问:"所以任何人来到本庭,指证你用过这个词,他们准是说谎,不是吗,福尔曼警探?""是说谎。"福尔曼咬着牙,朗声答道。陪审员们纷纷伏在桌上,记着笔记——没有人知道,现在他们的心里想的是什么。

到了 1995 年 8 月,当检、辩双方法庭辩论已近结束时,辩方突如其来地使出"杀手锏"。这一天出现在证人席上的,是给福尔曼警探录下了十三个小时致命磁带的麦金尼女士。她拿出数十盘录音带,磁带证明福尔曼亲口向一位电影剧作家麦金尼女士说过,他在过去 10 年里 41 次辱骂黑人为"黑鬼",并利用警察身份和办案机会,以制造伪证、栽赃陷害、殴打疑犯强取口供等卑劣无耻的手段让许多无辜黑人受到不公正的法律制裁。在录音带里,福尔曼对自己的种种劣行引以为荣,甚至绘声绘色地描述,他如何把黑人司机的驾驶证撕毁,再指控其无证开车,他如何把曾注射毒品的黑人身上伤疤的血痂强行揭掉,再指控其最近重新吸毒。辩方的数名证人、包括两名白人妇女到庭作证说,福尔曼曾讲过"只有死黑鬼才是好黑鬼",福尔曼还咬牙切齿地说,"如果让我干,我就把黑鬼们都弄到一起烧死。"

福尔曼警探重新出现在证人席上接受厄尔曼律师的追问,"你在预审时提供的证词是否完全真切?"律师问道。福尔曼抬起脸,无神的目光扫了厄尔曼律师一下。"我想坚持我第五修正案的权利。"他终于说道。根据美国宪法第 5 条修正案的规定,"任何人……不得在任何刑事案件中被迫自证其罪";"每个被告和疑犯均可以援引本条拒绝提供供词,同样,疑犯的供词也不能用为给他定罪的基本依据。"由于福尔曼否认讲过"黑鬼"一词已经犯了伪证罪,则他援引第五修正案,可以暂时避免受到司法追究;不过,毫无疑问,在每个陪审员的心里,他已经被坚决彻底地定了罪。

厄尔曼律师继续追问下去:"你是否窜改过警方记录?""我想坚持我第五修正案的权利。""你是否在本案中栽赃过或捏造过任何证据?""我想坚持我第五修正案的权利。"整个法庭一片死一样的寂静,正如几天之前播放福尔曼磁带时一样。"被告方没有问题了。"他最终宣布。检方不得不在法庭上承认:"福尔曼是个种族主义者,是个坏警察,他根本不配当警察,这个世界上最好没有这个人。"检方一再表示福尔曼是坏蛋并不能抹杀辛普森杀人的事实。

辩方为了让福尔曼和检方出尽洋相,要求福尔曼再次出庭,就是否辱骂黑人为"黑鬼"及在法庭上说谎一事做出解释。福尔曼当然不肯,也像辛普森一样,援引美国宪法第五修正案保护自己脱身了事。对起诉方这是一场灾难——往最小限度讲,福尔曼涉及的一切,陪审团再不会相信。作为检方主要证人白人警察福尔曼历来极端仇恨黑人,是一个十足的种族主义者,因此,不仅他的证词不可信,而且他所"捡到"的血手套及他在杀人现场"发现"的其他证据都不足为凭。辩方巧妙地就此大做文章,对检方的整个指控提出质疑,这是在本案中对控方最具毁灭性的打击。被告方的高明正在于此。

1995 年 9 月 29 日,辛普森涉嫌杀人案经过 9 个多月的审理接近尾声。在这堪称"世纪审判"中,检方和辩方提交法庭的证据分别为 488 件和 369 件,庭上作证的证人分别为 72 人和 54 人,法庭审理的全部文字记录长达 5 万多页。10 月 2 日上午 10 时,陪审员们开始讨论原告及被告双方的证据,于 4 小时后一致作出裁决:辛普森无罪。

陪审团内的几名黑人陪审员回答说,检方证据虽多,但很难让人相信。比如,那副血手套,辛很难戴得上;警方在犯罪现场拍摄的录像表明,他们采集的血迹和证据受到了严重污染;辛普森吉普车中虽有血迹,但血迹却那样少,而如果辛连杀两人,车里应该有更多血迹;警方证人包括福尔曼和另一名警官的证词令人生疑。陪审团认为辛普森是警方工作失误或有意陷害的无辜受害者。不过,陪审团中的两名白人之一、61 岁的退休妇女艾辛巴克说,从法庭辩论的情况判断,她内心认为辛普森很可能有罪,但检方提供的证据并不足以证明辛就是杀人凶手,而且又有种族主义分子福尔曼的卷入,这最终促使她在陪审团无记名表决时赞成裁决辛普森无罪。

洛杉矶警方歧视黑人的名声本来人所共知,而此次警方现场证据采集又确实存在问题,使检方法庭上的争辩显得底气不足。在本案中,辩方律师辩论策略得当,抓住警探福尔曼和警方在其他证据上的疑点及漏洞,又聘请刑事科学鉴定专家对检方证据重检并作证。辩方采取的辩护策略是:首先,指出主要物证(血手套、血袜、血液样本等)存在的疑点;其次,指出警方在采集物证过程中存在的疑点、过失与混乱以及物证(血液样本等)可能受到的"污染";然后,指出物证(血液样本)检验机构过去检验发生的失误;最后,指出发现本案几个主要证据的警探福尔曼撒谎及不公正。最终完成了对控方证明的"合理的怀疑"。辩方凭借这样的反驳策略,把合理怀疑的种子播进了每个陪审员心中,使陪审团对检方的那些有力的证据(如血液遗传基因化验结果等)产生了合理的怀疑。

律师们的辩驳可谓一语万钧,令对方无还手之力。这正是律师们谋划好的。他们暗藏杀机,不因一时得势就急不可耐地亮出锋刃,而是在关键的决胜时刻猛地使出杀手锏,杀对手一个措手不及。他们没有漏过任何一次出击的机会,完美的谋杀,惊人的证据,但最终证据被弄得模糊,事实被逐渐改变,证人被引导到他们希望的方向。这些法庭上冷酷无情的屠夫实现了他们的意图。

二、直接反驳的方法

反驳是确认某一论题不能成立或某一论证不能成立的过程。反驳可以针对论题、论据和论证方式进行。反驳的逻辑方法可以分为直接反驳、间接反驳和归谬法。直接反驳是从论据或理由的真实性直接推论出被反驳论题或论据不能成立的反驳方法。

根据充分条件关系之必然性法则或连贯性法则可以展开直接反驳。倘若论据 A 是论题 B 不成立的充分条件或充足理由,那么论据 A 一旦成立论题 B 就必然不成立。直接反驳的方法可以分析为以下推论模式的组

合及运用：有 A 成立就有 B 不成立,有 A 成立;所以,有 B 不成立。即:
A→¬ B,A ├ ¬ B。

直接反驳是法庭上的一种重要的反驳方法。直接反驳的关键就在于
提供有说服力的论据或充分的理由以确认对方的主张或观点是错误的。
直接反驳是一个运用逻辑推理方法的过程,最有力的反驳就是以被确立的
论据或理由为前提合乎逻辑地得出被反驳的论题是不成立的。

1945 年 11 月 14 日,纽伦堡国际军事法庭开庭,对戈林、赫斯、里宾特
洛甫等 23 名纳粹首要战犯提出公诉,指控他们犯有破坏和平罪、违反战争
法规罪和违反人道罪。

被告的辩护律师雅尔赖斯教授认为,由纳粹德国发动的第二次世界大
战虽然有 5500 万被害者,但各被告不能对他们的行为负刑事责任。因为,
被告在犯下今天被指控的行为时,在当时所有的各项法律中并未规定对此
类行为进行刑事起诉,而且,不认为战争是犯罪。他指出[①]:

在最近数十年里,世界舆论愈来愈激烈地拒绝超越善与恶来决定战争
的性质。舆论界把战争区分为正义战争和非正义战争,并且要求国际联盟
对进行非正义战争的国家追究责任,而当该国可能取得胜利时,则拒绝承
认该国以暴力行为所取得的结果。诚然,不仅要求对负有罪责的国家进行
判决,要求该国承担责任,而且要求惩处那些对发动非正义战争负有罪责
的人,把他们送交国际法庭判刑。在这方面,现在有人甚至比中世纪初期
最严厉的法律思想家走得更远。目前的这场审判所以能够惩罚破坏和平
的罪行,并不是依据现行的国际法,而是根据一种新的按照罪行制订的刑
法所进行的审理。这种做法违反了被全世界视之为神圣的司法原则,这种
司法原则曾在希特勒德国受到了部分破坏,当时就遭到了德国国内外的强
烈反对。这一司法原则就是:只有违犯了在犯罪当时就已经规定对之加以
惩处的法律的人,才应受到惩罚。

英国首席起诉人肖克罗斯爵士运用直接反驳的方法反驳雅尔赖斯的
"被告被指控的行为在当时各项法律中并未规定"的观点。他在法庭上
指出:[②]

---

① 《纽伦堡审判》上卷,商务印书馆 1985 年版,第 111—112 页。
② 《纽伦堡审判》上卷,商务印书馆 1985 年版,第 118—121 页。

　　雅尔赖斯教授绝妙的论述解决了模棱两可的问题。这类阐述的结果是：根据《凯洛格—白里安公约》以及其他国际性的声明和条约，侵略战争是违法的，然而却不是犯罪行为。为支持这种论点所作的解释说：情况并不能说明侵略战争是犯罪行为，因为把侵略战争说成是犯罪行为的这一种尝试和那一种尝试，都是同国家的主权不相容的。鉴于《巴黎公约》本身就强调了防御，这样也就谈不上犯罪性的破坏条约或违法性的破坏条约，因为每一个国家——也包括德国在内——都必然拥有决定它是否有必要进行自卫战争的权利。

　　这一从属于那些经大多数国家签字的国际性条约的公约，以其在另一些国际法中经常缺乏的庄严性和明确性提出了国际法的原则，我也曾讲过，该公约所提出的深刻变革反映在各国政府和各国政治家的一些举足轻重的声明之中，虽然事实上在中世纪就已经承认了正义战争和非正义战争之间的区别。我还要指出，该公约把在破坏公约的情况下发动的战争规定为违法的行为，而且在进行意味着有千百万人死亡和对文明的最后基础发动直接攻击的违法活动时，在违法性和犯罪性质之间并不存在区别。

　　如下论点对正常的法律感情起着更为令人诧异的作用：由于1939年发生的全部情况，这一公约（以及随后缔结的其他种种条约和保证）已经丧失掉了它的法律效力，因为集体安全的整个体系在当时已经宣告瓦解。美国在1939年宣布中立的事实就曾被引为上述集体安全体系瓦解的证明，好像美国在某种程度上负有法律责任，对此当可另作讨论。但是，为贯彻执行上述种种条约以及为阻止和惩处罪恶的战争策划而臆造出来的这一体系实际上是不起作用的，这个事实究竟具有怎么样的重要性呢？日本、意大利和其他参加轴心国密谋的国家所发动的进攻，以及后来德国对奥地利和捷克斯洛伐克所发动的进攻，难道可以因为这些罪行取得了暂时的成就而认为这些国家业已承担了对它们具有约束力的那些义务？犯罪分子的暂时免罚不仅取消了对罪犯具有约束力的法律，而且使得罪行合法化，文明世界从什么时候起承认了这样的原则呢？

　　《巴黎公约》和其他任何一个条约都没有也不可能取消自卫的权利。如果国家滥用其权利，如果国家把自己的"自卫"变成了征服和无视法律的工具，如果它把进行自卫的自然法蓄意歪曲为掠夺和征服欲望的武器，国家也对此负有责任。国家所宣称的那种行为的合法性导致了自卫，对这种

LOGIC

行为的合法性的最后裁决并不操在有关国家手中。由于这个原因,自卫的权利(不论是明确保有或是含蓄保有的)丝毫改变不了如下事实,即一项条约能够在法律上构成对战争的束缚。

肖克罗斯爵士以《凯洛格—白里安公约》以及其他国际性的声明和条约中的有关"把在破坏公约的情况下发动的战争规定为违法的行为"的规定,以及《巴黎公约》中"自卫"行为的合法性的最后裁决并不操在有关国家手中为理由,反驳了雅尔赖斯"被告在犯下今天被指控的行为在当时所有的各项法律中并未规定对此类行为进行刑事起诉"的观点。

1997 年和 1999 年 180 名中国人向日本法院提起诉讼[①],指控日军 731 部队于 1940 年到 1942 年间在浙江省和湖南省通过飞机散发了受鼠疫病菌污染的跳蚤以及附有霍乱菌的食物,给当地居民造成了巨大损害;要求日本政府谢罪,并作出总额为 18 亿日元的赔偿。日本政府提出抗辩:第一,《海牙条约》中并没有承认个人的请求赔偿权,因此原告是没有权利提出赔偿请求的;第二,赔偿问题已经在中日友好条约中获得解决,也就是说中国已经放弃了对日本的索赔权,因此从这点出发原告也是无权要求赔偿的。东京地方法院采纳了日本政府的抗辩作为判决理由,虽然确认了日军 731 部队在中国进行的细菌战造成多人死亡,但是驳回了原告要求日本政府谢罪和赔偿的诉讼请求。

我国法律界人士极为愤慨,纷纷驳斥东京地方法院的判决理由。他们指出,《海牙条约》确实没有个人向国家要求赔偿的规定,但国际法中通行的一个原则是,国际惯例优于条文。在以往的国际判例中,外国公民可以向某国政府提出索赔已经成为一个惯例。根据该国际惯例中国公民完全有权向日本政府提出索赔,东京地方法院的这一判决是对国际法通行的精神和原则的违背。1972 年,中日邦交恢复正常化,中国政府放弃战争赔偿权。但中华人民共和国放弃的只是政府与政府间的战争索赔权,并没有放弃民间的战争受害者的索赔权。因此受到战争迫害的中国公民当然有权利提出战争索赔。

我国法律界人士运用直接反驳的方法来反驳日本政府的抗辩和东京地方法院的判决。他们以国际法中通行的"国际惯例优于条文"原则,以往

---

① 王洪主编:《法律逻辑学案例教程》,知识产权出版社 2003 年版,第 220—221 页。

国际判例中外国公民可以向某国政府提出索赔的惯例,以及中华人民共和国放弃的只是政府与政府间的战争索赔权,并没有放弃民间的战争受害者的索赔权为理由和根据,直接反驳了日本政府以及东京地方法院"原告是没有权利提出赔偿请求的"观点。因此,所谓"原告是无权要求赔偿的"观点是不成立的,受到战争迫害的中国公民完全有权向日本政府提出战争损害索赔。

19 世纪美国著名律师威尔曼(Francis L. Wellman)在他的《交叉询问的艺术》一书里引用了林肯担任律师的经典辩例。格雷森被控于 8 月 9 日开枪杀死洛克伍德,现场有苏维恩作为目击证人。案件看来证据确凿,难以推翻。在法庭上,林肯开始了对于唯一证人苏维恩的询问:

林肯:在目睹枪击之前你一直和洛克伍德在一起吗?

证人:是的。

林肯:你站得非常靠近他们?

证人:不,有大约 20 尺远吧。

林肯:不是 10 尺么?

证人:不,20 尺,也许更远些。

林肯:你们是在空旷的草地上?

证人:不,在林子里。

林肯:什么林子?

证人:桦木林。

林肯:八月里树上的叶子还是相当密实的吧?

证人:相当密实。

林肯:你认为这把手枪是当时所用的那把吗?

证人:看上去很像。

林肯:你能够看到被告开枪射击,能够看到枪管伸起这样的情况?

证人:是的。

林肯:开枪的地方离布道会场地多远?

证人:有一公里多远。

林肯:当时的灯光在哪里?

证人:在牧师的讲台上。

林肯:有一公里多远?

证人：是的，我已经第二次回答了。

林肯：你是否看到洛克伍德或格雷森点着蜡烛？

证人：不！我们要蜡烛干吗？

林肯：那么，你如何看到枪击？

证人：借着月光！（傲慢地）

林肯：你在晚上 10 点看到枪击；在距离灯光一公里远的桦木林里；看到了枪管；看到了开枪；你距离他有 20 尺远；你看到这一切都借着月光？离会场灯光一公里远的地方看到这些事情？

证人：是的，我刚才已经告诉过你。

法庭上的听众热情高涨，仔细地听取询问的每一个字。只见林肯从口袋里掏出一本蓝色封面的天历书，不紧不慢地翻到其中一页，告诉法官和陪审团，那一天前半夜是不可能有月光的；月亮要到后半夜一点才会爬出来。更富戏剧性的是，在伪证被揭穿之后，林肯一个回马枪杀过来，转而指控这位证人才是真凶。最终真相大白，杀人者果然便是苏维恩本人。

林肯的盘问反驳了证人的证词：你在距离灯光一公里远的桦木林里，你距离他有 20 尺远，只能借着月光才能看到枪管，看到开枪；但在那天晚上 10 点不可能有月光。因此，在晚上 10 点，在距离灯光一公里远的桦木林里，你距离他有 20 尺远，你不可能看到了枪管，不可能看到了开枪。所以，证人是一个彻头彻尾的骗子。

林肯的盘诘运用了直接反驳的方法。他的成功也证明了威尔曼的观点：律师需要有出众的天赋、逻辑思考的习惯、对广泛常识的清晰把握、无穷的耐心和自制力、通过直觉而透视人心的能力、从表情判断个性进而觉察动机的能力、精确有力的行为特点、对于与案件相关知识的精湛理解、极度的谨慎以及——这是最重要的——质证过程中敏锐地揭露证词弱点的能力。

莎士比亚的《威尼斯商人》是一部著名喜剧。[①] 安东尼奥是剧中一位仁慈的商人，他为了资助朋友，向威尼斯的高利贷者夏洛克借三千元现金，契约规定，借期三个月，免付利息，如果到期不还的话，债权人有权从债务

---

① 《莎士比亚全集》第 3 卷，朱生豪译，人民文学出版社 1988 年版。转引自王政挺：《中外法庭论辩选萃》，东方出版社 1990 年版，第 32—36 页。

人的胸部割下一磅肉，作为处罚。

夏洛克早就恨安东尼奥，因为安东尼奥"借钱给人不取利钱"，一直使夏洛克的生意大受影响，夏洛克决意"要是我有一天抓住他（安东尼奥）的把柄，一定要痛痛快快地向他报复我的深仇宿怨。"此次借钱，他明说不取利息，实质暗藏杀机。安东尼奥自信"决不会受罚的"，因为他的财产全部都在海上，在几艘远航未归的商船上。那时他"就可以有九倍这笔借款的数目进门。"有消息说船队在海上出事，货物全部损失。三个月期满，安东尼奥还不出所借的钱。听到这个消息，夏洛克忙不迭赶到法庭控告安东尼奥，要求法庭"一定要照约实行"，他要安东尼奥的一磅肉，而且是胸部靠近心脏的一磅肉。

夏洛克一进法庭，威尼斯公爵便对他说，"夏洛克，人家都以为——我也是这样想——你不过故意装出这一付凶恶的姿态，到了最后关头，就会显示出你的仁慈恻隐来，比你现在这种表面上的残酷更加出人意料，现在你虽然坚持着照约处罚，一定要从这个不幸的商人身上割下一磅肉来，到了那时候，你不但愿意放弃这种处罚，而且因为受到良心上的感动，说不定还会减免他一部分的欠款。你看他最近连遭巨大损失，足以使无论怎样富有的商人倾家荡产，即便铁石一样的心肠，从来不知道人类同情的野蛮人，也不能不对他的境遇发生怜悯。犹太人，我们都在等候你一句温和的回答。"

夏洛克答道："要是阁下不准许我的请求，那就是蔑视宪法，我要到京城里去上告，要求撤销贵邦的特权。您要是问我为什么不愿接受三千块钱，宁愿拿一块腐烂的臭肉，那我可没有什么理由可以回答您，我只能说我喜欢这样，这是不是一个回答？"

刚刚赶到法庭的安东尼奥的好朋友巴萨尼奥（安东尼奥就是为他能去向富家之女鲍细亚求婚才借的钱），也为自己朋友的生命安危担忧。他向夏洛克说，"借了你三千块钱，现在拿六千块钱还你好不好？"夏洛克拒绝道，"就算你这六千块钱，每一块都可以分做六块，每一份就是一块钱，我也不接受。"

公爵还想劝动夏洛克，"你这样没有一点慈悲之心，将来怎么能够希望人们对你慈悲呢？""我又不干错事，怕什么刑罚？你们买了许多奴隶，把他们当作驴狗骡马一样看待，叫他们做种种卑贱的工作，因为他们是你们出钱买来的。我可不可以对你们说，让他们自由，叫他们跟你们的子女结婚？为什么他们要在重担之下流着血汗？让他们的床铺跟你们的床同样柔软，让他们的舌头也尝尝你们所吃的东西？你们会回答说：'这些奴隶是我们所有的'。所以我也可以回答你们：我向他要求的这一磅肉，是我出了很大的代价买来的，它是属于我的，我一定要把它拿到手里。您要是拒绝了我，那么你们的法律见鬼去吧！"无论众人怎么相劝，夏洛克仍毫不动情，他大声喊叫"请快些回答我，我可不可以拿到这一磅肉？"

正在这个时候，鲍细亚赶来了，受培拉里奥博士的委托，女扮男装，从公爵那里接手审理此案。作为法官，鲍细亚当庭作了调查后，首先承认夏洛克的控诉成立。但是，她也向夏洛克求情，要求他慈悲一点，并且告诉他，"我说了这一番话，为的是希望你能够从你的法律的立场上作几分让步，可是如果你坚持着原来的要求，那么威尼斯的法庭是执法无私的，只好把那商人宣判定罪了。"夏洛克表示，他"只要求法律解决"，"慈悲""怜悯"之类的话全是多余的。

鲍细亚故意又问，"安东尼奥是否无力偿还这笔债务？"巴萨尼奥回答，"不，我愿意替他当庭还清，"他要法官运用权力稍许变通一下法律，无论如何也不能答应夏洛克的企求。

鲍细亚说道，"绝对使不得，在威尼斯谁也没有权可以变更明文规定的法律。"夏洛克欢呼了，"一个但尼尔来做法官了！真的是但尼尔再世！聪明的青年法官啊，我真佩服你！"

法官要照法律程序办事，她检验借约和作照约处罚的准备，并不无挪揄地说了一声；"夏洛克，他们愿意出三倍的钱还你呢！""不行，不行，我已经对天发誓啦，难道我可以让我的灵魂背上毁誓的罪名吗？不，把整个威尼斯给我，我都不答应。"夏洛克要求立刻进行宣判。

鲍细亚告诉安东尼奥，他要准备让夏洛克依约办事。突然，她又问，"称肉的天平有没有预备好？""我已经带来了！""夏洛克，去请一位外科医生来替他堵住伤口，费用归你负担，免得他流血而死。""借约上有这样的规定吗？""借约上并没有这样的规定，可是那又有什么关系呢？肯做一件好事总是好的。""我找不到，借约上没有这一条，""别再浪费时间了，请快些宣判吧！"

鲍细亚正式宣布了，"夏洛克，那商人身上的一磅肉是你的，法庭判给你。""判得好！"夏洛克举刀便向安东尼奥刺去。"且慢，我还有话说呢！我再重说一遍，你可依约得到那商人身上的一磅肉，但是，这借约上并没有允许你取他的一滴血，只是写着'一磅肉'；所以你可以照约拿一磅肉去，可是在割肉的时候，要是流下一滴基督徒的血，你的土地财产，按照威尼斯的法律，就要全部充公。"夏洛克割肉不准流血，这是根本无法做到的，他问道："法律上是这样说吗？"

鲍细亚手上正捧着一部厚厚的法律大全，"你自己可以去查明白，既然你要求公道，我就给你公道！"夏洛克此时才感到事情不妙，他不得不退却说："那么我愿意接受还款；照借约上的数目三倍还我，放了那基督徒。"巴萨尼奥立即把钱拿了出来，准备交给夏洛克，被鲍细亚阻止了。

鲍细亚说："别忙！这犹太人必须得到绝对的公道。他除了照约处罚以外，不能接受其他的赔偿。"接着，她再次警告夏洛克："你准备动手割肉吧。不准流一滴血，也不准割得超过或是不足一磅的重量，即使相差只有一丝一毫，或者仅仅一根汗毛之微，就要把你抵命，你的财产全部充公。"夏洛克又一次退步说："把我的本金还我，放我走吧！"

鲍细亚又一次挡住巴萨尼奥，她说，"他已经当庭拒绝过了，我们现在只能给他公道，让他履行原约。""难道我只拿回我的本金都不成吗？""犹太人！除了冒着你自己生命的危险割下那一磅肉以外，你不能拿一个钱。"夏洛克完全绝望了，本金是拿不回来了，保命罢。他无可奈何地当众声明，"好，那么魔鬼保佑他去享用吧！我不打这场官司了。"

鲍细亚喊住他："等一等，犹太人。法律上还有一点牵涉到你。威尼斯的法律规定，凡是一个异邦人企图用直接或间接手段，谋害任何公民，查明确有实据者，他的财产的半数应当归受害的一方所有，其余的半数没入公库，犯罪者的生命悉听公爵处理，他人不得过问。你现在刚巧陷入这一条法网，因为根据事实的发展，已经足以证明你确有运用直接间接手段，危害被告生命的企图，所以你已经遭逢着我刚才所说起的那种危险了。快快跪下来，请公爵开恩吧。"夏洛克坠入法网。法庭判决宽恕夏洛克死罪，但是没收夏洛克的一切财产。

鲍细亚使对方不知不觉随着自己的指挥棒转。乘其不意，攻其不备，冷不防提出问题，使对方措手不及，阻止对方作出明确结论。实际上，割肉总要流血，数量也不可能那么准确，这似乎是常理，故而契约上也没有写明能不能流血,能不能多割或少割。但是,鲍细亚已及早堵住了这条路。她事先已诱使夏洛克亲口承认,他已带来了天平,天平称肉,这自然意味着不能多割或少割,否则何以要那么准确呢?她建议夏洛克为被告请医生而夏洛克拒绝,理由是契约上并没有这一条规定,这就迫使夏洛克确认,一切按借约上的规定办理,凡借约上没有明文规定的就不能做。这是以其人之道还治其人之身。鲍细亚有效地束缚住夏洛克时便立即进攻。最后以夏洛克难逃法网而告终。

人们在法庭上确实有相当大的攻击与逃避倾向。不像小说及屏幕上所虚构的那样,一两个巧妙的问题便能使他们陷入绝境或者蒙受羞辱的危险,他们是不会轻易就范的。"人类似乎会分泌一种精神的肾上腺素,能使他们的思维超速运转,几乎可能跟装在沉入哈得逊河底的桶里的大魔术师胡迪尼在寻求解脱时的双手那么快捷。"夏洛克也不例外。但鲍细亚铺平垫实了通往必胜的道路,堵死了夏洛克所有可能的逃遁之门。这么一来,鲍细亚就使夏洛克陷入不可能实现其意图的境地。

三、间接反驳的策略

间接反驳是通过证明与被反驳命题相反的命题成立从而推出被反驳命题不能成立的反驳方法,又称为独立证明的反驳方法。间接反驳的逻辑基础是矛盾律即"两个互相矛盾的命题不能同时都是真的"。间接反驳的过程可以表达为:已知 Q 与 P 具有矛盾关系,论证 Q 成立;所以,确认 P 不成立。

间接反驳是法庭上的一种重要的反驳方法。间接反驳的关键就在于,以充分的理由或有说服力的论据来确立与对方命题相反的命题成立,由此推翻或对抗对方主张或依据的命题。

例如,有一次原告控告其邻居,他在经过邻居门前的人行道上走时,邻居家的狗冲出来并咬了他,因而造成伤害。布格里奥西律师就为被告制定了运用间接反驳方法的答辩策略:

第一,"我的狗是用链子拴在屋里的,链子没有长到可伸展到人行道上去,因此我的狗不可能咬了原告。"第二,"我的狗是一条老狗,它根本没有牙齿,即使咬了原告,也不可能对原告造成伤害。"第三,"我根本就没有狗。"①

间接反驳的方法在古希腊的法庭辩论中就有了广泛的运用。据说古希腊有个叫欧提勒士(Euathlus)的人向著名的辩者普罗塔哥拉斯(Protagoras)学习法律,两人订有合同,其中约定欧提勒士结业时付一半学费,其余一半等欧提勒士结业后第一次打赢官司时付清。但欧提勒士结业后,一直没替人打官司,自然也就没有支付普罗塔哥拉斯另一半学费。普罗塔哥拉斯等得不耐烦了,于是向法庭起诉,要求欧提勒士支付另一半学费。他向法庭说:

如果这场官司欧提勒士打赢了,那么,根据我们订的契约,他应该付给我另一半学费,因为这是他第一次打官司,而且打赢了;如果这场官司欧提勒士败诉,换言之,我胜诉,那么根据法庭的判决,他也应该付给我另一半学费。总之,无论法庭判决欧提勒士胜诉还是败诉,他都应当付我那另一半学费。

欧提勒士针锋相对,毫不示弱:

我根本就不必付给你那另一半学费,因为,如果这场官司我打赢了,那么,根据法庭的判决,我就不必再给你学费;如果法庭判我败诉,那么,根据我们订的契约,我也用不着给你学费,因为这是我打的第一场官司,而且打输了,不合原先契约的要求。总之,无论法庭判决我胜诉还是败诉,我都不必支付那另一半学费给你。

欧提勒士识破对方把戏,成竹在胸,目光是敏锐的,手法是高明的。他后发制人运用间接反驳中的反推法,借势把老师提出的理由作为根据,确立了与老师相反的主张,从而驳倒了普罗塔哥拉斯的请求。这正可谓是"以其人之道还治其人之身",反驳得有理与有力。普罗达哥拉斯在论辩上翻了一个大跟斗,这就是历史上所谓的"半费之讼"。

我国春秋战国时期的名家代表人物邓析不但是出色的辨者,而且也是帮人出主意打官司的高手。据记载他"与民之狱者曰,大狱一衣,小狱襦裤。民之献衣襦裤而学讼者,不可胜数。"②邓析的拿手好戏就是"操两可

---

① 蒙家乐等编译:《律师取胜的策略与技巧》,中国政法大学出版社1993年版,第146页。
② 《吕氏春秋·离谓》。

之说"与"设无穷之辩"。

据《吕氏春秋》记载：一次洧河涨水，郑国一富家之人淹死了。溺尸被别人拾得，富人家想用钱赎回尸体，但捞到尸体的人要价甚高，富人不得已向邓析讨个主意。邓析告之：你不用着急。这个人肯定要卖这具尸体，他留着有何用呢？除了你之外，没有人要买这具尸体，他不卖给你，卖给谁呢？富人听后"安之"而去。富人家不来赎尸，得尸者急了，找到邓析，讨个办法。邓析说：你不用着急，富人家肯定要赎回这具尸体，除了你卖之外，别处没有卖的，他不找你买，还能找谁呢？得尸者也"安之"而回。

这就是著名的"两可之辩"。邓析论证了两个完全相反的主张成立。他的辩才让后人感叹不已："以非为是，以是为非，是非无度，而可与不可日变。""是说之难持也，而惠施①、邓析能之。"②"好治怪说，玩奇辞，……然而其持之有故，其言之成理，足以欺惑悬众，是惠施、邓析也。"③邓析有着与普罗达哥拉斯一样的才华，却不曾有过和他一样的幸运。在统治者看来，邓析的所作所为是"败法乱政"，自然是必欲除之而后快的。终于，驷歂继子产（公元前 522 年卒）和子太叔（公元前 502 年卒）这两届执政后，在上台的第二年便"杀邓析而用其竹刑"。

19 世纪末美国洛杉矶发生过一起谋杀案。④ 南方移民来的亨特一直是洛杉矶最富有且最有势力的公民之一。他也是一个欺凌弱小的守财奴。那年的下半年，他雇佣当地的零工阿尔福德修理水管，却拒绝支付 102 元的账单。阿尔福德继续要求他付钱，但均遭拒绝。阿尔福德印了一些传单，上面写着"亨特不付账"，并解释了修理水管的经过和亨特拒不支付工钱的行为。他拜访了亨特在闹市区的办公室。这两个人在四楼走廊相遇了。阿尔福德把一张传单摔在亨特的脸上，威胁说要把传单贴满全城，除非他立即还债。亨特挥舞着一根沉重的手杖，叫他滚蛋。大楼里的其他承租人听到了他们打斗的声音。随后是一声枪响。最先赶到现场的人看见亨特腹部受伤，血流不止，俯卧在地上，手中仍抓着在混战中折断的手杖。

---

① 惠施是我国战国中期名家的代表人物，他的思想上承邓析，他同邓析一样，是一位精通法律的专家，是一位能言善辩的辩者。

② 《荀子·不苟》。

③ 《荀子·非十二子》。

④ 〔美〕科林·埃文斯：《超级律师》，马永波译，北方文艺出版社 2002 年 1 月第 1 版，第 255—259 页。

他身旁站着发抖的阿尔福德,手里握着枪。两天后亨特在医院里死去,阿尔福德被控一级谋杀。案子似乎是铁证如山的。尽管没有人看见阿尔福德开枪,但他对亨特的憎恶是众所周知的,有几个人偶然听到了他们在走廊里争吵。

在法庭上,验尸官陈述了亨特被射杀的情况。他认为子弹是从上向下穿过身体和肠子的,阿尔福德开枪时是站在受害者上面的。给亨特做手术的外科医生皮尔斯也这么认为。

阿尔福德的辩护律师罗杰斯指出,亨特经常用他沉重的手杖打人的脑袋。当时亨特打了阿尔福德,亨特挥舞手杖是进攻性的,而不是自卫性的。阿尔福德也生动而不加修饰地讲述了亨特如何用手杖袭击他,把他打倒在地,如何继续打他,直到他害怕自己被打死,那时仅仅出于为自己的性命担忧,他才从枪套里拔出手枪,对准俯身攻击他的亨特扣动了扳机。

罗杰斯转向陪审团,请求允许把死者亨特的肠子列为证据。法庭中响起了一阵嘘声。控方反对说没有出示这样不寻常证据的根据。罗杰斯反驳说,起诉方怀特律师自己就提供了根据,是他把验尸官带到法庭,证明阿尔福德的子弹"是从上向下射穿肠道的"。

罗杰斯要独立证明阿尔福德是从下向上开枪的——但是这样做他需要死者的肠子。在一番审议之后,法官同意了罗杰斯的请求,在加利福尼亚杀人审判中,这是第一次把死者的内脏带上法庭。利用一张彩色的肠道图,并且在帕利特医生证词的支持下,罗杰斯对子弹是如何从上向下穿过肠道作出了相反的富有想象力的解释:

这种情况是亨特发怒导致的。他的手杖在阿尔福德的头上打断之后,他把断杖当作短棍,弯下身接着打。阿尔福德躺在地上,对攻击他的亨特开枪,因为亨特当时是弯着腰的,他的肩膀俯得比臀部还低,因此他的肠子是折叠起来的,所以子弹从上向下射入了他的身体。

罗杰斯通过独立证明相反的观点成立而间接反驳了控方主张的事实。陪审团接受了他的辩词,以自卫为理由宣布阿尔福德无罪。

20 世纪初在美国发生了一起沉船事件。[①] "东陆"号是一艘湖上的船,在一个夏日的早晨,停泊于克拉克街桥的芝加哥河,上面载有女人和孩子,

---

① 〔美〕斯通:《舌战大师丹诺辩护实录》,陈苍多等译,法律出版社 1991 年版,第 379—380 页。

要开到密西根游览。大部分乘客都站在靠近码头的船那边,跟朋友和亲戚谈话,忽然船沉重的一边倾斜,沉入水中,数百位女人和小孩立刻溺死,造成美国历史上最惨重的悲剧之一。尽管"东陆"号最近才接受检查,并且为芝加哥和联邦检查员所核准,但船长还是被控以过失杀人。丹诺到密西根的"大湍流",也就是船长伊利克逊的家乡去为他辩护。

检方请一位大学教授上证人席,为陪审团描述船只的建造——从龙骨的安装到最后一层油漆的涂抹。当这位船体结构的世界权威交由丹诺进行盘询时,与丹诺联合的"大湍流"地方律师,都坚持要他驳倒这位教授有害的证词。丹诺回答:"不,不!我要确立他的证词。"

丹诺让教授从最开始叙说建造船体的机械学,连续几天向教授提出复杂而技术的问题,一直到法官、陪审团以及证人都感到疲惫,而且使他们觉得生气,因为他轻率地浪费他们的时间。教授完成对于船体结构和操作的机械学的证词,其中有大部分为陪审团所不了解。

于是丹诺简单地问:"教授,世界上除了你之外,还有其他人知道船体结构方面应该知道的一切吗?"教授回答,没有露出一点虚伪的谦虚,"只有一个人,他住在苏格兰。"

丹诺问陪审团:"如果世界上只有两个人知道船只方面所应该知道的一切,那么一艘湖泊船只的可怜船长,怎么可能知道'东陆'号有什么毛病呢?"

就是这个问题使得陪审团判伊利克逊船长无罪。丹诺从对专家的盘问中得到了这样的证言,即"世界上只有两个人知道船只方面所应该知道的一切",丹诺以这个证言为论据证明了"伊利克逊船长不可能知道'东陆'号有什么毛病"的观点或结论,从而推翻了船长过失杀人的指控。

1935 年国民党苏州高等法院审理陈独秀"危害民国罪"一案。① 1932年 10 月 15 日,陈独秀在上海公共租界寓所被工部局巡捕逮捕,经第一特区法院询问,将同案人犯引渡给上海市警察局。蒋介石命令将陈等解押南京,交军政部部长何应钦派军法司司长王振南审理。这时全国各地报纸纷纷发表消息,国内和国际著名学者如蔡元培、杨杏佛、爱因斯坦、罗素、杜威等人都打电报给蒋介石,要求释放陈独秀。蒋介石在国内外的舆论压力

---

① 雷启汉:《陈独秀与章士钊的辩护状》《读者文摘》1991 年第 10 期。

下,被迫批示由军法司移交法院审理。陈等由军法司看守所移至江宁地方法院看守所羁押。陈独秀被控"危害民国罪",按规定应由江苏高等法院审理。但高等法院设在苏州,于是由苏州高等法院派庭长胡善称到南京组织法庭审判陈等。苏州高等法院检察处也派检察官到南京为公诉人。当公审陈独秀的时候,法院旁听席拥挤不堪,法庭外也人山人海。

审判开始,书记官宣布审理陈独秀等"危害民国"一案。审判长胡善称命令带陈独秀到庭。陈的辩护人章士钊到辩护人席就座。审判长讯问陈独秀姓名、年龄、籍贯、职业、有无前科后,便请公诉人提出公诉。公诉人宣读起诉书,认定陈独秀犯"危害民国"罪,依《危害民国紧急治罪法》提出公诉。审判长问陈为什么要推翻国民政府?陈朗读他的辩护状回答:

第一,国民党政府"对日本侵占东三省,采取不抵抗主义,甚至驯羊般跪倒日本之前媚颜投降,宁至全国沦亡,亦不容人有异词,家有异说。'宁赠友邦,不与家奴'竟成国民党之金科玉律。儿皇帝将重见于今日。"这样的政府,难道不应该推翻?

第二,"国民党吸尽人民脂膏以养兵,挟全国军队以搜刮人民,屠杀异己。大小无冠之王到处擅作威福,法律只以制裁小民,文武高官俱在议亲议贵之列。其对共产党人杀之囚之,犹以为未足,更师袁世凯之故智,使之自首告密。此不足消灭真正共产党人,只以破灭廉耻导国人耳。周幽王有监谤之诬,汉武帝有腹诽之罚,彼时固无所谓民主共和也。千年以后之中国,竟重兴此制,不啻证明日本人斥中国非现代国家之诽诬。路易十四曾发出狂言'朕即国家',而今执此信条者实大有人在。国民党以刺刀削去人民权利,以监狱堵塞人民喉舌。"这样的政府难道不应当推翻?

第三,"连年混乱,杀人盈野,饿殍载道,赤地千里。老弱转于沟壑,少壮铤而走险,死于水旱天灾者千万,死于暴政人祸者万千。工农劳苦大众不如牛马,爱国有志之士尽入囹圄。"这样的政府难道不应该推翻?

陈独秀接着说道:"国家将亡,民不聊生,予不忍眼见中国人民辗转呼号于帝国主义与国民党两重枪尖之下,而不为之挺身奋斗也。"

陈独秀这番话,博得大众的称赞,觉得他说出了大家心里想说而不敢说的话。接着审判长又问:"你不知道,你要推翻国民政府是犯危害民国罪吗?"

陈独秀回答:"国者何? 土地、人民、主权之总和也。此近代国法学者之通论,决非'共产邪说'也。以言土地,东三省之失于日本,岂独秀之责耶?以言主权,一切丧权辱国条约,岂独秀签字者乎?以言人民,予主张建立人民政府,岂残民以逞之徒耶?若谓反对政府即为'危害民国',此种逻辑,难免为世人耻笑。孙中山、黄兴曾反对满清政府和袁世凯,而后者曾斥孙、黄为国贼,岂笃论乎?故认为反对政府即为叛国,则孙、黄已二次叛国矣!荒谬绝伦之见也。"

陈独秀的话还没有说完,旁听席上已发出笑声。笑声越来越大,以至审判长胡善称不得不站起来制止。他对陈独秀说:"你只能就你的罪行辩护,不得有鼓动的言词。"陈独秀回答说:"刚才我的话难道不是正对着你们的起诉书所强加给我的罪名进行辩护么?"

陈独秀继续说:"余固无罪,罪在拥护工农大众利益,开罪于国民党而已。予未危害民国,危害民国者,当朝衮衮诸公也。冤狱世代有之,但岂能服天下后世,予身许工农,死不足惜,惟于法理之外,强加予罪,则予一分钟呼吸未停,亦必高声抗议也。法院欲思对内对外保持司法独立之精神,应即宣判予之无罪,并责令政府赔偿予在押期间物质上精神上之损失。"

陈独秀的自我辩护分为两步,两次都运用了间接反驳的方法。首先,他从不可辩驳的事实出发独立证明了"这样的国民政府应该被推翻",从而推出有罪的指控不能成立;然后,从近代国法学者之通论和有关事实出发独立证明"危害民国的不是我陈独秀",并运用归谬法以孙中山、黄兴革命先驱为例揭露出审判长"反对政府即危害民国"的观点之荒谬,从而彻底推翻对他的有罪指控。

四、归谬法:"归于荒谬"

归谬法是从被反驳命题推出矛盾或导出荒谬的结果,由此推翻或否定被反驳命题的反驳方法。归谬法是发端于古希腊时期的"归于不可能"方法的运用。归谬法的反驳过程可以表达为:从被反驳命题 P 推导出结果 Q,但 Q 是矛盾或荒谬的即 Q 不成立;由此确认命题 P 不能成立。

苏格拉底就是运用归谬法的高手,他创始了"一种纯粹否定的论辩术"。苏格拉底"把他的辩论术比喻为产婆术——用提问题的方法套出他的对辩者的真正思想来。像在别的地方常常发生的那样,他一个接着一个把这些思想刚出论辩的娘胎就加以窒息了。产婆似乎是个堕胎的老手。"①例如,在同希庇亚斯的辩论中,苏格拉底充分利用对方的矛盾与含混之处,他请希庇亚斯提出定义来然后逐个驳倒,但从来不提出自己的定义,最后的结果是否定的,在苏格拉底的归谬法打击下,希庇亚斯这位诡辩家毫无招架之功。

归谬法是法庭上的一种反驳方法。归谬法的实质就是揭露对方的自相矛盾、不合情理或不实之处,其中最厉害的一手莫过于揭露对方的自相矛盾或不合情理。如果从某个命题推导出的结果是自相矛盾或不合情理的,那么"无论当事人或证人对这个命题抱有怎样的自信,都要视其为不真实的东西而予以否定。"如果对方的陈述自身站得住脚,就把它与相应的事情加以联系与比较。世界上的事情总是与其他事情有联系的,绝不可能存在孤立的事情。如果对方说的是真话,他陈述的事情就必定能够与其他事实对应得起来;如果说的是假话,无论他编造的多么巧妙,他所说的总会在细节上与其周围的环境对不上。归谬法是一种有说服力的反驳方法,特别是当直接反驳难以奏效时,归谬法是一种比较便捷的反驳手段。

美国大律师赫梅尔在一件赔偿案中,担任某保险公司的代理人出庭。原告在法庭上声称:"他的肩膀被掉下来的升降机轴砸伤,至今右臂仍抬不起来。"

赫梅尔说:"请给陪审员们看看,你的右臂现在能举多高?"原告慢慢将手臂抬到齐腰的高度,并表现出非常吃力的样子,以示不能举得更高了。

赫梅尔说:"能举得再高一些吗?""不能,先生,实在不能了。"

赫梅尔说:"看来伤害得确实不轻呢。不过,你的右臂以前是否也只能举得这么高呢?""不!""你的右臂以前就是不好的吗?""不,好着呢。""真的吗?确实是好的吗?""没有撒谎,是真的。确实是好的。"

赫梅尔说:"那么,你在受伤前能举多高呢?"赫梅尔语音未落,原告不由自主地将手臂举过了头顶。引得全庭哄堂大笑,有的极度兴奋,竟笑得

---

① 〔美〕斯东:《苏格拉底的审判》,董乐山译,三联书店 1998 年版,第 64 页。"苏氏和苏格拉底式的法学院教授都指出了说话者经常发生的谬误并通过锐利的发问来证明说话者非常混乱;通过对荒谬方法的驳斥就会出现正确的方法。苏氏教学法使学生们完全把握了这种风格,同时训练了他们运用逻辑作为批判的手段来充分利用法律材料中的不确定性。"〔美〕波斯纳:《法理学问题》,苏力译,中国政法大学出版社 1994 年 7 月第 1 版,第 126—127 页。

LOGIC

满脸泪花,那是他们一生中笑得最开心的时刻。原告的可信性在笑声中荡然无存了。

赫梅尔的成功之处就在于,他让对手自己暴露了自己的矛盾与荒谬。使用这个手段效果最好,但要运用成功并非易事。这需要巧设圈套置对手于无可逃遁之地,不能急于暴露自己的真实意图,而要采取迂回包抄的策略,不动声色地将对方引进自己预先布设的罗网中,从而迫使对手就范。威尔曼曾在其名著《交叉询问的艺术》中写了这样一段心得:"直到你为一个重要的问题奠定了雄厚的基础以后,才能提此问题,否则就是一种冒险。你为此问题奠定了如此这般的基础,以至于在你的问题触及事实时,证人既无法否认,又无法作出解释。运用这样的一封信的正确方法是引导证人平静地重述他在直接证言中所作的陈述,而这一陈述与他的信的内容却是互相矛盾的。然后突然改变你对他的整个态度,把信出乎意料地展示在他的面前。"

美国刑法学维格摩教授称法庭上的交叉询问①是为揭示真实而发明的最伟大的法律工具。"诚如一个法律学者所写的那样,交叉询问像法学的历史一样久远和令人肃然起敬,它是法所熟悉的鉴别真实与谎言、真知与道听途说、事实与想象和主观看法的重要武器,也是还言过真实的声明以本来面目的最好技巧。"②归谬法就是交叉询问不可或缺的逻辑手段。

在英国的一起谋杀案中③,劳什杀死了一个人,将被害人的尸体放在汽车厢里,然后放火焚烧汽车,把被害人的尸体和汽车一起烧毁。伯基特律师提出一个证据来证明这个事实——在汽车残骸的油筒上,发现一枚黄铜螺丝帽被人拧松,这说明汽车着火是有人故意搞的。开庭审理时,被告方突然提出一个奇怪的专家证人,这个证人自我介绍说,他是机械工程师兼火灾问题专家。他认为,汽车着火是偶然发生的,不是人为制造的。他提出证据反驳伯基特律师,说那枚黄铜螺丝帽是在焚烧的火焰中逐渐变松的。伯基特律师事先虽然对交叉询问作过充分的准备,但这专家证人是他事前没有估计到的。伯基特律师对这个专家的情况一无所知,而且对物理技术问题也是一窍不通,因此,他先对这个专家提出一个试探性的问题:

---

① 法庭上的交叉询问是英美法系国家诉讼双方在法庭上各自盘问对方证人的庭审程序或过程。
② 蒙家乐等编译:《律师取胜的策略与技巧》,中国政法大学出版社1993年版,第133页。
③ 〔英〕坎恩:《律师的辩护艺术》,群众出版社1989年版,第144—150页。

"黄铜的膨胀系数是多少?"

对一个精通专业知识的专家来说,这是一个不难回答的问题。如果他能流利回答,就能更有力说明他的专家身份,而且提高他所提出的意见证据的价值。可是,这名专家居然作出这样的回答:

"我恐怕无法马上回答这个问题。"

即使是记忆力再好的专家,也不可能准确地记住一些具体的数字,所以他不能马上回答,也就不足为怪了。然而,伯基特律师却敏锐地感觉到,这名"专家"是在搪塞。因为假如他真的是个专家的话,他起码应该继续说出这个数据的大概,或者指出从哪本书可以找到这个数据。可是这名"专家"的回答却是这样的简单,而且,"专家"对于他的意见证据(指螺丝帽是在燃烧的火焰中逐渐变松的)是怎样得来的也没有说明,这愈使伯基特律师疑窦丛生,伯基特律师为自己试探性询问有所收获感到高兴。他既然寻找到攻击的目标,就得沿着这个方向奋勇追击下去,直到得出合乎逻辑的结论。于是,他不露声色地又问"专家"。

伯基特:如果您不知道黄铜的膨胀系数,您是否可以告诉我们,这些数据从哪里可以找到?

专家:您想要知道黄铜这种金属在高温底下的膨胀系数是多少吗?

这个没有回答的回答,证实了伯基特律师的判断是完全正确的。于是,他穷追不舍,继续追问下去:

伯基特:我问您黄铜的膨胀系数是多少,您知道这个问题意味着什么呢?

专家:不要提这个问题,可能我不知道。

伯基特:您是机械工程师吗?

专家:谁敢说我不是机械工程师?

伯基特:好吧,那就是说,您既不是医生,也不是刑事侦查员或业余侦探。对吗?

专家:对。

伯基特:您是机械工程师吗?

专家:是的。

伯基特:黄铜的膨胀系数是多少? 您应该知道了吧?!

专家:不,不要提这个问题。

伯基特律师试探着捕捉目标。一旦探明对方不合情理的疑点，就不失良机对其发起猛烈进攻。伯基特律师故意反反复复提这两个问题。既然这个证人自称是机械技术专家，他就应当熟悉这个专业领域的问题。陪审员们面面相觑，他们感到无法理解。他怎么连属于他技术范围的一个小问题都无法回答呢？而且在问及"您是机械工程师？"时，还大言不惭地说："谁敢说我不是机械工程师？"一个有修养的受过高等教育的人怎么会讲出这样的话呢？合乎逻辑的结论只有一个——他并不是一个"专家"。伯基特律师成功地运用归谬法的反驳手段，让陪审员们对专家的身份发生了合理的怀疑。

归谬法是法庭质证与法庭辩论阶段常常使用的反驳手段。尼察律师总结了归谬法的运用心得："如果我觉得一个证人在撒谎，那我就差不多事先知道，他在某一特定的相关方面举止与说真话的人是不一致的。有时我已获得证据证明他的所作所为与说真话的人是相悖的。为了暴露某个证人是不可信这一事实，我通常采用以下技巧。我首先叫此证人回答一些初步的问题。他的回答加起来，就能表明他该如何行事，即应该以某一特定的方式实施行为。这些回答使证人暴露了自己，然后我就问证人他事实上是如何行动的，紧接着就问'为什么'。在证人的行为与正常人应该实施的行为不一致的情况下，如果证人一再无法满意地证明其行为的正当性，陪审团通常就会下结论说他的证言值得怀疑。"①

1991 年春天，美国前总统肯尼迪的外甥威廉·肯尼迪·史密斯涉嫌一起强奸案。② 一个在酒吧工作的名叫鲍曼的女子告发说，史密斯在驾车到某别墅花园时，在草坪上将她强奸。而史密斯则辩解说两人是在互相同意后才发生性关系的。DNA 检验证明他确与鲍曼发生了性关系。可是，两个人的事说不清楚，他不得不请专家证明那种关系是自愿的。为此，他请来了李昌钰博士为其辩护。在美国警界职位最高的华人李昌钰博士，享有极高的世界性声誉，人们常称他为"科学神探"与"当代福尔摩斯"。作为一名法庭技术专家，他的法庭陈述具有很强的逻辑性和说服力。

李昌钰来到佛罗里达之后，查验了警方提供的证据，包括受害人当时

① 蒙家乐等编译：《律师取胜的策略与技巧》，中国政法大学出版社 1993 年版，第 136 页。
② 何家弘：《犯罪鉴识大师李昌钰》法律出版社 1998 年版，第 173—182 页。

穿的衣裙和内裤。然后,他和布莱克律师来到被指认为是作案现场的棕榈海滩肯尼迪家族豪华别墅处,李昌钰在所谓的"强奸现场"看了一圈,从衣兜里掏出两块白手绢,一块在草地上抹了一下,一块在草地旁边的水泥地面上抹了一下,然后把手绢放回口袋里,没有说任何话就离开了现场。律师很有些困惑,便问道:"李博士,你这是干什么?"李昌钰微微一笑,说:"到时候你自然就知道了。"

该案的审判开始之后,李昌钰通过回答布莱克律师的问题,先介绍了自己的专业背景情况,然后向陪审员们讲述了由法国物证技术学家洛卡德在20世纪初提出的著名的"微量物质转换定律"。他说道:

"当两个物体的表面在运动中相互接触的时候,总会发生一定的微量物质转换。即一个物体表面上的微量物质会转移到另外一个物体的表面上去。例如,当一个人的手指接触到某个物体表面的时候,这个人的手指上的汗液等微量物质就会转移到那个物体的表面,于是就留下了这个人的指纹印;当两辆汽车发生碰撞或擦蹭的时候,一辆汽车表面的漆皮和油污等微量物质也可能转移到另外一辆汽车的表面上去,于是就留下了碰撞或擦蹭的痕迹。当然,这种微量物质的转换的内容和方式要取决于相互接触物体的性质及其二者运动和接触的方式。"

李昌钰通俗易懂又浅显明白地讲述了这个比较枯燥的科学定律,使陪审员们顺利地理解了这个理论。更重要的是,李昌钰使用这个科学理论作为一个立论的根据,为进行下一步更为有利的推论作了必要的铺垫。李昌钰进一步论证说:

"根据上述的理论,我们可以依据这种微量物质转换的结果去重建事情发生的经过,或者说根据有关的痕迹去推断案件的事实。这可以从两个方面来进行。其一,如果某个物体的表面上存在着某种微量物质转换的痕迹,那么我们就可以推断出那个物体和其他某个物体进行了某种方式的接触;其二,如果某个物体的表面上没有某种微量物质转换的痕迹,那么我们就可以推断出那个物体没有和其他某个物体进行该种方式的接触。这在法庭科学鉴定中极有意义。"

李昌钰看了看陪审员,然后继续说道:

"在本案中,按照公诉人的说法,鲍曼小姐被本案被告人扑倒的水泥地上,然后又按倒在草地上,两人搏斗了20分钟。那么,在这一过程中,如果鲍曼小姐讲的是实话,她的衣裙和内裤就会以相当猛烈的方式接触现场的水泥地面和草地,因此就应该有相应的微量物质转换并留下相应的痕迹。那么,到底是什么样的痕迹呢?"

李昌钰的推论有两层意思。一是表明推论的方向,即两个人在接触中可能产生的方式与痕迹;二是在此基础上将论题引向本案具体的当事人。这时候,李昌钰走下证人席,从衣兜里掏出他以前在肯尼迪别墅的草坪和水泥地面上抹蹭过的那两块手绢,展示给陪审员们看。他对陪审员们说:

"这是我在鲍曼小姐所说的强奸现场的草地和水泥地面上抹蹭过的手绢。布莱克律师可以证明我的行为。请看,女士们和先生们,在这一块手绢上可以看到绿色的擦蹭草叶的痕迹;在这一块手绢上则可以看到灰色的擦蹭地面的痕迹,而且手绢的纤维有破损。非常明显,对吧?但是,大家再看一看,鲍曼小姐的衣裙和内裤上都没有这种痕迹。我曾经在显微镜上检验了她的衣服,也没有发现任何破损的纤维和草叶的痕迹。这说明了什么问题呢?我想答案是显而易见的。"

陪审团席内传来一阵窃窃私语。检察官萨加林有些沉不住气地站起身来大声质问:"手绢和内裤并不一样。你为什么要用手绢?为什么不用女士内裤来证明你的这种谬论呢?"李昌钰看了一眼萨加林,然后转向陪审团不慌不忙地答道:"因为我没有随身携带女士内裤的习惯。我身上通常只带着手绢。"法庭里响起一片笑声。萨加林有些尴尬地坐了下去。该是总结自己的结论的时候了。李昌钰走回证人席,总结道:

"根据本案中的各种证据,我认为,史密斯先生和鲍曼小姐也许曾经在那里做爱,但事情经过并不像鲍曼小姐所讲述的那样。换言之,本案中没有能够证明发生过强奸行为的证据。"

李昌钰揭露了检方的证言不合科学常识或科学法则的疑点。李昌钰的辩驳征服了陪审团,使之作出了史密斯无罪的判决。至于史密斯究竟有没有强奸鲍曼小姐,这大概仍然是一个未解之谜。用李昌钰的话说,他只是"证明了鲍曼小姐在陈述事件经过时说了谎话",而公诉方又没有其他证据来"排除合理怀疑"地证明确有强奸发生而已。

归谬法在法庭上运用得非常广泛。揭露对方的矛盾,找出对方的破绽,败则不损分文,胜则赢得全部,是一桩谁都愿意做的买卖。在法庭上运用归谬法,往往能取得出其不意的效果。

20 世纪 30 年代,英国商人威尔斯蓄意敲诈,到香港茂隆皮箱行订购 3000 只皮箱,价值港币 20 万元。合同写明一个月取货,逾期不按质按量交货者,由卖方赔偿损失 50%。香港茂隆皮箱行老板冯灿如期交货,威尔斯却说,皮箱中有木料就不是皮箱,合同上写的是皮箱,因此向法院提出控诉,要求按合同规定赔偿损失。

罗文锦是香港著名律师,在本案中担任被告冯灿的代理人。正当威尔斯在法庭上信口雌黄、气焰嚣张的时候,罗文锦从律师席上站起来,取出口袋里的金怀表,高声问法官:"请问,这是什么表?"法官答道:"这是金表,可是这与本案有什么关系?"罗文锦高举金表,面对法庭上所有的人说:"有关系。这是金表,没有人怀疑了吧?但是请问,这块金表除表面是镀金的之外,内部的机件都是金制的么?"旁听者同声议论:"当然不是。"罗文锦继续说:"那么人们为什么又叫它金表呢?"稍作停顿又高声道:"由此可见,茂隆行的皮箱案,不过是原告无理取闹,存心敲诈而已。"原告理屈词穷,法庭以威尔斯诬告罪成立,罚款 5000 元结案。[①]

这是罗文锦反驳的杰作。罗文锦从威尔斯的论点即"皮箱中有木料就不是皮箱"类比推导出"金表中有非金制机件就不是金表",而"金表中有非金制机件就不是金表"是不成立的;所以,"皮箱中有木料就不是皮箱"也是不能成立的。罗文锦揭示对方的论点不合生活常识或常理,胜得干脆利落。

在 1935 年国民党苏州高等法院审理陈独秀"危害民国罪"一案中,在陈独秀自我辩护之后,章士钊从辩护人席上起立,为陈独秀辩护。他说:

"本律师曩在英伦,曾问道于当代法学家戴塞,据谓国家与政府并非一物。国家者土地、人民、主权之总称也;政府者政党执行政令之组合也。定义既殊,权责有分。是故危害国家土地、主权、人民者叛国罪也;而反对政府者,政见有异也,若视为叛国则大谬矣。今诚执途人而问之,反对政府是否有罪,其人必曰若非疯狂即为白痴,以其违反民主之原则也。英伦为君主立宪之国家,国王允许有王之反对党,我国为民主共和国,奈何不能容忍任何政党存在耶!本律师薄识寡闻,实觉不惑不解也。本法庭总理遗像高悬,国人奉为国父,所著名三民主义,党人奉为宝典。总理有云:'三民主义

---

① 王政挺主编:《中外法庭论辩选萃》,东方出版社 1990 年版,第 234 页。

即是社会主义,亦即共产主义。'为何总理宣传共产,奉为国父,而独秀宣传共产主义即为危害民国乎? 若宣传共产即属有罪,本律师不得不曰龙头大有人在也。"①

　　章士钊为陈独秀的辩护分为两步。首先,他以英伦当代法学家戴塞之"国家与政府并非一物"的学说为据,直接反驳"反对政府"即"危害国家"的观点;然后,他运用归谬法驳斥了"陈独秀宣传共产主义即为危国民国"的观点。章士钊的目光之敏锐,逻辑手法之娴熟,在当时之中国无人能在他之上,能与之匹敌的也少之又少。这只是他非凡生涯中非凡的一章。

---

① 雷启汉:《陈独秀与章士钊的辩护状》,《读者文摘》1991 年第 10 期,第 12—13 页。

LOGIC

案例索引

LOGIC

LOGIC

主要参考文献

1. 金岳霖:《逻辑》,三联书店 1961 年版。

2. 金岳霖:《知识论》,商务印书馆 1983 年版。

3. 〔英〕休谟:《人类理解研究》,商务印书馆 1981 年版。

4. 〔德〕韦伯:《社会科学方法论》,杨富斌译,华夏出版社 1999 年版。

5. 〔德〕肖尔兹:《简明逻辑史》,张家龙、吴可译,商务印书馆 1993 年版。

6. 〔英〕涅尔等:《逻辑学的发展》,张家龙等译,商务印书馆 1985 年版。

7. 〔奥〕维特根斯坦:《逻辑哲学论》,商务印书馆 1996 年版。

8. 〔波〕齐姆宾斯基等:《法律应用逻辑》,刘圣恩等译,群众出版社 1988
   年版。

9. 〔英〕丹宁:《法律的训诫》,杨百揆等译,法律出版社 1999 年版。

10. 〔美〕卡多佐:《司法过程的性质》,苏力译,商务印书馆 1998 年版。

11. 〔美〕艾森伯格:《普通法的本质》,张曙光等译,法律出版社 2004 年版。

12. 〔美〕列维:《法律推理引论》,中国政法大学出版社 2002 年版。

13. 〔美〕伯顿:《法律和法律推理导论》,中国政法大学出版社 1999 年版。

14. 〔美〕富勒:《法律的道德性》,商务印书馆 2005 年版。

15. 〔德〕阿图尔·考夫曼等:《当代法哲学和法律理论导论》,郑永流译,法
    律出版社 2002 年版。

16. 〔德〕卡尔·恩吉施:《法律思维导论》,郑永流译,法律出版社 2004
    年版。

17. 〔德〕罗伯特·阿列克西:《法律论证理论》,舒国滢译,中国法制出版社
    2002 年版。

18. 〔德〕拉德布鲁赫:《法哲学》,王朴译,法律出版社 2005 年版。

19. 〔德〕拉伦茨:《法学方法论》,陈爱娥译,商务印书馆 2005 年版。

20. 〔美〕波斯纳：《法理学问题》，苏力译，中国政法大学出版社 1994 年版。

21. 〔美〕罗斯科·庞德：《普通法的精神》，唐前宏等译，法律出版社 2001 年版。

22. 〔英〕麦考密克等：《制度法论》（代译序），周叶谦译，中国政法大学出版社 1994 年版。

23. 〔美〕汉密尔顿、杰伊、麦迪逊：《联邦党人文集》，商务印书馆 1980 年版。

24. 〔美〕卡多佐：《法律的成长 法律科学的悖论》，董炯等译，中国法制出版社 2002 年版。

25. 〔美〕博登海默：《法理学—法哲学及其方法》，华夏出版社 1987 年版。

26. 杨仁寿：《法学方法论》，中国政法大学出版社 1999 年版。

27. 黄茂荣：《法学方法与现代民法》，中国政法大学出版社 2001 年版。

28. 北京大学法学院司法研究中心编《宪法的精神》，中国方正出版社 2003 年版。

29. 〔美〕斯东：《苏格拉底的审判》，董乐山译，三联书店 1998 年版。

30. 〔美〕邦德：《审判的艺术》，中国政法大学出版社 1994 年版。

31. 〔英〕坎恩：《律师的辩护艺术》，群众出版社 1989 年版。

32. 〔民主德国〕施泰尼格尔：《纽伦堡审判》上卷，商务印书馆 1985 年版。

33. 〔美〕斯通：《舌战大师丹诺辩护实录》，陈苍多等译，法律出版社 1991 年版。

34. 〔美〕科林·埃文斯：《超级律师》，马永波译，北方文艺出版社 2002 年版。

35. 李伶伶：《他将战犯送上绞架》，中国青年出版社 2005 年版。

36. 何家弘：《犯罪鉴识大师李昌钰》，法律出版社 1998 年版。

37. 叶童：《世界著名律师的生死之战》，中国法制出版社 1996 年版。

38. 王洪：《司法判决与法律推理》，时事出版社 2002 年版。

39. 王洪：《法律逻辑学》，中国政法大学出版社 2001 年版。

40. 王洪主编：《法律逻辑学案例教程》，知识产权出版社 2003 年版。

41. Bell & Maohovar, A Course in Mathematical Logic, Noth-Holland Publishing Company, 1977.

42. Handbook of Philosophical Logic, vol 1 1984 by D. Reidel Publishing Company.

43. Nei MacCormick, Legal Reasoning And Legal Theory, Clarendon Press, 1994.

44. Aarnio & N. MacCormick, Legal Reasoning, printed in Great Britain at the University Press, Cambridge.

45. Lief Carter, Reason in Law, Longman, 1998.

46. Robert Alexy, The Theory of Legal Argumentation, Oxford University Press, 1994.

后记

　　卡多佐大法官曾经感叹道："在一个薄情寡义的世界里，理论家们真是举步维艰。尽管他们倾毕生之力探索现实，没有他照亮前路，它们将永远隐藏于不为人知的地方；人们却总是认为，他对现实生活漠不关心。人们总是将他与那些从事繁重体力劳动的人，比如田地里耕耘的农民、起楼盖房的建筑工、大海里航行的船员和生意场上的商人相比较，这往往使他处于不利的位置。但是在沉思默想之时，他能聊以自慰的是，如果没有他的思想提供指点和启发，这些他所挚爱的、从事体力劳动的弟兄们，可能会白忙一场。"

　　逻辑学家们的命运大抵也是如此。在一般人的心目中，逻辑似乎玄而又玄，"甚察而不惠，辩而无用，多事而寡功，不可以为治纲纪"，但是我想说，逻辑其实并不高在云端，而是亲切可人，还是人们生活不可或缺的一个组成部分。它是"一种能够洞察人类全部感情而又不受任何感情所支配的最高的智慧，它与我们人性没有任何关系但又能认识人性的深处，它自身的幸福虽与我们无关，然而它又很愿意关怀我们的幸福。"上下两千余年，逻辑的声音延绵不绝，这其中的主要原因恐怕就是：这严峻冷酷的逻辑背后蕴含着无比单纯而又强烈的人文关怀，这严密犀利的逻辑深处孕育着崇高的思想自由和巨大的理性力量。这就是逻辑的世界，这就是逻辑的魅力！

　　我在本书中就是要揭示这些在人们法律生活中得到广泛运用的逻辑智慧。这本书是在我完成《法律逻辑学》（"十一五"国家重点图书出版规划项目）的基础上写成的。本书援引了《法律逻辑学》中大量的法案与判例，着重阐述立法与司法的逻辑基本准则和基本方法，以揭示逻辑在立法与司法领域里应有的地位与作用。

　　我要感谢中国政法大学教务处对"法律逻辑教学改革研究"项目的资助！本书的一些内容也是这个项目的主要成果之一。我要感谢丛书主编中国社会科学院刘培育教授将本书纳入《逻辑时空》丛书以及他对本书提出的中肯的、宝贵的修改意见！我要感谢丛书策划北京大学出版社杨书澜女士的同道之谊！感谢北京大学出版社为本书出版所作的严谨细致而有创造性的工作！我要感谢我的夫人！倘若没有她深深的理解、鼓励与督促，这本书也难以问世。我还要感谢我的法律生涯，它唤起我无尽的思索与激情！

王　洪
2008 年夏于北京中国政法大学

219

LOGIC